U0142427

第四冊

周氏易經通解

周鼎珩 遺著　陳素素 等記錄

五南圖書出版公司 印行

鼎公相關資料

一、

乾初易舍主人

吾師三元道人，潛修於九華山也，初常雲遊，半載方歸，晚乃不出山門，鎮日靜坐，未嘗稍輟。修道六十餘年，九十七歲始化，遺蛻尚存九華山九子寮方特造之木塔內。師博修多能，理事雙絕，預知死期，臨化不亂，證此勝緣，殆已即身成道歟？

九華山在安徽青陽西南，上有九峰，為中國四大名山之一。此地盛產黃精，相傳黃精九蒸九曬，可以辟穀，服至五六月以上，即飽而不思食矣。余少從吾師學道於九華，試之良然！

坐時自動，乃習靜者應有之過程，因人之經絡關節往往發生障礙，自動工法有先天性打通障礙之效能，其益非淺也。

吸收日精月華之法，可以輔佐坐功，惟涼體人宜吸日精，熱體人宜吸月華，此又當分別適應者也。

雪花紛紛，金光閃閃，則陽神將出矣。惟出神以後尚須做一段「換骨」工夫耳，然出神匪易，換骨尤難，吾師嘗云：「換骨工夫約需五百年，故古來仙真，不耐久候，道成之後，多委殼而去。」吾師民國十三年所以羽化者，即不願做此長期之換骨工夫也。

王先生贊斌所授之自然呼吸法，即吸時鼓腹，呼時凹腹，謂之腹呼吸，又名內呼吸。行住坐臥，皆可行之，非特可以根治胃病，疏通

大便，甚且可使丹田發暖，積氣通關也。

　　嘗聞諸滿清某王公云：「修士靜坐，苟至鼻孔之息，其熱力如蒸飯之蒸氣時，即須暫時休息，否則必咯血而傷生也。」

　　綿綿不絕之內呼吸，久而行之，可以練成胎息，胎息若成，則結丹有望矣。全無雜念，始為築基成功，針石子之言甚是。

　　崆峒山在甘肅平涼，從西安乘火車至平涼下車，再騎馬入山，僅三十里而遙。崆峒雖在荒外，然遠望蔥蘢，頗有江南景象。又自崆峒至山西五臺一帶，如地球之卵黃，復卦所在地，最富靈陽，最易靜定，洵修道之聖地也。修士其嚮往而潛修於「洞天福地」乎！

　　本文原載於李樂俅主編之《訪道語錄》（臺北：真善美出版社，1978年10月第3版）

二、

道人王顯齋

李樂俅

（聞楊先生閒話道人，因感而述此）

　　道人王顯齋，甘肅天水人也。初流寓北平馬相胡同，後常居倉頡祠，懸壺濟世，尤長傷科。相傳為明人，亦有稱為清末人者，未知孰是？第親見其人者，大都頌之為高士云。

　　今在臺精通《周易》，現任政工幹校兼東吳大學教授周鼎珩先生，曩就學北京大學時，與道人常相過從，道人性詼諧，喜調侃人以為樂。一日，偶至其徒家，見徒妻彌留，舉家皇皇，不知所為。道人

視之曰：「無妨，何惶遽乃爾！」即命以高粱酒半斤，灌之立蘇，而頰頰口燥，神猶不寧。曰：「姑俟之！」起而出，須臾，道人背一大西瓜返。令汁以飲之，俄，頰渴頓消，遂霍然而愈。時方隆冬，北國雪地冰天，何以致此炎夏特產之西瓜？見者莫不嘖嘖歎異焉。

由是北平聞人，益慕其名，每有宴集，必邀致道人。某歲重陽熊希齡束約名流，登高西山，兼以攬勝。乃驅汽車逕邀道人，欲載而共詣之。道人辭不與俱，請熊先往，己即隨至。迨熊車抵西山，道人已先至，而笑迎於道左矣。西山在北平西郊，距城約四十里而遙，道人何以先汽車而至，熊甚訝之，而終不解其故。

道人夙嫻武藝，遐邇馳名，武術界皆尊之為泰斗，故著譽大江南北之武術家杜心五先生，亦不遠千里，往拜其門。今在臺前交通部航政司司長楊青藜先生，民國三十四年乙酉抗戰勝利，奉令離蜀，途經劍閣、潼關，由北平而晉京，楊先生嚮慕高風，已非一日，是役道出北平，竊喜天假良緣，乃塵裝甫卸，即詣西山參謁道人，時道人正寓居西山也。初參道人，楊即尊稱道人為師，道人反詰楊曰：「我未錄君為弟子，何以遽稱我為師？」楊對曰：「我既拜杜心五師為師，曩者杜師嘗拜師為師，尊吾師之師為師，諒無不宜。」道人笑而頷之。於是談論之次，益形親切，而慨然點化楊先生曰：「耳順以後，自有真師尋君，幸勿慮也。蓋師尋弟子易，弟子尋師難，古來多係師尋弟子，今日豈不然哉？」楊因懇求示以修道之途徑，道人又剴切垂教曰：「修道首須知所擇別，陰陽雙修，成少敗多，不可學也；金石草木，藥易誤人，不可學也；怪誕不經，跡近迷信，不可學也。惟諸家服氣之法，弊少而效速，初入玄門者，不妨擇一調身；至聖聖相傳性

命雙修天仙之道，則難遽隮，必先做到克己修心，健康長壽，表裡俱真，俯仰無愧之人仙，然後漸進於天仙，庶幾本立而道生。不依此而教人、師人，皆罪也，人且難保，寧望仙哉？」

　　楊先生又言：抗戰期間，日寇謀脅道人參加偽組織，一日，逮道人至，環一鎗口曰：「願從則生，不從則死。」道人大笑曰：「真心修道者，素來不問政治，況余為中國人，尤不應參加反對中國政府之組織！」院內適有大樹一章，道人言訖，即以手向樹畫一圓周，而滿樹枝葉，便立剪為原形，整齊若新理之髮然。道人劍法之神，日寇見之，舌撟不能下，於是羅拜謝罪，並護送歸山焉。

　　道人體不魁梧，髮撮於頂，貫以竹簪，與常見之道士無異，所不同者惟神采奕奕、目光炯炯而已！

　　弘道子曰：愚讀葛洪《神仙傳》，每飄然有出塵之想，然於諸仙修鍊之法，便闕而不言，深以為憾。繆俊德先生，從遊頗久，嘗報導道人之傳授曰：「道人之功法不分層次，煉精化氣，煉氣化神，煉神還虛，三者同時皆做，蓋至簡至易之上乘工夫也。」敘次道人仙蹤既竟，故又將其修煉之方法，簡介如此，或亦足補古人略而不言之闕歟？

　　本文原載於李樂俅主編：《訪道語錄》（臺北：真善美出版社，1978年10月第3版），頁103-105。

　　我手中有《訪道語錄》一書，該書除「乾初易舍主人」外，另有「道人王顯齋」一篇，亦係周鼎珩老師所述事，我曾親聆周師談及部分內容，頗值一讀。《訪道語錄》之編述者李樂俅先生，係周師北大同學，畢業後曾任教江西瑞金師範學校，來臺後奉職於臺大總務處。

中國堪輿學會理事長曾子南即其師範學校高足，曾因李先生之因緣，曾求得周師「踏踏歌」墨寶一幅。我曾數度在曾理事長公館有陪侍李先生讌飲數次，恂恂長者也。

弟子林鴻基謹誌

民國一一〇年十二月六日

三、詩作

午睡

兒時歷歷都如夢，老大翻驚夢轉空，睡起每疑身不是，半竿紅日半窗風。

西安道上

自昔西秦地，衣冠稱帝鄉。關河天險在，人物霸陵荒。亂塚眠卿相，殘碑識漢唐。我今悲往古，後此更茫茫。

春日憶內

一度思量一斷魂，黯然猶記別黃昏。三春織錦何無字，兩袖啼紅尚有痕。風絮愁人人漸老，雲天邀夢夢難溫。遙知獨自傷懷處，小院花飛深閉門。

歲暮山村即景

浮蹤海外老窮經，四面山環一屋青。落木臨溪流倒影，遠燈照眼亂疏星。百年但看雲來去，萬象空餘夜窈冥。節屆殘冬春在望，乾坤消息不曾停。

奉和韋仲公兄半卷樓原韻

湖山百刼流離久，萬里雲天客倚樓。世局安危書半卷，時賢搖落序三秋。盱衡中外將誰語，馳騁乾坤與道謀。剝復往還應不遠，待看風雨會神州。

奉和申鳳蓀兄海岸逭暑即景原韻

心到源頭思卻空，飄然雲際逐飛鴻。詩懷淡泊推雙穗，道業精純造九重。避帝情趣煙水外，臨流人在畫圖中。年來獨得窮通理，聞聽漁歌入海東。（申君近曾學道其書屋名雙穗樓）。

天理歌

天理無或爽，盈虛透消息。泰從何處來，來自否之極。一反斯一正，萬物同此律。君不見青山木，秋凋冬落春又茁。嗟彼濁世流，滔滔徒自辱。我生何所自，我自宇宙出。宇宙迄未滅，我生必與立。胡為乎衰亂草蟲吟，胡為乎悲憤長沙哭。但求此生機，奔流流萬斛。磅礴奪長空，空明生虛室。放懷天地間，天地落胸曲。手掬太平洋上水，重洗乾坤見白日。

以上七首錄自易君左編《四海詩心》（1977年2月臺灣商務印書館出版）

前四首載於頁159，後三首載於頁160。

校對鄧敦琉謹誌

民國一一〇年

十二月二十一日

韋仲公曾任東吳大學校長室主祕，並在中文系、哲學系兼課；嘗從鼎公學《易》。申鳳蓀名丙，東吳大學中文系第二任系主任，與鼎

公比鄰而居。〈天理歌〉蓋致梁寒操先生。〈春日憶內〉蓋隔海思念夫人徐氏，其詳請參閱第一冊〈周鼎珩先生事略補遺〉。

弟子陳素素謹誌

民國一一○年十二月二十日

四、墾殖普濟圩

銅陵的普濟桑田和古徽河（銅陵市市民論壇）

發表於 2015-06-01 16:55

普濟桑田明、清之際的普濟桑田，西起樅陽的王家瀧，東抵無為之土橋，時為長江中下游的第一糧倉。普濟圩之土橋原屬於省府安慶的古桐城，後土橋以西劃入樅陽縣，土橋集鎮等地劃入無為洲。近年的普濟圩一直處在三縣一市三不管地段。部分財政和單位等屬於樅陽，土地屬於銅陵市，農場歸屬省農墾廳省直管，且設有農場監獄。2014年才整制將普濟圩全部規劃銅陵市管轄。土橋姑娘成了銅陵兒媳（土橋集鎮仍屬於無為縣管轄）廣袤的普濟桑田，撐起了幾百年皖江北岸濱江城（又稱糁潭鎮，今無為縣土橋鎮）和無為徽河鎮（今銅陵市灰河鄉）的一派繁華——這裡上達重慶、九江、安慶，下接南京、蕪湖、舒城、廬江、廬州（合肥）、南通，商賈流連雲集。普濟沒于澤國，徽河歸於灰河，連接陳瑤湖、楓沙湖、竹絲湖、甚至廬江等地眾多湖泊，經土橋河直通長江。又位於無為第一高峰：三公山腳下。滄海桑田之變，恰恰一個世紀。

清道光29年（1849年），濱江長江奇水，桑田浸沒，屋舍盡

毀。（濱江，即現在土橋一帶古稱）

　　《清史紀事本末》載：「夏四月，江蘇、浙江、安徽、湖廣大雨五旬餘，水驟漲，田盡沒。水之大，為百年所未有。」安徽巡撫王植奏稱：「安徽省本年自春徂夏，雨水過多，江湖增漲……半月以來，大雨如注，連宵達旦。兼之上游諸水下注，來源甚旺，江水較上年盛漲之時，尤大尺許。」桐城、無為等「州縣紛紛稟報，圩堤壩埂均被漫潰，田廬漂沒……」重災的桐城縣，「節次大雨，山洪奔注，水勢浩瀚，田廬盡在水中。」

　　天災之後，太平軍興起。桐城普濟圩恰處太平軍的天京與安徽省會安慶之間，連年的戰禍，水底的普濟桑田，終於蓮葦茂盛，魚鱉橫行。在土橋設有官僚收取百姓租金。

　　普濟生民經歷半個多世紀的水深火熱之後，迎來辛亥革命後的民國。安徽都督柏文蔚，此時意欲復墾普濟，澤惠民眾。因遭袁世凱免職，討袁失敗，柏文蔚在安徽政壇幾乎是曇花一現，普濟桑田夢想，隨風而逝。

　　再10年，許世英主政安徽，倡議修復普濟圩。不久，許世英亦匆匆去職，普濟桑田計畫再度擱淺。此後的10年間，30萬畝的普濟圩，民間自發圈築的，只有王家滄附近的千畝孫家小圩。

　　普濟圩今天的框架規模，起于吳忠信的大手筆圈定。吳于1932年任安徽省主席，他命省建設廳編制普濟圩修復計畫，動用救災款物修復了王家滄至土橋的江堤，並擬報中央財政撥款修築內河防洪堤。但吳忠信不久調離安徽，此後的二十餘年，走馬安徽政壇的，多是魚肉百姓的非皖籍政客，普濟圩修復計畫無人問津。加之日軍侵入，普

濟淪為戰場，水圩一役，地方軍民遇難700。此間民生凋敝，普濟彌荒。

　　普濟圩的桑田夢想，抗戰之後險成現實。1946年，經國民黨中央任職的周鼎珩（周潭鎮人）不懈努力，柏文蔚、許世英、吳忠信三大元老人物的鼎力支援，普濟墾殖社成立並投入實質性工作，重點是修築內河防洪堤（今橫埠河後河）。1947年清明節，工程開工，歲末進入青山一帶（今陳瑤湖鎮高橋、花山村），因涉及地方周氏祖墳，工程停工。待爭議解決，1948年夏汛已至，工程不得不停。汛期結束，渡江戰事迫近。次年，普濟墾殖社事務草草交與蕪湖市人民政府接管。

　　普濟桑田浸沒的一百年間，江山經此世變，人民水深火熱。新中國成立後，旋即展開圍湖造田的，是中國人民解放軍農墾五師。這些最終血盡朝鮮的英勇男兒，在這裡開出了第一犁新土──是為普濟圩國營農場的前身，普濟圩重現桑田的後話。

　　此篇錄自網路，鼎公墾殖普濟圩見「普濟圩的桑田夢想」一段，蓋先師平日所津津樂道，其詳請參見〈周鼎珩先生事略〉。

弟子陳素素謹誌

民國一一〇年十二月十三日

凡　例

一、本書包括先師周鼎珩先生之定稿、手稿、講稿及講習大綱。

二、定稿計有易例及〈乾〉、〈坤〉、〈屯〉、〈蒙〉四卦，此盡收
　　錄於《周氏易經通解》第一冊。

三、手稿計有〈需〉、〈比〉、〈小畜〉、〈履〉、〈泰〉、〈否〉
　　六卦。

四、講稿係門弟子據錄音帶所記錄並加整理，除定稿之四卦外，其餘
　　六十卦、〈說卦〉皆是。

五、講習大綱係先師為便於「易經講座」之聽眾所擬，在講授現場分
　　發，計有第一卦〈乾〉卦至第二十卦〈觀〉卦。

六、除定稿之四卦外，其餘均以講稿為主，另有手稿、講習大綱者附
　　於其後。

七、本書凡《易經》正文部分，悉以《武英殿十三經注疏》之《周易
　　正義》為準。

八、本書除易例、〈說卦〉之外，其通解六十四卦之體例，依次為總
　　說、卦辭、爻辭、彖傳、大象、小象。「總說」之下又分卦序、
　　卦體、卦義三項。

九、本書講稿記錄原則，先師嘗指示曰：「按錄音帶逐字記錄，然後
　　去其重複者。」弟子等謹遵遺訓，不敢踰越，並著記錄者、整理
　　者姓名，以示負責。

目錄

第二十五卦

无妄卦

周鼎珩講　陳素素記錄

无妄

震　乾
下　上

—— 此係〈巽〉宮四世卦，消息九月，旁通〈升〉，反對〈大畜〉。

壹、總說

佈卦的次序

第一個說明卦序。這可引用《老子》幾句話：「道之爲物，惟恍惟惚，惚兮恍兮，其中有象，其中有物，窈兮冥兮，其中有精，其精甚眞，其中有信。自古及今，其名不去。」（《老子·第二十一章》）老子分析宇宙最高的東西是這幾個階層。我們卦上講「象」，還是比較粗的，「象」的上面，推這個「物」，「物」就是有這個「體」，非常之微，微乎其微，比「核子」還微，現在「核子」還不

是那個東西。「物」裡面還有個「精」，這個「精」非常眞實，這個「精」裡頭，有個「信」。「信」就是很「誠」，至誠不息的那個「誠」。中國孔孟學者就講「誠」字，老子就講「信」，來代表最高的那個東西，「象」、「物」、「精」這三個東西還是有「體」可見的，「體」的上面，到了「信」就沒有「體」了，可是沒有「體」是不是東西呢？是個東西。

　　「无妄」兩字是什麼意思？就是不虛妄，是眞的，是誠的，就是宇宙最後的那個東西。「无妄」的反面就是「妄」，「妄」就是假的。佛家講山河大地都是幻象，山河大地怎麼是幻象呢？宇宙一切有結合的東西都是緣起旋滅，乍起乍滅。凡是兩個以上的東西結合，都不是最後的東西，它既能結合，就能離開。山河大地是許多的東西結合在一起的，既是結合的，當然就能分散離開，所以還是假象，所以佛家講山河大地都是幻象。宇宙裡眞的東西，它不變的。西方愛因斯坦講〈相對論〉，我們有許多出國的學人反對他〈相對論〉的某一部分，認爲相對的上面，還有一個絕對的。固然宇宙化合的現象是相對的，就是這兩種東西合起來，那兩種東西合起來，但最後呢，有個絕對的東西，所以相對之上，有個絕對的。愛因斯坦只是講到宇宙的第二代，從相對講起，相對以上絕對的東西，他沒有交代。中國《易經》固然是講陰陽相對，但還講到絕對的─太極。我們講到「无妄」，那東西就是宇宙眞實的東西，眞誠的東西。過去我們講孔子占到〈賁〉卦時，非常難過，因爲賁是文飾的意思，文飾是後天的，是假的。可是孔子在占到〈復〉卦時，非常高興，他說：「復，其見天地之心乎！」（〈復〉卦〈象辭〉）「天地之心」就是最後的主宰者，最高的那個眞實的主宰者。中國文學書上，常常講「心君」、

「太乙」，「心」就是「君」，「心」在我們身體上就等於一個「君主」一樣，是主宰，「天地之心」是天地主宰的東西。天地主宰的東西，就是眞誠而有規則的那個東西，這是講〈復〉卦是天地之心。至於老子講「道之爲物」是講「道」，孔子講「心」，老子講「道」，這「心」就是「道」。就主宰來講，可以稱之爲「心」；就運行來講，由太極慢慢變成兩儀，兩儀變成四象，是「道」，是發展的路線。所以「天心」、「天道」是一樣的，是一體的兩面，這兩個東西合計起來講呢，就叫做「天命」。前面講過，宇宙最高的是「眞」與「信」，「眞」是眞誠眞實，「信」是有規則。如地球這一年到某一階段立春，春風吹出來；如到某一時候，天就黑了，太陽下去了，到某一時候，天就亮了，非常有規則。就天道運行來講，它是有規則的；就心君主宰來講，它是眞誠眞實的。所以「天道」、「天心」就是老子所講的「眞」與「信」二字，「天心」是「眞」，「天道」是「信」，兩個說法是差不多的。什麼叫做「復」呢？「復」就是恢復，心放掉了，心不對了，把它恢復過來，人性喪失了，把它恢復過來，所謂「克己復禮」（《論語‧顏淵》），就是這個意思。過去說過，國家在戰亂的時候，社會弄得沒有規則，「復元」是再照正常的規則設施，恢復正常的狀態。我們人呢？假使人心在妄念中間，我們「克己復禮」，把妄念除掉，恢復自己的人性，這是復其眞，妄念是不眞誠，把妄念除掉，恢復正常，就是眞誠，所以〈復〉卦就是恢復眞誠，恢復規則。什麼叫做「无妄」？「无妄」就是不要虛妄，不要虛妄就是眞誠，不要虛妄就是有規則。「无妄」就是做到眞正的眞誠而有規則，合乎天理，合乎天命，因此在〈復〉卦之後，繼之以〈无妄〉。〈復〉卦是恢復了規則，恢復了眞誠，可是光恢復不行，恢復了以後還要做。恢復了以後，不要虛妄，要守住，不要再生妄念，

不要再妄言妄行，所以繼之以〈无妄〉。「无妄」就是代表一種返乎規則，返乎真誠的意思。就人心來講，人心如果有一個靜息的機會，所謂靜息，就是頭腦裡真空了，真正做到頭腦真空了，那個「天心」就產生出來了，所謂「復其見天地之心」，那個天理自然就產生出來了。就人氣來講，如果有一個靜息的機會，能很規則正常的運行氣，於是「元氣」就恢復起來了。正常的調理「氣」，頭腦真空的涵養「心」，這都是「无妄」。「无妄」就表示這種境界，可是一般人呢，不能這樣做。「復」之後首先要剷除妄念，首先叫他「不妄」，「不妄」以後慢慢做成熟了，就是「无妄」。〈无妄〉卦的卦序是如此。

成卦的體例

　　其次再講卦體，卦體很有意義。外卦是乾，乾為天，內卦是震，震為動，合計起來，乾天在外頭，振動在裡面。這表示我們一切的動是合乎天，動不是我動，是天動，在天理之內來動，這就是无妄。動而合乎天是什麼樣的境界呢？例如，當年李淵由太原出師到霍邑附近，當時情勢不利，又天雨不止，軍中乏糧，李淵準備班師太原，再圖後舉，可是李世民這天晚上守在帳篷外面，號哭力陳，不許老子班師回太原，主張進兵咸陽，當時李淵不敢這樣做，李世民一定要這麼做，結果這麼做了，等到李世民的軍隊到了咸陽京都，這隋煬帝就完了，他就接了隋煬帝的地位。他為什麼要這樣做呢？他事先並沒有什麼成算的，只是突然的一念，要這麼做，可是那一念從那兒來的呢？他這一念之動，不是他在動，是天意促使他在動，自己莫名其妙。各位先生也有成就事業很高的，在創造某種事業之先，你自己莫

知其所以，莫知然而然，莫知至而至，就是那麼「做」，那個「做」的發動之初，誰叫你發動的呢？不知道，天意。這動而合乎天，就是「无妄」；若不合乎天的動，就叫「妄」了。「妄」是乍起乍滅，不會垂久的，比方現在婦女的服裝，今天這麼變，明天這麼變，那都是「妄」，過去那個皮鞋穿著就和炸彈一樣，現在沒有了，現在的皮鞋頭子，大概也搞不久，還要變，那就是「妄」，這是第一個體象。

第二個體象，〈无妄〉卦的外卦乾為天，中爻三、四、五互成巽，巽為命，內卦震為行，二三四互成艮為止，這就表示一切的行為要止乎天命。什麼叫做天命？凡是天賦給你那個生命的樣法以及天賦給你那個生存的能力就是天命。有些人頭腦算術特別擅長，有些人頭腦算術不行，對於文學特別擅長，這就是生命的樣法、生存的能力，天賦不同的地方。所以在動物裡天賦四個腳的，就會跑；天賦兩個翅膀的，就會飛。可是會跑的止乎在地面上跑，絕不能越出範圍到天空去飛；可是會飛的呢？就只是在天上飛，若在地面就跑不動，所以鳥雀走路走不快，飛得快，這就是四足的動物和二個翅膀的動物各有其生命的樣法、生存的能力。宇宙一切的生物都是如此，都是在天命的範圍之內發展的。我們人呢，也有天賦不同的東西，所謂「天命之謂性」（《中庸》）囉，賦予你的是這個性能囉，每個人就照著你那長處、能力、興趣之所在去發展，這就是止乎天命；假使你違反了天賦生命的樣法，違反了天賦生存的能力，不能做的而勉強要做，就是妄行；不能講的而勉強要講，就是妄言；不能想的而勉強要想，就是妄想；不能有這個意思而有這意思，就是妄念。因此我們體會〈无妄〉卦體的意思，就是一切的行為要止乎天命，根據天命而行。天命要我們這麼做，我們就這麼做；可是話說回來，天命道理應該做的，

而你不做，那也不對，那就違反天命了。比如，二個翅膀的鳥會飛而
不飛，這鳥不會存在的，就快要死亡了；四隻腳的獸會跑而不跑，那
生命快完結了。所以天命之所在，而應該做的不做，那就表示你快完
了。這卦的第二體象是如此。

　　第三，根據卦變，二陰四陽的卦是來自〈遯〉卦和〈大過〉
卦。〈无妄〉卦是從〈大過〉卦來的呢？還是從〈遯〉卦來的呢？是
從〈遯〉卦來的。〈遯〉卦的上爻下來了，於是乎變成〈无妄〉。宋
儒有些講是三爻下來的，但三爻不對。何以故？我們過去講〈乾〉卦
上九「亢龍有悔」，〈乾〉卦到了上九，發展到了極點，就要發生變
化了。它怎麼變呢？它沒有變，它於是乎反生於下，上爻一下來就成
震，震為反生。可是三爻為什麼不能下來？初、二、三互成艮，艮為
止。在乾坤六子中間，艮是少男。過去講乾坤父母養著三個女兒、三
個兒子。乾養三個兒子：大兒子是震，二兒子是坎，小兒子是艮。艮
是少陽，小兒子是表示陽不夠，還是嫩的，等於那個兌卦是少陰一
樣，還是嫩的，而且又在停止的狀態中，這種嫩陽又在停止的狀態
中，它怎麼能下來？沒有法子下來，沒有法子變，所以〈无妄〉卦是
從〈遯〉卦上爻來的。那麼我們為什麼要講〈无妄〉卦是從上爻下來
的？這是什麼意思？〈无妄〉卦〈象辭〉裡講：「剛自外來而為主於
內。」剛者就是陽剛，陽剛是從外面來，作為裡面的主宰，外卦是
乾，乾為天，所以「剛自外來而為主於內」，意思就是陽剛從天上來
而為主於內。這是什麼意思？任何一個東西，它內在的生機都與天命
相通的，都與天道相通的，都是最高的天命下來給它主宰的，它才有
這個生機。拿人來講，人身一小天地，天心下來做了人心的主宰，因
此我們人心和天心兩個是相通的，這是第三個體象。這種體象是什麼

意思？天心下來做了人心的主宰，這表示我們人道和天道是相通的。人道和天道相通，就是說我們意思一動，整個空間都受了影響。太平洋這邊丟一個石子，太平洋的彼岸，美國的西海岸那波浪就發生影響，我們看不出來，一定有影響的。因爲我意念一動，這波浪就出去了，這波浪一出去，就影響外頭波浪的均衡，所以人心與天心是息息相通的。我們過去談過，宇宙氣化裡面，有祥和之氣、有乖戾之氣兩種；人心的念頭有惡念、有善念，這是一樣的。假使人心善念一動，宇宙那個祥和的氣化，就和人心結了緣，於是你可以感動天、天可以感動你，於是乎好的境界就可以產生出來了；假使惡念一動，宇宙乖戾的氣化，就來結緣了。過去舉的例子，殺人越貨的人，最後一定俯首就擒，活不成的，因爲他殺人越貨的惡念一動，宇宙的乖戾之氣就下來了，就圍繞著他的周身，他的周遭圍繞著的都是乖戾之氣，因此從意識一直到身體都感覺到不舒服，疑神疑鬼的，他身心兩界一定不能平衡，所以常常是起伏不平，常常起伏不平，生活就不能安詳，不能安詳，就發生禍亂，最後一定束手就擒、來正法，所以凡是作惡事的，最後一定逃不過，除非這作惡事的「放下屠刀，立地成佛」，做了一個惡事，立刻自己糾正自己，變化自己，脫胎換骨，或者可以逃過乖戾之氣的劫，否則是沒有法子的，乖戾之氣是圍著他的周遭的，這是證明。所以〈无妄〉第三體象就是告訴我們，〈无妄〉卦是天道下降爲內在心君的主宰，示意我們假使要邀上天賜福，就要修德迓天，我們自己能夠把自己的心君－內在的主宰搞得善良了、純粹了，於是周遭祥和的氣化和你結緣，自然會好，所以修德可以迓天。所謂修德，並不是說弄幾錢做些寒衣，冬天救濟人家，買點血放在臺大醫院或榮民總醫院，救救沒有人輸血的人，這當然是好的，但這還談不上修德。修德要從那裡做起呢？要從內心裡做起，內心裡眞正的變成

慈祥愷悌，你沒有錢周濟別人，並沒有關係，不在乎錢周濟人家，就是我內心根本就是慈祥愷悌，沒有一點惡念，假使這樣子修持，這宇宙天道人道是相通的，自然會祥和。

　　第四種體象就是外卦的卦體是乾，乾為天，乾為健，內卦的卦體是震，震為行，這就表示「天行健」，和〈乾〉卦之〈大象〉：「天行健，君子以自強不息。」一樣，因此它的卦辭：「〈无妄〉：元、亨、利、貞。」它的四德和〈乾〉卦一模一樣，因為它有〈乾〉卦「天行健」這一種精神，所以它四德具備，這是第四個卦體的意思。〈无妄〉卦既有「天行健」的精神，我們學〈无妄〉卦，就要法天體之剛健，剛健的條件是什麼？第一個天體運行是永恆的，沒有一時停止的，而且天體的運行各有各的軌道，地球有地球的軌道運行，火星有火星的軌道運行，各有各的軌道。我們人呢，一樣，也各有各的軌道。我們學〈无妄〉卦，就要效法天體的運行，就是你做什麼的，你在你的軌道運行，永恆運行。做農的就永恆的在做農的軌道去做，做商的就永恆的在做商的軌道去做，永恆的這麼去做，做到最後一定有結果的，這是第一點。第二點，天體運行是化育萬物的，萬物化育出來，於是才成就天體之偉大。我們人如果要學〈无妄〉呢，也要化育萬物，人化育萬物，就是輔助社會，也就是我們一切的工作是為社會的。為社會是不是沒有了自己呢？不然，自己還是社會的一份子，為了社會，就是為了自己。天體化育萬物，成就天體的偉大；人為社會服務，就成就了自身的偉大。這是第四個體象。

立卦的意義

　　〈无妄〉的意義，第一，是止乎天命的。我們學〈无妄〉卦首

先就要反省我們自己天命之所在，自省是什麼樣子的人？我的天賦如何？天賦的長處在什麼地方？天賦的短處在什麼地方？自己要反省，學〈无妄〉卦要誠實不虛，自己不能欺騙人，更不能欺騙自己，我自己的能力之所在是幾斤幾兩重，我就做幾斤幾兩重的事情，我自己能力之所在是偏於哪個方向，我就在那個方向去做，我們這樣子反省自己的天命。古人說：「造命者天，立命者我。」（《了凡四訓》）我們如何的立命呢？就是反省自己天命之所在，把握自己天命的據點去做，這就是立命，如此有以挽回天命之偏差。我們人類五官百骸都差不多，但是裡頭的構造各有偏差不同，有的腎臟好，脾臟好，一切都好，但心臟不好，最後是心臟病死；有人心臟好，脾臟好，但肝臟不好，最後是肝臟病死；有人肝臟好，心臟好，脾臟也好，可是腎臟不好，最後是腎臟病死。人生下來，五個輪子—心、肝、脾、肺、腎，五部機器，結構起來變成一部大的總機器，這五部機器在娘胎生下來，它的保用年齡不是都一樣的，不是說心臟的保用年齡是一百年，肝臟也是一百年，腎臟也是一百年，沒有這樣的，裡面有偏差的，參差不齊的，有的某一臟特別強，有的某一臟特別弱，有的人某幾臟特別弱，某一臟特別強，所謂「造命者天」，從娘胎下來，五臟六腑的構造就是如此。但後天「立命者我」，我們該怎麼辦？比方我心臟不好的，我在生活上，特別愛護心臟，凡是對於心臟有害的行為，我不做，一切的攝生，就是愛護心臟，把心臟一加強了，使用年齡加長，壽命也加長了；如果不曉得攝生，因為心臟不好，於是其他的器官也跟著心臟一陣停擺。假使我的腎臟不好，我們一切消耗腎臟的東西，我不做，對於腎臟有妨害的事情，我不做，那麼把腎臟保用年齡加長了，壽命就加長了，這是「造命者天，立命者我」，我們拿身體解釋，就是如此。先天稟賦那方面缺陷，後天就補足那一方面，這是

〈无妄〉卦第一個卦義。「止乎天命」，就是在天命的範圍裡來發揮。

　　第二個卦義，「无妄」的反面就是「妄」，「妄」不僅限於妄言、妄行，思想方面的妄叫「妄想」，意念方面的妄叫「妄念」，戕害身體比那個妄言、妄行厲害的多，妄言、妄行所敗壞的事情，不過是我身外的東西，妄想、妄念所敗壞的是我內在生命的根基，所以妄想、妄念對我們人身的害處，比那個妄言、妄行的害處還要大。所以我們學〈无妄〉卦，最要緊的是在妄想、妄念，因為這個意念是人身發動的總樞紐，猶之於太極是宇宙發動的總樞紐，太極是看不見的，人身的意念也是看不見的，可是人身一切行動、一切作為由意念所開始，所以意念一妄了，其他的行動作為都妄了，因此意念的關係最重要，這是一點。其次，講宇宙間的氣化，有那麼一個東西跑得很快，比光還快的那個東西，人身上「意念」就是那個東西，和那個東西是一體發用的，我們一想可以想到十萬八千年以前，十萬八千年以後，想得很快。那人為什麼想得那麼快呢？這是基於宇宙最高最快的那個東西，是那個東西產生了我們的「意念」。因此那個東西在宇宙裡面的作用非常之大，可以滅殺宇宙一切，可以發動宇宙一切。我們意念在人身之作用很大，可以發揮我們人身一切，也可以扼殺我們人身上一切。因此學〈无妄〉卦第二個關鍵，就在如何剷除妄想、妄念。妄想、妄念會召來是是非非，佛家講一切的禍福由心召，萬象由心召，就是這個意思。佛家又講「戒、定、慧」，這是剷除妄想、妄念的方法，這是第二個卦義。

　　第三個意義，我們講无妄要從心理上著手。心理上發生虛妄，比任何虛妄的情境，來得嚴重，所以在心理上要无妄，才能召致宇宙

間祥和的氣化。心理上一虛妄，所召致的都是乖戾的氣化。乖戾的氣化一來，就干擾我們的身、心兩界一切的觀感，明擺那個東西是個圓的，我們看成是方的，原本那東西是白的，我們看成是黑的，一估計就偏差，一判斷就錯誤，就是乖戾之氣干擾了我們。假使我們每天頭腦有幾分鐘的淨化，就是佛家所謂的「入定打坐」，儒家所謂的「主敬存誠」，孟子所講的：「盡其心者，知其性也，知其性，則知天矣。」（《孟子・盡心上》）「盡其心」就是把心搞完整了，也就是求其放心，也就是淨化意念。人如果一天有一個短時間，意念淨化，那不得了，一切祥和的現象都產生了。所以學〈无妄〉卦第三個卦義是如此。

貳、彖辭（即卦辭）

〈无妄〉：元亨利貞。其匪正有眚，不利有攸往。

此卦很不好講，宋儒性命之說，一大部分是從這裡來的。卦辭：「无妄，元亨利貞。其匪正有眚，不利有攸往。」

「无妄」怎麼「元亨利貞」呢？我們剛剛講〈无妄〉卦「剛自外來而為主於內」，也就是〈遯〉卦上面的一陽跑下來，就變成乾元，乾陽居初，就是乾元，〈遯〉卦本來底下是陰，現在陽交於陰，陰陽相交，於是乎這個卦氣就弄通了，所以說「元亨」。至於「利貞」呢？本來〈遯〉卦的上九是不當位的，二、四、上是陰位，初、三、五是陽位。陽爻居陽位謂之當位，陰陽居陽位謂之不當位；陽爻居陰位，也是不當位，陰爻居陰位才是當位。現在〈遯〉卦的上九是陽爻居陰位，是不當位，它下來之初，於是變正了，就是陽爻居陽位，得

位了，得位就正，所以說「利貞」，宜乎正，這是利貞之象。這是講四個字的卦象的。同時，剛剛解釋卦體時，這一卦卦象上「天行健」已經顯出來了，它與〈乾〉卦有同樣的德性，因此四德具備，元亨利貞都有，這是元亨利貞的卦象的來源。

　　其次，「其匪正有眚」。我們先講象，「匪正有眚」，哪個是「正」呢？二、五是「正」，二爻是陰爻居陰位，五爻是陽爻居陽位是「正」。「不正」的是哪個呢？三、四、上「不正」，三爻是陰爻居陽位，四爻是陽爻居陰位，上爻是陽爻居陰位，不正。可是三、四、上不正，裡頭有不同的地方，因為初爻是「剛自外來而為主於內」，初爻是乾陽的乾元來居震的，乾元居震，就形成內體的震，震為動，於是初爻被乾元之命一動，促使四爻變正，因為四與初相應，初爻一動，四爻自然會變。那個意思是什麼意思呢？比方，看相的有些訣竅，是根據《易經》來的。這訣竅是什麼？比方，臉上嘴巴左邊有個痣，在小肚皮右邊一定有個痣。這為什麼呢？相應啊！所以看相的你臉上有個痣，就說你肚子上一定有個痣，其實就是這個道理。中醫醫病時，比方，這邊左腿不合適，就搞那右邊的腋窩，這左腿與那右邊腋窩有什麼關係呢！上、下相應，所以這邊一動，那邊就動；這邊有痣，那邊就有痣。因此初爻一動，四爻就變正，就這道理。「易例」裡頭，都是如此。假使這位置很正，而且有力量，它一動，它的應位一定變，所以初爻一動，四爻變正。四爻去掉，就剩下上爻與三爻不正，上爻與三爻不正，有主、從之分，陽唱陰隨，陽唱陰和，陽唱之於先，陰和之於後，這上爻與三爻兩個是相應的，可是都不正，上爻唱之於先，三爻應之於後，因此這個不正之尤者，是上爻而不是三爻，三爻是跟著上爻，因為上爻不正，三爻跟著受影響，三爻是居

於陰和的地位，上爻是居於陽唱的地位，所以這「匪正」分析的結果，就是上爻。因此其他各爻爻辭，沒有「有眚」字樣，只有上爻有「有眚」的字樣。其次，「有眚」是什麼呢？剛才我們講初爻動，四爻一定要變，上爻與三爻相應，於是上爻變。上爻一變，四爻一變，外卦就變成坎，坎為災害，坎為眚，所以「匪正有眚」。「不利有攸往」，是根據「匪正有眚」來的。「不利有攸往」沒有什麼卦象。意思是不利於向前發展，上爻、三爻不正，不能再發展了，再發展就更不正了，所以說「不利有攸往」。

　　整個卦辭的意思是講〈无妄〉得乾元之道，合乎天理，一定能通。既合乎天理，當然根據天理，把握著天理去做，宜乎守正，不能再偏差了。《大學》上講：「大學之道，在明明德，在親民，在止於至善。」「利貞」就是「在止於至善」，「无妄」是最好的境界，宜乎穩定到這地方。「其匪正有眚」就是天理固然是无妄，但天道運行有時會偏差，天道運行如果不偏差，就不會發生地震，就不會發生山崩，就不會發生流星雨、海嘯，這些東西都是天道運行的偏差，在无妄中間有妄，所以說「其匪正有眚」。「有眚」就是有妨礙、有不正的地方，有妨礙、有不正，就不利於再向前發展。「不利於再向前發展」，歷來有兩派說法，一派說法，講整個无妄不利於再向前發展，要止於至善，這派的說發法太拘泥了一點，因為我們爻辭裡還要講「往」。第二派說法，就是說无妄中間，發生有偏差的時候，不宜於再向前發展。這是卦辭。

參、爻辭

初九：无妄。往吉。

現在講爻辭，「初九：无妄。往吉」，初九「无妄」之所以構成，是因爲「剛自外來而爲主於內」，就是說天道下濟，來居於人心之中，做人心的主宰，當然是「无妄」了，「初九」既是天理爲人心之主宰，所以「初九，无妄」。「往吉」，初九與九四相應，九四爻不當位，因爲初九无妄一動，於是九四就變正了，所以「往，吉」，就指九四變正。九四一變正，就變成風雷〈益〉卦。〈益〉卦是損上益下，基礎加厚，當然很「吉」哦！所以說「往吉」。

六二：不耕穫，不菑畬，則利有攸往。

初九是沒有條件的「往吉」，向前發展一定是好的，因爲天理下來，爲主於內，當然可以發展了。你根據天理去發展，還有錯嗎？沒有錯！到了第二爻則不然，有條件的「不耕穫、不菑畬，則利有攸往」。「不耕穫」是什麼意思呢？這卦四變成〈益〉卦，孔子在〈繫辭〉講：「耒耨之利，蓋取諸〈益〉。」〈益〉卦就是有耕田的現象，但是〈无妄〉卦四爻還沒變，沒有成〈益〉，所以「不耕」。「穫」是什麼？內卦爲震，震爲禾稼，二、三、四互成艮，艮爲手，手持禾稼，這是「穫」的象徵，這是「不耕穫」。

其次，講「不菑畬」，往年，把荒地開成田，到了第三年田成功了，墾事成熟了。在墾荒犁草時叫做菑；田已出現了，已經完成了，就叫做畬。過去講過：初爻、二爻是地；三爻、四爻是人；五爻、

上爻是天。現在二爻在地面上，是田的象徵，所以叫畬，畬者，田也。初爻是陽爻，不是陰爻，無田可墾，叫不菑，所以合計起來，有不菑畬之象。不耕穫、不菑畬，歷來先儒的解釋，有好幾種，大別有兩種：一種就說不耕穫就是不是為了圖利，不是為了生活、糧食，我才耕田。不菑畬，不是為了有成熟的田，我才墾荒，就是說沒有貪圖的念頭在裡面，這是第一種說法。第二種說法是朱子說的，不耕穫、不菑畬就是沒有造作的意思存於其間，是順乎自然的，裡面參著點禪意，也很可取。耕田就是耕田，收糧食就是收糧食，墾荒就是墾荒，成熟了就是成熟了，沒有絲毫造作的私念存乎其間，這是第二種說法。

現在我們就卦象說是怎樣呢？因為二爻在初爻之後，初爻是耕，而初爻沒有耕，二爻繼初爻之後，是不耕而有收穫，沒有經過墾荒，而成熟的田已經出現了，這是就卦象來說。「无妄」在第一階段，完全是一念之誠，是「剛自外來而為主於內」，但到第二階段就不是那個樣子了，就是應當要付出條件了，就是沒有貪圖的慾望，沒有造作的私念，順著天道運行去做。假使這樣子，則利有攸往；假使不是這樣，就不能向前發展。這怎麼說法呢？比如，做一件事情，假使你是先存有貪圖的慾望，或存有造作的私念，你在做的過程中間，就有執著的痕跡露出來。社會當然是形形色色，難免發現到你執著的痕跡，於是社會就發生反感，你那件事情就做不成功。本來很好的一個社會，打得很圓，可是發生反感，就變成仇敵的社會。假使沒有貪圖的慾望，沒有造作的私念在裡面，你做的過程中間，是一片祥和的氣象，一片融合的氣象，根本不著痕跡，自自然然，做的清風明月、流水行雲。那麼社會上，他看到你這個作法，不是朋友都變成朋友，即使人家不能幫助你，至少人家不會破壞你，那麼你可以奮力去做。

有多少人創造事業，在這過程中，夭亡了，受了挫折，就是自己首先存了貪圖的慾望、造作的私念。事實，每個人都有自己的本位，自己的本位，當然要顧慮，可是為自己本位而顧慮自己本位，這是最笨的。宇宙不為自己而化生萬物，大家都覺得宇宙非常之大，非常尊重宇宙。因此你假若不為自己，沒有貪圖的慾望、沒有造作的私念，忘了自己，整個的做事都是為了社會，為了做事而做事，那麼這事業發展到了最後，你一定存在的。所以老子講「後其身而身先」（《老子‧第七章》），一切的事情把自己丟在後頭，不要把自己拉在前面，結果這個事情做成了，自己就在前面了。所以〈无妄〉卦「不耕穫、不菑畬，則利有攸往」，你沒有造作的私念，沒有貪圖的慾望，在這種情形下，你可以發展，絕對可以發展。馬融、鄭玄的《易經》裡，「无妄」通「无望」，就是沒有期望，就是不貪圖，當然用「妄念」的「妄」字比較好，「望」字意義比較狹，但也通啦。同時，這卦解釋的很多，像京房各卦都解釋得很好，但是對〈无妄〉卦有錯誤。京房解釋這個卦用「望」，認為這個卦是「天雷无望」，沒有雨，打空心雷，大旱之卦，禾苗都枯死了，是沒有希望，後人反對他這說法。事實他這說法，並不是解釋卦，是拿這卦斷這個事情。這是第二爻。

六三：无妄之災，或繫之牛，行人之得，邑人之災。

　　四爻變正，上爻變正，成坎，坎為災，三爻與上爻相應，所以有災象。但這災象不是它本身的，是由於上爻與它相應，因此受了拖累而有災，所以是「无妄之災」。无妄之災就是不應當受的災而受了災。「或繫之牛」，三、四、五互巽為或、為繫、為繩，二、三、四

互艮爲手，三居坤，坤爲牛，四變之正，二、三、四互坤，坤爲牛，「或繫之牛」就是或者有那麼個人手拿著繩子來繫牛。

「行人之得，邑人之災」，乾爲人，乾是天行健、乾是運行，所以叫「行人」，這是虞翻的解釋。四之正，三居坤，坤爲邑人。「行人之得」是行人把牛牽了去了，「邑人之災」，邑人就喪失了牛。照朱子的說法，「行人之得，邑人之災」是行人把牛牽了去了，找這條牛找不到，找行人，行人已經走了，找到邑人，以爲邑人把牛偷了去了，於是把邑人帶去坐牢，所以邑人受冤枉，所以行人之得，是邑人之災。這是什麼意思？這无妄之災不是本有的，而是受了連累的。因爲三爻與上爻相應，上有災損，三受了拖累而得了災，就是无妄之災。无妄之災就是本來不是你自己應當有的災，你爲了朋友，或者爲了私怨，爲了慾望，所牽引，而得到這災害。這就是戒止我們在无妄的時候，不要生妄念，在无妄的時候，最好一本无妄的天理；如果一生了妄念，非但這妄念沒有達到，結果妄念的貪圖，反倒把你弄得无妄之災，如同「行人之得，邑人之災」一樣，他拿這個做比喻。

九四：可貞，无咎。

「可貞」二字，見於〈坤〉卦的第三爻，〈坤〉卦三爻：「含章可貞，或從五事，无成有終。」〈坤〉卦三爻說可貞與〈无妄〉卦九四說可貞，道理差不多的。〈无妄〉卦九四是陰位，而陽爻居之，不當位，但是可以變正，因爲九四與初九兩者是居應位，而初九是无妄的根本，无妄的根本是從天德下來的，所以无妄不虛妄，誠實的很。九四既和初九居應位，受著這個根本的影響薰染，所以可以變正。變正就是九四變成陰，來和初九相應，來扶持這個根本的无妄。

《中庸》講：「至誠不息。」就是无妄，那種至誠之念，影響了這方面，這方面就變正了，變正了，就沒有毛病了。意思就是本來它還沒有變正，可是在這個位置可以變正，與那個〈坤〉卦六五「含章可貞」一樣，六三本來是陽位，而陰爻居之，可以變正。這個意思就是說，假使至誠的良知，非常之充沛，內在的性分，非常之強，外界某一個現象，和性分發生連帶關係了，於是這個性分就能罩住這個現象，而這個現象發生的本質，也就很至誠。這是「可貞，无咎」。

九五：无妄之疾，勿藥有喜。

〈无妄〉卦初爻是根本，二爻是扶助初爻的，四爻也是扶持初爻的。三爻與五爻就不然了，三爻是无妄之災，五爻是无妄之疾；无妄之災是外頭來的，无妄之疾是內在的隱憂，是自身的東西。九五為什麼有「疾」象呢？因為四爻可貞，四爻已經變正了，與三爻相應的上爻要動的；四爻變正，上爻要動，因此五爻就變成坎。本來五爻是坎爻，過去講易例，初爻是震爻，二爻是離爻，三爻是艮爻，四爻是巽爻，五爻是坎爻，上爻是兌爻。五爻本來是坎爻，現在四爻變正，上爻動，也變為坎，坎為疾，所以講无妄之災。這无妄之災是從那來的？无妄之災是從〈遯〉卦來的。〈遯〉卦上爻到了初爻，就變成〈无妄〉。〈遯〉卦九三：「係遯有疾厲。」〈遯〉卦九三，到了〈无妄〉，就是九四。三爻是據四爻的，兩者最親切，因為四爻有疾，它就憂鬱成疾，疾是從這樣來的。我們人類每每在這個行為裡頭，沒有毛病，因為頭一個行為發生毛病，影響到這個行為裡面有毛病，這是无妄之疾。

「勿藥有喜」，二、三、四互艮，艮為石，三、四、五互巽，

巽爲木，木石就是藥。中國過去講五藥，草、木、蟲、石、穀，謂之
五藥。五爻與二爻相應，二居震，〈震〉卦的卦辭有「笑言啞啞」，
就是有喜的樣子；同時五爻與二爻相應，二變爲兌，兌爲悅，悅爲
喜，也有喜之象，喜的來源出於此。无妄固然自己沒有錯誤，可是卻
發生了毛病，這就是孟子所講的「有不虞之譽，有求全之毀」（《孟
子・離婁上》），就是說一個人再做得完整，別人還是罵你，講你的
壞話，就是孔子還受人家罵，堯爲政時，盜賊還說他不好，這是「求
全之毀」，「无妄之疾」就是這種現象。我們自己固然是无妄，但照
例有外來其他系列的影響，因爲宇宙是整個系列的，我這個小循環沒
有毛病，可是大循環的系列，和我兩個不符合，於是發生毛病，這個
毛病不是我們本身召來的，而是大系列影響的毛病。所以无妄之疾，
不是它現在有之疾，是從〈遯〉卦的頭一個行爲影響到這個行爲有毛
病。這種情形非常之多，假使我們遇到這種情形，不要吃藥；吃藥就
是承認自己錯誤，承認自己錯誤就妄了。吃藥就是要改正自己，自己
沒有錯，爲什麼要改正呢？這時候還是照常守正，病自然就會去掉。
子貢曾經讚美孔子說：「仲尼不可毀也。他人之賢者，丘陵也，猶可
踰也；仲尼，日月也，無得而踰焉。人雖欲自絕，其何傷於日月乎？
多見其不自量也！」(《論語・子張》)仲尼好比日月一樣，儘管人家
批評他，無損於絲毫，仲尼照常守正，那些批評的話自然沒有了，所
以說「勿藥，有喜」。這爻就指示我們，我們很誠實无妄，事情做的
很對，而外界還有批評，還發生毛病，這時我們不要手腳錯亂，懷疑
自己錯了，改正自己，這一改正，毛病就出來了，尤其是謀國君子，
事情很多，最宜體會這個道理。

上九：无妄，行有眚，无攸利。

　　上與三應，三居震，震爲行，有行之象；同時，上居乾，乾爲天，天行健，也有行之象。四變正，上與三應，三居坤，坤爲有。四變正，上爻一動，就成坎，坎爲眚，眚者災害。這是「行有眚」三個字。「无攸利」是斷辭，就是沒有什麼好處。這一爻是什麼意思呢？在卦辭上講「其匪正有眚」，「匪正」就是不正。〈无妄〉卦那幾爻不正呢？三爻不正，四爻不正，上爻不正。那幾爻正呢？初爻居正，二爻居正，五爻居正。四爻「可貞，无咎」，四爻可以變正。所剩的就是三爻與上爻不正，但三爻是陰，上爻是陽，陽唱陰隨，陽爲主，陰爲副，陰是從著陽的，附和著陽的，所以不正之尤者是在上爻，而不是在三爻，因爲上爻領導著不正，所以三爻也跟著不正了，不正最要緊的關鍵是在上爻，所以「其匪正有眚，不利有攸往」，就是指上爻而言。爲何指上爻？因爲〈无妄〉的根本在初爻，初爻講「往吉」，根本爲什麼「往吉」？發展根本就是培養良知良能，培養至誠，當然至誠培養得愈豐富愈好，所以「往吉」，往前發展就吉。二爻是陰爻，虛而不實，所以「往吉」，往前發展就吉。二爻是陰爻，虛而不實；无妄是要實在，不能虛而不實；就是要不耕穫、不菑畬，就是你沒有造作的意思，順乎天理，則利有攸往，你也可以發展。三爻本來是居內的，是內在的基礎，但因爲上爻不正，引導著它，陽唱陰隨，所以三爻就變成无妄之災。四爻因爲與初爻相應，四爻本來不正，但居在根本的應位，與至誠良知相應，所以它就變正了。五爻是與二爻相應，本來五爻是居中得正的，可是它爲了四爻有毛病，影響它有毛病，所以變成无妄之疾，雖是有疾，但不是自己的錯誤，不是自己的錯誤，就不要改正，不要吃藥，不吃藥就好，就是讓它守正照

常的這麼下去，那毛病自然會好。

　　在初爻、二爻是「往」，是培養根本；到了上爻是「行有眚」，基礎既經培養得很正確了，就不能動了，一動就歪斜了，所以「行有眚」。有很多人很正確的穩定在這一點上，久而久之，就把握不住了，這恆心到這時就發生疑問了。比如我們教書的，老是很誠實的教書，很誠實的把自己的東西都交代出來，交代十年、廿年、卅年、四十年、五十年，交代到最後，自己懷疑自己教這些有什麼道理？於是就懈怠了，滑頭了，馬馬虎虎了，教得好，也不過如此，教得不好，他們也不懂，老教授常有這毛病，那就是到了最後把握不住无妄的根本，就是上九「行有眚」這現象，我舉這一個例子，六爻交代完了。

肆、彖傳

　　彖曰：无妄，剛自外來，而爲主於內。動而健，剛中而應，大亨以正，天之命也。其匪正有眚，不利有攸往。无妄之往，何之矣？天命不佑，行矣哉？

　　「彖曰：无妄，剛自外來，而爲主於內。」過去已經講過，〈遯〉卦上爻從外卦來，而居於初爻，初爻是內卦，所以說爲主於內；上爻是乾，乾爲天，這表示天德爲主於內。內是我們方寸之間，天德到分寸之間做主宰，就是天德和人性合一天道和人道合一。假使剛自外來，就能夠爲主於內，自己內在的主宰是自外而來，合乎天德的，那就无妄，无妄就是這樣的型態，這是彖傳第一句話，是說明卦象。《中庸》上說：「至誠無息，不息則久，久則徵，徵則悠遠。」

又說：「唯天下至誠爲能化。」就是天德下來，主宰於內，做了方寸的至誠，所以變成了人的性分，這個沒有錯的。過去我們常講人類的思想，有思想淵源，假使沒有淵源，忽然一念之間，起了某一個念頭，這一個念頭，就是剛自外來而爲主於內。這個念頭，我們要審查一下，要把握住，這念頭是良知，就是剛自外來而爲主於內，和天德天道是相通的。就是天地氣化那個電波發動了我的念頭，不是我自己有什麼感想，或者外界有什麼刺激，這些因緣都沒有，而突然有個念頭，那就是剛從外來而爲主於內，這個念頭就是最眞實无妄的。〈象傳〉這句話是解釋卦象的。

　　第二句：「動而健，剛中而應，大亨以正，天之命也。」是解釋這卦的性質、性能、意義的。這无妄裡頭含有什麼意義呢？第一是動而健，第二是剛中而應，第三是大亨以正，第四是天之命也，這是解釋无妄具備了四項的德性。什麼叫做无妄呢？无妄就是這個東西，第一，「動而健」，內卦是震，震爲動；外卦是乾，乾爲天，天行健，乾爲陽，陽是剛健。這是根據這個象，解釋這個性能。第二，「剛中而應」，是那兒來呢？「剛中」是指第五爻來講的，第五爻剛居中，與二爻相應，而是正應，所以說「剛中而應」。其次呢，剛自外來而爲主於內，「中」者就是「內」，內在方寸之間，有個主宰，而外頭的四爻「可貞」，能夠應，所以「剛中」又指初爻而言。第三，「大亨以正」，這一卦是從〈遯〉卦來的，〈遯〉卦上九的一爻下來，居了初爻，就是〈乾〉卦的初爻來爲主於內。〈乾〉卦的初爻是乾元，就是乾元居內而與陰相交，於是乎陰陽相交就亨通了。乾元者是大者，所以說「大亨」。乾元居初，陽爻居陽位，得正，所以說「正」，這是第三句的卦象。第四，「天之命也」，這卦的外卦是乾，乾爲天，天之下，三、四、五互成巽，巽爲命，所以「天之命

也」，是根據這個卦象來的。

　　這四句的卦象解釋過了，再說明意思。怎麼能叫做无妄呢？第一要「動而健」，无妄的動，是很剛健的，所謂剛健是很有規則的動、永恆的動。《中庸》講「至誠不息」，凡是至誠的東西，它不會停止的；凡是停止的，乍起乍滅的，是虛妄的。真實的是不會停止的、不會間斷的。所以宇宙間的真理是一貫的，自盤古開天地以來，真理是一個，不滅，不停止，沒變化的；其餘的乍起乍滅的型態，都是假的、妄的；无妄的是那個真理，永久存在不滅，所以无妄的動是永恆的動。其次，无妄的動是有規則的動，天德至誠，當然是有規則的。宇宙之所以化生，第一是它本身的氣化，但是氣化之所以能夠化生，有個化生的規則；那個有規則的動，是真實的，而且動的能化育萬物，這個動不僅能使令自己，而且使令所有的東西都能繁榮起來，這種動叫做有規則的動。合起來說，无妄的動是剛健的，所謂剛健，是有規則的動、永恆的動，所以說无妄「動而健」，无妄的第一個條件是如此。第二個條件「剛中而應」，過去在其他的卦中解釋過，所謂剛中就是內在的主宰，非常的正確、誠懇。你講一句話就抓住人家的心坎，一做事就是人家所希望的，當然一呼百諾，眾志成城，你就應了，无妄的第二個條件是如此。第三個條件「大亨以正」。所謂「大亨」者，有二個說法：一種說法指時間的，就是從一開始到底，都是通暢的；一種說法指量的，就是無所不通，無所不暢。「大亨以正」，就是很正確的，無所不通，無所不暢，從頭到尾，都是正確的，无妄的第三個條件是如此。第四個條件「天之命也」，无妄是根據天命的，天怎麼叫你做，你就怎樣做。天給你翅膀，你就飛；天給你四個腳，你就跑；給你四個腳，沒給你翅膀，你就不要飛；給你翅

膀，沒給你四個腳，你就不要跑。順著天命去做，就是无妄。无妄的
第四個條件是如此，

「其匪正有眚，不利有攸往，无妄之往，何之矣？天命不祐，
行矣哉？」「其匪正有眚，不利有攸往」，這是卦辭上的兩句，象傳
裡解釋「其匪有眚，不利有攸往」，爲什麼呢？「无妄之往，何之
矣」，前面已經說過，上爻是不正之尤者，「匪正有眚，不利有攸
往」指的是上爻。「无妄之往，何之矣」，這是孔子的文筆，已經无
妄了，還動，還動到那兒去呢？一動就錯了。因爲四變正，上爻一
動，於是就變成〈屯〉卦。〈屯〉卦是「勿用有攸往」，屯者，很艱
難的樣子，不能往前行進，因此「无妄之往，何之矣」，你往那兒跑
呢？這是講卦象。意思是說你已經无妄了，很正確了，正確就不能動
了；多變不是好事情，除非是不正確，你就多變；多變表示不正確，
始終沒擺得穩。像一隻船一樣，在水裡走，沒有擺得穩，左右歪；假
若擺得很穩，就不會左右擺動了。所以多變就表示你自己沒有放得
穩，不正確，不是无妄，是妄；妄才多變，乍起乍滅。不管是政治現
象也好，社會現象也好，心理現象也好，不管什麼現象，凡是乍起乍
滅的都是妄；眞正的不妄，它不會乍起乍滅，是永久的、永恆的。既
是永恆的、永久的，把握住這個，那麼你還變動什麼呢？一變動不是
就錯了嗎？所以「无妄之往，何之矣」，你往那裡跑呢？其次，「天
命不祐，行矣哉」，外卦爲乾，乾爲天，互巽爲命，所以說天命；
上爻一動，不見乾天，四爻之正，不見巽命，祐者助也，「天命不
祐」，天命已經毀，不存在了。「行矣哉」，你行到那兒去啊？這是
反問話。〈象傳〉這一段話的解釋如此。

伍、大小象傳

象曰：天下雷行，物與，无妄。先王以茂對時，育萬物。

　　這〈大象〉歷來有好兩家打官司。高頭是乾，乾爲天；底下是震，震爲雷，又爲行，所以說「天下雷行」。這「與」字有很多不同解釋，虞翻講與者是舉也，就是凡物都无妄，這說法，我們不採取。這「與」當如何解釋呢？我想了好久，我認爲這「物與」是老天爺對於某一個物件所賦與的結合，凡是一個物，它裡面都有結合的現象，宇宙間，元素很少，化合物多。天所賦與的結合，沒有錯的，沒有偏差的，眞實得很。天賦與我們這個人，這麼大的個子，這樣的頭腦子，這樣的眼睛，這樣的鼻子，眞實的很，正確的很，沒有假的。所謂「天生烝民，有物有則」，有那個東西，就有那個法則，裡頭沒有錯的，眞實的很，所以「物與，无妄」。「天下雷行，物與，无妄」，雷是發動，雷一發動，所有天賦與的結合，都很正確。

　　「先王以茂對時，育萬物」，先王是指乾陽來講的，乾陽下來之初，乾元是開始，乾是王，開始的王是先王，所以說「先王」。乾盈而坤竭，「茂」是草木旺盛的意思，取象於乾。二、三、四互成艮，艮爲成始成終，有「時」之象。四之正，二、三、四互坤，坤育萬物，坤爲眾，坤爲物，所以說「育萬物」。就是取旺盛之時，而作育萬物，爲什麼取旺盛之時呢？時間有旺盛的，有衰弱的，春生、夏長，時之旺也，秋收、冬藏，時之衰也。我們作育萬物總在春夏天，到秋冬就不會作育了。比方，中國栽稻子，總是二、三月裡栽秧，七、八月裡割稻。爲什麼要春夏天栽秧、長穀子呢？因爲春生、夏長，取時之旺盛，尤其是北緯六十度至廿度之間，我們中國大陸這一

帶，這緯度中間是居北極，太陽最接近地球，是正在春末至夏末，這
一百天，那時是時間旺盛，太陽能發揮的最強，稻子要吸收太陽能，
才能長得好。對中國吃飯，我有點意見，現在大家吃飯為外國西餐搞
糊塗了，以為外國飲食有營養，中國過去的飯菜沒有營養，這是大錯
而特錯。中國吃飯，現在是要多吃菜，少吃飯，因為菜裡有營養，飯
裡頭沒有，飯裡都是澱粉質。這個話，我很懷疑，我們祖宗吃了五千
年的飯，到現在還有七、八億人口，怎麼現在一下子就翻了根呢？我
們吃兩碗飯，馬上身體就發暖，吃青菜、吃豆腐、吃牛肉、羊肉，吃
一缽子，身體也不會發暖。在西北打野外、行軍，晚上沒有被窩，鑽
了稻草堆裡，外頭雪有兩丈多深，也不曉得冷，還流汗；假使你認為
牛羊肉這些東西，有營養，底下墊牛肉，上面蓋牛肉，我相信越蓋越
冷。那是什麼道理？因為稻子是吸收太陽能的。現在又有蒙古大夫的
說法，說吃那外面的糠皮比較有營養，當然外面皮也有它的營養價
值，可是最重要的價值，還是在裡頭的東西，把米打出來後，裡面米
心裡那透明的一點，那是什麼東西？那是太陽能，我們吃，就是吃太
陽能，可是現在西醫它化驗不出來，它化驗出來的，都是澱粉質。比
如高麗參，西醫化驗出高麗參與蘿蔔一樣，可是我們吃蘿蔔，吃一石
也沒有用。吃高麗參，頭一天吃三錢，第二天精神抖擻得很，怎麼說
蘿蔔與高麗參一樣？我不懂西醫怎樣化驗的。所以西醫化學分解的能
力，我懷疑它還是幼年時代。現在中國連吃飯的知識都沒有了，跟著
西洋人學，真可憐！過去美國人在重慶抗戰的時候，他看到百姓吃泡
菜、吃蘿蔔，吃二、三碗飯，可是身體還是很棒，他就不懂，他還拿
醃蘿蔔、醬油去分解。

初九象曰：无妄之往，得志也。

初九是无妄的根本。无妄的根本，就是一片赤誠，良知良能。當然這根本要向前發展，初九的往，是對无妄根本的發展，所以「得志也」。怎麼「得志」呢？初爻與四爻相應，四變正，上動成坎，坎爲志，所以初爻和四爻相應就得志。得志什麼意思？就是說最根本的發展，是內心所希望的，所以它「得志也」。

九二象曰：不耕穫，未富也。

九二爻辭：「不耕穫、不菑畬，則利有攸往。」三句話的，但在〈小象〉，孔子爲簡略起見，就把爻辭只講一段，事實上，他都是解釋整個爻辭的，所以本來是「不耕穫、不菑畬，則利有攸往，未富也」，初爻是无妄的根本，良知良能的至誠，這至誠剛剛才起來發展，才有「剛自外來而爲主於內」，才有主宰的至誠，到了第二階段，忽然變陰虛，所以第二爻「不耕穫，不菑畬」，沒有造作的意念情況下，才有發展。爲什麼要發展？因爲无妄的根本未富，還沒有到達飽滿豐富，所以利有攸往，還應當發展。這個發展是發展无妄的根本，發展至誠之念。這是第二爻。

六三象曰：行人得牛，邑人災也。

這一爻歷來的解釋太多，現在沒時間一條條分析，只能大體上說明。虞翻說乾爲行，乾爲人，所以說乾爲行人。邑人就是六三，四變爲坤，坤爲邑，三居人位，所以叫邑人。六三與上九相應，上九行人把牛牽去了，於是六三邑人受損失，換句話說是无妄之災。六三的災是受上九的拖累，不是他自己本有的，所以〈小象〉說「行人得牛，

邑人災也」。這邑人受災有兩種解釋：一種解釋是朱子說的，就是行人把牛偷去，找牛的人以為是邑人把牛沒收了，拿邑人送官法辦。另外一說解釋，是邑人的牛被行人偷走了，於是邑人受損。這〈小象〉說「行人得牛，邑人災也」，這話怎講？三爻與上九相應，三爻就跟著上爻跑，過去我們輔助或跟著某某先生做事，給人家做很多工作，人家得了很多好處，可是我們做事的吃虧了，這種事很多，所以「行人得牛，邑人災也」，就是我們地位低，給高地位的做，地位低是被動的，地位高是主動的，被動的地位低的，跟主動的地位高的做事，受他的擺佈，自己在那爭功爭利，結果爭了半天，人家得了好處，自己損失了，這就是「行人得牛，邑人災也」。另外的解釋，行人指內卦的震，震為行，所以行人、邑人都是指三爻。這些說法太多，我們不必多解釋，將來要設個專題，大約兩小時，才能講得完。

九四象曰：可貞无咎，固有之也。

怎講「固有之也」？本來它是個陰位，應該是陰爻，本來是承命辦事的料，你怎麼叫做主宰呢？它只是承命辦事的料，它受著初爻的指揮，它應當變正，變正是它的本分，本來就是這麼個材料，所以「固有之也」。

九五象曰：无妄之藥，不可試也。

既然那個病是无妄而來的，不是病，所以藥「不可試也」。

上九象曰：无妄之行，窮之災也。

　　上九爻辭說「无妄，行有眚」，已經是非常眞實的，你還往前發展，所以「无妄之行」。這上爻不能動，一動，這全卦就變了，變了，就不是无妄了，因此「窮之災也」。四變正，上動成坎，坎爲災，上居卦之終，有窮之象，所以窮之災也。

第二十六卦

大畜卦

周鼎珩講　林鴻基記錄

—— 此係〈艮〉宮二世卦，消息七月，旁通〈萃〉，反對〈无妄〉。

壹、總說

佈卦的次序

　　〈大畜〉卦在〈无妄〉卦之後，爲什麼擺在〈无妄〉卦之後呢？先交代這一點，因爲就人而言，假定我們果眞能夠誠實不虛，很誠實的，很眞實的，而達到一點虛妄都沒有，眞正一誠到底的地步，人的精氣神絕對是一點虧損也沒有，精氣神是完整的。就如孟子所講的：「盡其心者，知其性也；知其性，則知天矣。」（《孟子·盡心上》）也就是說整個心都盡了，這個「盡」就是完整的意思，這個

心，這個頭腦，這個思想，完整的盡了，整個都在那個地方，沒有一點兒漏掉了，而且非常正確的在那個地方，孟子所講的「盡心」、「知性」就是這個境界也。這種境界好像是渾然天得，一個人，不僅是人，任何生物都是如此，如果在渾然天得中，他內在的天機一定是蓬蓬勃勃的在成長。我們看看嬰兒長起來快得很，伸個懶腰可以長半寸，一年可長四五寸，長得快得很，為什麼嬰兒能成長這麼快呢？因為嬰兒是渾然天得的，他一顰一笑都是發乎自然，沒有後天人為因素在內，餓了就吃，疲憊了，睏了就睡，完全合乎自然，嬰兒可以說真的到了无妄的境界，內在生機涵養非常豐富，所以長得快。到了大了，頭腦就不能盡其心，五面八方的放射，一下子想到這，一下子想到那，內在生機不完整飽滿，遇到複雜的問題，馬馬虎虎的略過，常有漏洞，不像兒童玩什麼東西或做什麼東西，徹頭徹尾的，一定把那種東西追求到底，不憚其煩的。

　　就拿寫稿子來說吧，遇到那個境界表達不出來，馬馬虎虎，信筆就過去了，這就是內在生機不飽滿，達不到无妄的境界。秉政的人如內在生機不飽滿，遇到太繁難的事，就馬馬虎虎溜過去了，於是不久就會發生亂子，因此，含蘊的內在生機越高，成就就越高。所以〈序卦傳〉解釋：「有〈无妄〉，然後可畜，故受之以〈大畜〉。」因此〈大畜〉在〈无妄〉之後。生機含蘊很豐富，成長率很高，就畜聚很大，畜聚得很多，那就叫大畜。

　　拿社會人類文化來講，所畜聚的知識，畜聚先聖先賢的經驗，可以說和剛才我們所講的嬰兒那個境界一樣。中國文化悠久，譬如醫術，前天朱先生說，有一個朋友腳受了風，本來要開刀，結果中醫拿穿山甲一吃，很輕鬆就好了，這就是畜聚中國人累世傳下來的經驗和

知識才達成的。所以在身體方面或心靈方面，能達无妄的境界必有顯著的進展，所畜聚的就是最大，稱之爲大畜。這就是爲什麼〈无妄〉之後接著是〈大畜〉的原由。

成卦的體例

其次，講到卦的體象。第一，外卦是艮爲山，爲止，內卦是乾爲天，天在山中，天是大而無畏的，能把天穩定畜聚在山內，止在山裡面，這個畜聚有多大呢！或許有人懷疑，天那麼大怎麼能在山裡畜聚得了呢？這個天是指德性講，也就是陽剛之氣，這是第一個體象。第二，進一步分析，〈大畜〉的畜和〈小畜〉的畜意義是相同的，兩個都是畜天，乾爲天，畜在裡面；不同的地方是一個外卦是艮，以艮畜天，一個外卦是巽，以巽畜天，艮是陽卦，巽爲陰卦；我們知道乾坤父母生下三男三女，大兒子震，二兒子坎，小兒子艮；大女兒巽，二女兒離，小女兒兌；〈大畜〉是以陽畜陽，所畜者大，〈小畜〉是以陰畜陽，所畜者小，何以故？因以陽畜陽，是以精神畜陽剛之氣，以陰畜陽，是以物質畜陽。譬如《易經講話》中所舉一個例子，家裡請佣人，雖然錢不是太多，待之如兄弟子女，噓寒問暖如自己人，佣人工作情緒平穩正常，就會在你家貼貼服服做得很好，工作效率就高，這就是以陽畜陽；以陰畜陽是什麼呢？就如以物質來利誘，以加工錢獎勵佣人，那麼，加薪的時候，工作情緒就好一點，過後又不行了，又得加錢，這就是以陰畜陽，所畜者小。所以說，〈大畜〉外卦是艮，艮爲山，山是穩定停止的，可以把陽畜住；〈小畜〉外卦是巽，巽爲風，風是擴散的，風裡固然可以畜點陽，但隨畜隨散，所以〈小畜〉卦最後是「既雨既處」的。這是一般而言，〈小畜〉和〈大畜〉

不同的地方。

　　再進一層分析，〈小畜〉所畜者爲何小呢？因爲〈小畜〉的主爻是六四，是陰爻，所謂畜是拿陰來凝聚陽，比方拿雞蛋來觀察，蛋黃中有一點白精，那就是以陰畜陽，卵黃裡面就把公雞精凝聚得住。〈小畜〉能把大的五陽凝聚得住就靠六四這個陰爻，但六四可以凝聚得住那些陽呢？第一，初與四相應，初爻能凝聚得住；第二，六四上承五，五爻的陽能畜得住；第三，六四下乘三陽，三陽固然是很暴燥，但在六四下乘之下勉強可以畜住；二爻因與五爻相應，五爻爲六四所畜，二爻跟著也爲六四所畜。所以初、二、三、五這四爻〈小畜〉可以畜住，但上爻畜不住，因爲它有畜不住的地方，所以稱之爲〈小畜〉。〈大畜〉則不然，它不但有六四這個陰，還加上六五這個陰；我們曉得，陰爻在第四爻時，就如〈坤〉卦六四爻所云：「括囊，无咎、无譽。」沒好處也沒壞處，表示這個陰體還要涵養。〈大畜〉則除六四之外，還有六五，兩個陰爻來畜，六五在〈坤〉卦是「黃裳，元吉。」「黃」是光芒四射，「裳」是下體之衣，穿在下體之衣已完成了，表示完全而豐滿成熟；「元吉」，大吉。六四可以畜住初、二、三爻，六五連上爻也畜住了，所以滿堂乾卦的陽都能畜得住，因此稱之爲〈大畜〉。

　　第三，外卦的艮，艮爲止；內卦的乾，乾爲健，合計看它的體象，卦氣是由內向上的一健而止。許多先儒都說「止健」，「止健」和「健止」是不同的；「止健」，「健」是被動的，被它止住了，「健止」，「健」是主動的，它有所止。乾陽是剛健的東西，所以我們看〈乾〉卦，初九「潛龍勿用」以後，都是動的：九二，「見龍在田」；九三，「夕惕若厲」；九四，「或躍在淵」；九五，「飛龍在

天」；上九，「亢龍有悔」，表示乾陽都是動的，飛舞不停，奔放不拘的。人的頭腦因爲是陽剛之氣所主宰的，是奔放不拘的，才能一會兒想到三十三天之上，一會兒想到十八層地獄之下，一霎那之間可以遨遍宇宙，沒有任何東西可以阻障的，非常之快。爲什麼頭腦有這種能量呢？因爲它是乾陽剛健之氣所主宰的。現在西方研究什麼東西最快，已經找到了比光快多少萬倍的東西，但那是不是乾陽之氣呢？那還不是，乾陽之氣還更快，一霎那之間，整個宇宙都跑遍了，快得沒有法子形容的。乾陽是剛健不拘的東西，是止不住的，所以〈大畜〉的體象必須「乾」與「艮」，必須這內外配合，其乾陽剛健之氣纔能止住，其他的卦無法止住。那爲什麼「艮」能止得住呢？因爲艮卦是篤實之象，剛健之氣週流六虛，變動不居，必須遇到篤實的場合才能止住。艮卦是土，土是敦厚落實的東西，什麼東西氣化遇到土，土都能把它凝聚得住，因此必須遇到了這個，剛健之氣才能止住。

　　第四，這是二陰四陽的卦，凡是二陰四陽的卦，照卦面講，它的卦源不是從〈遯〉就是從〈大壯〉來的。〈大壯〉初爻升而居上就變成〈大畜〉。有的書上不是這樣說，我們是根據虞翻的說法。〈大壯〉初爻到上爻，就居艮之上，艮爲賢人，乾亦爲賢人，爲君子，乾卦初爻上去，有賢人在上面，這就表示尊重賢人之象，這是一個；乾卦的初爻本是元士，在底下不聞不達的布衣寒士，但他是君子，是賢者，於是由〈大壯〉上去，尊之爲上，尊重賢人，稱之爲尚賢，所以稱之爲〈大畜〉。其次，它上去以後，三爻到上爻，三爻、四爻、五爻、上爻互成〈頤〉卦的體象。頤者，養也，初爻居上，有尚賢養在頤體內之象。〈大畜〉的尚賢養賢之象，在國家來講，如果能尚賢養賢，便居於國家中樞，發揮作用，所畜者才會是最大，並不是足衣足

食而已，足衣足食只是〈小畜〉，以陰畜陽而已。

立卦的意義

接著報告我們學〈大畜〉卦的意義：

第一，〈大畜〉卦的體象是「健而止」，剛健而有所止，也就是陽剛之氣應該有所停留的場合。乾陽本來是在天空中飛舞不停，變動不居，它本來不能發生作用的；孤陽則不長，它必須遇到恰當的對象—「陰」，才能停止得住，和陰化合，這樣子才能發生作用。要不然，乾陽空自鼓舞，那沒有用，宇宙就化生不了。就人類言，乾陽就是人的精神、靈能，精神、靈能發揮出來，就是我們的才智經綸，對任何事情可以展布得來，有辦法，有方法。可是，人的精神、靈能，總有個著落，要不然，一天到晚空想、幻想、冥想，縱橫九萬里，上下五千年的亂想，想了一輩子也沒有結果啊！就比方我們學《易經》，就要把一切精神、靈能都放在這上面，這才有所止，有所成就。目前我們看到社會上有一些聰明的人，什麼都學得來，可是終其一生，一無所成，最後兩腳筆直的走了，絲毫成就都沒有；倒反而那些稍魯鈍一點的人，到最後倒稍有一點成就在人間，無論這成就是學業、著作或功勳。原因是太聰明的人，他一天到晚在這樣想一下，那樣想一下，靈能才智成了百貨商店，這個也買一點，那個也買一點，但是什麼都不是，最後一事無成。所以我們學這個〈大畜〉卦，要知道一個人的靈能才智一定要有個安頓的地方，把我們的靈能才智集中使用在那個地方，這樣，任何人到最後多少都有成就；每一位先生都要把自己的靈能收拾起來，把它藏在我們能發展的地方，執一固守，念茲在茲，今天如此，明天如此，十年二十年還是如此，最後多多少

少總有所成就，千萬不可以把靈能這裡花一點，那裡花一點，到最後油盡燈枯，再想花花不了，一事無成，這是我們學〈大畜〉卦的第一個意義。

第二，〈大畜〉卦的體象以山畜乾，山之所以能突出而崇高就是靠內在的乾陽動力不斷地擴展往上衝而高。山往上長是一點一點慢慢長起來的，人也就是一樣，我們的精神、靈能發揮出來的才智、學養所以高出一般人，也是如同山一樣，一點一點，慢慢畜成的；也就是先聖先賢所講的「即物窮理」，《大學》所講的「格物致知」。今天格一物，明天致一知，積少成多，最後一旦把這知識、物理融會貫通，就能了解宇宙原來就是這個樣子的，畜到極點就像〈大畜〉上爻所謂「何天之衢」，天上之路一樣四通八達，無所不通。所以我們學〈大畜〉卦第二個意義，就如孔子在〈大象〉所說：「多識前言往行。」現在讀書的人，有點法後王的意思，不肯法先王。不看中國舊有的古書是絕大的損失，中國古書尤其經書是先聖先賢一生一世所得的一點體會所畜積，我們把它拿來，再增加上我們現在的知識，我們就比他們高了。所以我們學〈大畜〉卦就是要將我們的知識擴大，把先人的前言往行，所學體驗，一點一點融會貫通畜積到大的時候，就會通達，這是學〈大畜〉卦的第二個意義。

第三，一個國家文化亦如個人知識修養一樣，一點一滴畜積而來的。國家要強盛必要有深厚的文化基礎，文化工作是百年大計。中國近代一百年來不幸在擾攘戰禍中，但歷經百劫而不滅，就是因為文化根基深厚。要充實文化就要「尚賢」、「養賢」，羅致賢人君子，才能達到富強康樂的境界。山靠乾陽之動力而崇高，個人多識前言往行也靠乾陽之動力。國家文化擴展是靠「尚賢」、「養賢」，國家乾陽

動力就是寄託在君子賢人身上，所以一個國家如想達到國強民富的康樂的境界，就要盡其所能羅致賢人君子於中樞爲國家所用。賢人聚於中樞，則國家強盛；賢人君子散失於野，則國家衰退。

貳、彖辭（即卦辭）

〈大畜〉：利貞，不家食，吉，利涉大川。

「利貞」，貞者，正也，端正正確穩固之意。〈大畜〉初爻、三爻、四爻得位，宜乎大畜。二爻、五爻、上爻不當位；二、五爻不當位，二、五爻換互易，成風火〈家人〉；假如上爻再交，就變成水火〈既濟〉，故「利貞」也。正者，可譬喻男女有緣所發射的電波配合恰當，反之，天天見面也覺得厭煩；亦可譬喻人類天賦靈能才智與所學的學科配合恰當，則成就快而大。

「不家食，吉」這句話的體象很多。第一，三爻、四爻、五爻、上爻這四爻有〈頤〉卦的體象，頤者，是養也。頤養在外卦，所以「不家食，吉」。第二，二、五易位於是變成風火〈家人〉，二上至五，五下至二，二爻變成陰爻，內卦變成離卦；五爻變成陽爻，外卦變成巽卦，巽爲風，離爲火，這就變成風火〈家人〉。同時，這二、三、四互爲兌，兌爲口爲有食象。現在〈大畜〉沒有〈家人〉相，是爲兌口所毀，所以「不家食，吉」，不在家裡吃飯，才是吉象。風火〈家人〉卦的中間初爻到五爻，有〈噬嗑〉之象，二、五易位就有家食之象，現在二、五沒有易位，所以「不家食，吉」，這是虞翻的解釋。第三，二、五相應，二是大夫，大夫稱家；五是天子、天子稱朝，二上應五，不食於家。其次，乾爲賢人，艮爲宮闕，賢人

居於闕下，就是「不家食，吉」，這表示賢能之人都集中在朝廷，不食於家，而食於國，才是吉象。

「利涉大川」，二上應五，二、五不正，必須變正，二上應五，結果變成風火〈家人〉。二、五易位，二、三、四互坎，坎為大川；可是三、四、五又互成震，震為行，行於坎之上，所以「利涉大川」。也就是說，〈大畜〉能做到「利貞」，活動的所在得其所，而且「不家食」，賢人都集中在朝廷，有這兩個條件，就能「利涉大川」，縱有大川也能四通八達。

參、爻辭

初九：有厲，利已。

「厲」者，危險，「已」者，停止。二、五相應，變成〈家人〉；初四相應，四居坎，坎為險難的現象；外卦為艮，艮為止。這就是說〈大畜〉開始畜積乾陽之氣，不要使之擴散，要讓它停止住才好，否則再衝上去就有危險。拿國家來講，在野的賢人要愛護，不要叫他們散失了，因為他們是國家元氣之所在。

九二：輿說輹。

這個卦旁通〈萃〉，九二在〈萃〉卦居坤，坤為輿；由〈萃〉息成〈大畜〉，坤毀成輹，故有「輿說輹」之象。二應五，二、三、四互兌為毀折，五居艮為止，即車子毀了不能再走向前去。〈大畜〉要愈畜得多愈好，不能隨畜隨散，所以初九「有厲私已」。九二「輿說

輹」，二上之五居艮，艮爲止，乃不能向上，二爻還在畜之時，不能擴散的。

九三：良馬逐，利艱貞，日閑輿衛，利有攸往。

乾爲「良馬」。三、四、五爻互震，震爲行，震爲震驚百里，震動的行走爲驚走，「逐」之象也。二變正，二、三、四互坎，坎爲險難，有「艱」之象。「貞」者，穩定，正也。二變正，三居離，離爲「日」。「閑」者，習也，二變正，三居坎爲習。〈大畜〉旁通〈萃〉，〈萃〉之內卦坤爲「輿」；〈大畜〉卦二變之正，三居坎，坎也有「輿」象。「衛」指武備，離爲兵戈，坎爲弧矢，兵戈弧矢一齊來有練兵武備之象。「利有攸往」乃利乎發展向前也。初、二爻要穩定，三爻則不同，〈大畜〉卦之三爻乾體已成，陽氣已強，止不住了，陽剛之氣不安詳，好比良馬在奔跑一般。在這陽剛之氣躍動要向外發展之時，必須用很艱苦的力量，將它穩定下來才行。這就好比天天練習兵戎防衛，以保持國家的疆界，防止陽剛之氣外馳，這樣再畜一段時間，才可以把靈能向外發展。

六四：童牛之牿，元吉。

〈大畜〉卦旁通〈萃〉，四爻與初爻相應，〈萃〉初爻居坤，坤爲牛，故有「牛」象。同時，〈大畜〉二變之正，四居離，離爲黃牛，亦有「牛」象。四居艮，艮爲少男，有「童」之象。「牿」爲架在牛角上的橫木，使牛就範，爲人服務，體象四居震爲木，在旁通卦〈萃〉卦的坤之上，坤爲牛，乃木橫在牛角上，有「牿」之象。意思是說，大畜之時要慎之於始，防範未然，這樣才能吉。初爻是微陽，

如童牛一樣，小牛是要跑的，四爻與初爻相應，四爻能把初爻牿住，架上橫木使其安詳就範，把初爻陽剛之氣穩定住，集中在初爻一個目標上，不要任之分散，以免浪費聰明才智，一事無成。

六五：豶豕之牙，吉。

把豶的生殖器削掉，豬性子就純了，不會在外頭亂咬東西，就是「豶豕」。因六五和九二相應，豶豬是指九二，〈大畜〉旁通〈萃〉，二、五相應，二變之正，互坎，坎為「豕」。〈大畜〉卦是講畜養，所以周公拿馬、牛、豬作象形容畜字。為什麼講豶？因為〈大畜〉卦二上之五，三、四、五互離為刀，故有削豕去勢之象。同時，九二是陽居陰位，陽爻是剛猛的，但居於陰位，五爻使二爻不上來，安分守在內卦之中，有如豬去勢而變柔和，所以叫「豶豕」。「牙」，是三之上互成〈頤〉，頤者口也，二上之五，五變正，外卦變巽，巽顏色是白的；〈大畜〉外卦艮，艮為石，是剛硬的；剛硬而白顏色的東西在口中，就是「牙」。〈大畜〉要把陽畜集，使令不擴散，因此四、五這兩爻把所有陽爻畜聚，內卦乾就靠這兩爻把它凝聚住了。四爻所凝聚的是初陽，所以講「童牛之牿」，初居坤，坤為牛，初爻是小陽，代表小的剛健之氣，所以是小牛，「牿」就是牛架子，拿牛架子把牠架起來使令不亂跑，表示陽不向外奔跑，使它能畜聚得住。五爻亦復如此，五爻是使二爻能安安分分守在內卦之中，不要往外跑，所以「豶豕之牙」，使令即使剛健也變柔和，不會牴角，不會發生傷害了，也就是使令很馴服，所以四爻講「元吉」，五爻講「豶豕之牙，吉」。

有些先儒認為四爻、五爻都好，四爻為什麼講「元吉」、五爻

爲什麼講「吉」呢？因爲四爻所畜是初陽，初陽者乾元也，所以講「元吉」，它有乾元之象，此其一。其次，初陽剛開始，所以使令童牛一開始就安安分分地，不要奔放，不要擴散，自始即吉，並不是講比五爻程度好。五爻所畜聚的是二陽，二陽不是乾元，所以不能講「元吉」，只能講「吉」。而且〈小象〉所講，四爻講「有喜」，五爻講「有慶」，「喜」與「慶」也不同。《論語·學而》講：「學而時習之，不亦說乎！有朋自遠方來，不亦樂乎！」爲什麼要用兩個字呢？都要「說」字不也很好嗎？當然裡面有區別，而且區別很大。程子講：「說在心，樂主發散在外。」（朱熹《四書章句集註》）一內、一外，區別很大。五爻與四爻雖是一個「元吉」，一個「吉」，但是它吉的程度是一樣的，一個自始即吉，一個是中間吉。五爻爲什麼「豶豕之牙，吉」呢？我們曉得畜天下的人，怎樣能把天下掌握得住？怎麼能把芸芸眾生凝聚得住？就是因爲芸芸眾生都有好爭之心，凡是血肉之軀不論是人或是動物都有好爭之心，絕不是單純靠刑罰可以把好爭之心取締掉的，刑罰只能補助部分，假使大眾整個結成一體，幾十萬幾百萬暴動起來，那刑罰絕對止不了，沒有那麼大的牢，所以刑罰只能補救部分。針對好爭之心，只能用「豶豕之牙」的方法，就是要把豬的勢削掉，牙就不咬了。老百姓暴亂就像豬牙咬東西，要把它發動力量那個東西去掉，就不暴動了。怎麼把群眾幾十萬幾百萬人的發動力量削掉呢？那就是說把老百姓好爭之心引到功名爵祿上爭，往榮譽上爭。因此，一個政府就設了很多爵祿，這個官、那個官，令一般人往這條路鑽，再作大一點，往上升，再往上升，幾十年往上爬，就把你精力爬完了，使令他榮譽，民雖死猶榮，老百姓就在此方法下，奮不顧身，這是謀國大君子畜天下的方法。

上九：何天之衢，亨。

如講《長短略》，《易經》共有三百八十四爻，代表宇宙三百八十四個大類動態。每一動態過程即使看似危險，好像山崩大地震，但很快就過去了，我們《易經》就效法這個動態。就是說社會上大的動亂，反常的動亂等於山崩地震，宇宙處理山崩地震怎麼處理呢？它還是能復原，我們就體會宇宙山崩地震復原的路徑，來處理動亂。將來我們講三百八十四個略，恐怕沒辦法講完，我也記不了這麼多，就要靠各位先生自己去體會。

現在講上九，「何」者，荷也，指上九這一爻在乾卦上面，拿卦體來講，等於駄起來，依上九的位子，乾卦把它負荷起來，所以稱「何」。初、二爻指地，三、四爻是人，五、上爻是天，上九是天空之上，是最高的人。「衢」，四通八達，交錯的大路。天衢是太空四通八達的路，因為外卦是艮，艮為路徑，三、四、五互成震，震為大途，也就是大道；艮、震交錯於外卦之上，外卦居天位，所以有「天衢」之象。上九正在四通八達天路的地方，表示陽畜太久了，於是無所不通，這是虞翻的說法。另一漢儒的說法，荷字當語助辭，是驚歎語，「何天之衢」，就是像天空之中，無所不通啊！例如，我們作修持功夫，能畜集陽畜得很滿，使全身的氣脈無所不通，轉河車、大小週天，無所不通，連一根毛髮氣都貫到了，無不通達，毛都可以豎起來，彎起來，都可以指揮。普通人頭髮沒有法子指揮，功夫作到極點，頭髮可以指揮的。無所不通，無所不達，「何天之衢」，就是這境界。拿國家來說，就是賢人君子都張羅盡了，就順治了。

肆、象傳

象曰：大畜，剛健篤實，輝光日新。其德剛上而尙賢。能健止，大正也。不家食吉，養賢也。利涉大川，應乎天也。

斷句有兩個方法，漢儒斷句：「大畜，剛健篤實，輝光日新，其德剛上而尙賢」。「輝光日新」是一句，「其德剛上而尙賢」是一句。可是到了宋儒以後，有些人把「剛健篤實輝光日新其德」作一句。

孔子解釋〈大畜〉，說〈大畜〉是「剛健篤實，輝光日新」。「剛健」取象於乾，乾是金，是剛健的；「篤實」是取象於艮，艮是成始成終，是篤實的。我們在八卦方位講西北是金、水，是兌、乾、坎，東南是木、火，是震、巽、離，中間一條線是艮、坤。看人如予分類，屬於兌、乾、坎這邊的，是細皮白肉的，屬離、巽、震這邊的，是剛烈粗糙的，中間是中型的，大別分爲三型，當然還要細分。艮和坤是土，是中間的，是敦厚篤實的。「輝光日新」，日初出爲「輝」，日中天爲「光」，這是一說；另一說，日發白爲「光」，日有彩爲「輝」。「輝光」從那兒來呢？二變之正，二、五易位，內、外卦爲離，內卦離爲日初出爲輝、外卦離爲光，二離所以叫「輝光」。離爲「日」，「新」，我在《易經講話》曾說過，是好也，善也，美也。這兩句怎麼解釋呢？意思是說，剛健運行不息，天行健，君子以自強不息；篤實凝聚才能持久。人與人彼此開門見山，肝膽相照，很篤實的，我說的話說到做到，所說都是眞實的由衷之言，你對我說的都是披肝瀝膽，那我們的交情一定很凝固，生死交，可以持

久。所以宇宙間除了元素而外，其他都是集合體，都是化合物，一定要凝聚得很篤實才能持久。乾健運行不息，當然生機像新的一樣，能有持久的凝聚，體才能保持永久存在，天天像新的一樣。我們腑臟能天天運行，細胞能凝聚得住，身體才能健康，像新的一樣，功用才能發揮出來。「剛健篤實，輝光日新」，「輝光」是代表作用的，太陽發出了光輝，於是萬物才可生長，這是太陽發生了作用，太陽剛健篤實運行，凝聚這個現象的功用，才能天天像新的一樣。「剛健篤實，輝光日新」就是這樣解釋。

「其德剛上而尙賢」，本來這個卦是從〈大壯〉來的，〈大壯〉的初爻移到上位，謂之「剛上」；「尙賢」，乾是君子，剛是賢人，於是乾陽初爻，尊之於上，居上位，爲之「尙賢」。意思是說，〈大畜〉的卦是「剛健篤實，輝光日新」，它的德「剛上而尙賢」。剛上所以賢人爲貴，畜天下的人，其德就是尙賢，也就是把天下的賢人君子掌握住了，賢人君子皆爲所用，這樣天下就可以畜住了。如果沒有把天下賢人君子掌握住，就沒有德性，縱然眼前可以統治，統治不久的。所以古來畜天下的明君，如漢高祖劉邦並沒有什麼長處，但是豁然大度，他聽得進話，西漢之傑皆爲所用；劉備也沒有什麼特別長處，但是他能尙賢，用得住諸葛亮及關、張、趙、馬、黃，所以能三分天下。因此「其德剛上而尙賢」，不尙賢就沒有辦法大畜。

「能健止，大正也」，乾爲健，外艮爲上，這是漢儒的本子。宋儒的本子是「能止健」，意思是把乾的剛健止住了，照這種說法，那乾就是被動了，而且在〈象傳〉的卦序卦例都是自下而上，因此「能止健」之錯誤第一是自上而下違背了〈象傳〉的卦例，其次是乾爲被動，被止住了，不對，因爲乾陽剛之氣是主動的，不會被動的。漢儒

的本子「能健止」，就是剛健的乾陽能有所止。什麼叫能有所止呢？一切的東西都是陽剛在發動的，陽氣鑽到花苞裡頭，花就開了，陽氣鑽到草根裡頭，草就長起來了，體一附到陽剛之氣，才能發動生機，才能成熟，小孩子陽剛之氣旺，小孩子才能長得快；陽剛之氣假如沒有什麼體好附，則空自鼓舞，無法造成萬物，因此它必須要有所止，所以說「能健止」。剛健之氣一定要有所止，比方說，一個有正常職業或有正常愛好的人，臉色一定很好；假如一個年輕力壯的人失業了，一天到晚在街上逛馬路，頭腦子在空中飛舞，一會兒跑到這兒，一會兒跑到那兒，陽剛之氣的靈能沒有安頓的地方，那臉色一定很難看。修持的人為什麼好呢？因為他的精神有所止，孟子說：「無恆產而有恆心者，惟士為能。」（《孟子・梁惠王上》）士就是指得道的人，縱沒有正當的職業，但是他的精神還能有所止，有道的人做得到，一般人是做不到的，這個就是「能健止」。健而能止就是「大正也」，「大」是什麼意思呢？乾為「大」，有所止，精神才能極其正確穩定住，向正確的方向發展。「大正」是指大而正確的穩定，是指陽而言。

「不家食吉，養賢也」，前頭有「不家食，吉」的卦辭，其意思即是養賢。這班賢人不食之於家而食之於朝。乾為君子、為賢人，艮為宮闕，賢人在宮闕，賢人在宮闕之下，就是賢人受養於朝廷，不在家裡吃飯，這就是養賢。

「利涉大川，應乎天也」，「利涉大川」是可以度過一切的險難去應乎天也。這是什麼意思呢？二變之正，則二、三、四互坎，五爻居天位，二爻經過坎水上去居天位五爻，就是「利涉大川」，應五爻，就是「應乎天也」，這是講卦象。利涉大川為什麼可以不怕一切

的險難？因爲它畜聚了宇宙陽剛之氣畜得最滿，到處可以通過，雖有大川也不在乎。

伍、大小象傳

象曰：天在山中，大畜。君子以多識前言往行，以畜其德。

　　艮爲「山」，乾爲「天」，天在山中爲大畜。因爲天是最大，無所不包的，無外體的；山是畜聚得最多的，能夠畜聚了天，所以稱之爲大畜。孔子解釋此句卦象後，接著就指示我們，「君子以多識前言往行，以畜其德」，「君子」是指乾，因爲此卦以乾陽爲主，故曰「君子」。艮爲「多」，「識」字是從二變之正，內卦變離，離爲眼睛爲看見，見到了爲識。另本「識」作「志」，志取象於坎，二變之正，互坎爲志。「前言往行」有好幾種說法，第一種說法，乾爲「言」，在內爲「前言」；三、四、五互震，震爲「行」，震在外，爲往，爲「往行」。第二種說法，二、三、四互兌，兌爲口，口爲「言」，在內爲「前言」；三、四、五互震，爲「往行」，這兩種講法都可以。過去人所說的話，以往人所作的經驗，要多記，因爲德是一點一點累積而成的，一點一滴地畜聚起來，就成爲德。以方寸之地，而通萬事之變，這不是大畜嗎？如何能通達呢？就是把過去先賢的前言往行一點一滴累積起來，懲前毖後，於是就可以推斷將來，以方寸之地，通萬事之變。五四運動以後，就有一批人主張打倒孔家店，把舊有的線裝書丟到茅廁坑裡去，剛好與「多識前言往行」相反，國家那有不倒楣之理？把古人的經驗都去掉了，等於在沙漠上建國，等於是非洲黑人過去沒有文化，這是自毀長城嘛！那有不壞的道

理！我們方寸之間，如果多識前言往行，可以通一百年，五百年，一千年，一萬年以後的事情，不瞭解得多，把過去的經驗都廢棄掉，那怎麼行呢！

初九象曰：有厲利已，不犯災也。

初爻有危險，宜乎停止，不犯災。因爲二爻變正，初爻應四，二、三、四互坎，坎爲險難，所以初爻不要往前跑，宜乎停止住，往前跑就要犯災難。因爲大畜的時候，陽是不能隨便擴散的，隨便擴散，就畜不住了，不成其畜，就犯災難。

九二象曰：輿說輹，中无尤也。

「輿說輹」乃束縛車軸的東西脫掉了，車子就不能再走了。照講車子不走是壞現象，但是不然，因爲二爻安頓在內卦裡面，居中正位，所以沒有毛病。「尤」者，由外而內謂之尤，責怪的意思。居中恰到好處，安分守紀，不會受到人家指責的。

九三象曰：利有攸往，上合志也。

三爻與上爻同德，五爻變之正，二五易位，三爻應上，上變，二三四、四五六各互成坎，坎爲「志」，所以說「上合志也」。上爲「何天之衢」，四通八達，無所不通；三爻「良馬逐」已有奔馳於道之義，故上、三兩爻有相通之處，故曰「上合志也」。

六四象曰：六四元吉，有喜也。

　　生之於內者謂之喜，發之於外者謂之慶。凡內在有和悅高興之氣，叫做喜，如洞房花燭夜新郎、新娘內心很高興，就叫做喜；而華誕作壽則謂之慶，國家元旦叫作大慶，慶是發之於外的。子曰：「學而時習之，不亦說乎！」（《論語‧學而》）學而時習之，是內在心裡對那件事情有所阻絕，研究多時不能通達，忽然貫通，自然很高興，那種高興叫「不亦說乎」，故說與喜通；「有朋自遠方來，不亦樂乎」，學問有所成就，吾道大行，四方有很多朋友都來論道，是外在快樂的表現。「六四元吉，有喜也」，剛開始畜聚，就把它畜積得很好，當然內心高興。四居陰位，初居陽位，是正應，應得非常恰當，內心非常高興，所以叫做「有喜」。

六五象曰：六五之吉，有慶也。

　　六四之吉是「元吉」，凡是一個人開始就得到的，那是高興到極點，凡是以後才得到的，那固然高興，但是不如初開始就得到。例如，年輕時洞房花燭夜當然高興，如果是續弦，那高興的程度就不及。「六五之吉，有慶也」，快樂是從外在表現出來，因為二爻以陽居陰位，五爻以陰居陽位，位都不正，不像初爻與四爻應得那麼正，所以是外在的快樂，而不是內在的喜悅。四爻與五爻，程度當然有高低，但是如果論它那個最好，則很難講；先儒認為初爻、四爻是「童牛之牿」是最好，五爻「豶豕之牙」是次好，這個說法似乎牽強一點。

上九象曰：何天之衢，道大行也。

乾為「道」，三、四、五互成震，震為大途，也是「道」。初陽上去而成震，震為行，所以「道大行」。「道大行」的意思是說乾陽畜聚的太滿了，可以作任何發揮，四通八達，無所不通，不管什麼事情都可以發展得出去，都可以做得成。

從六爻就可以看出來，剛開始時，初、二兩爻是不能動的，只能安詳地守在那裡，四、五兩爻則要發揮功用，到了上爻則畜得最滿，任意發揮都可以通。

本卦是拿馬、牛、豬這些家畜來解釋，這是周公想貼切畜的意義，所以藉馬、牛、豬來說象，這一卦大致如此。

第二十七卦

頤卦

周鼎珩講　陳素素記錄

頤

震　艮
下　上

—— 此係〈巽〉宮遊魂卦，消息十一月，旁通〈大過〉，無反對。

壹、總說

佈卦的次序

　　今天報告〈頤〉卦，在〈大畜〉之後，為什麼要繼之以〈頤〉卦呢？畜者聚也，畜聚之後，一定要有所養。假使沒有養之之道，這畜聚的現象，不能保持永久。宇宙對於飛禽走獸、各類的東西，固然是物以類聚，就是說飛的和飛的都在一塊，走的和走的在一塊，植的和植的在一塊，各種都有個畜聚的現象。但是宇宙對這個物以類聚的各種畜聚的現象，都有養之之道。鳥雀飛的這一類的生命，能夠持續維持下去，它總有個養鳥雀的道理；它把那個魚畜聚到一塊，總有

個養魚的方法，因此〈序卦〉上就說：「物畜然後可養，故受之以〈頤〉。」〈序卦〉上又講：「頤者，養也。」這話怎麼解釋呢？我們經常講的「學養」，「學」者求知識、求技能，這知識與技能的求得，是經年累月，逐漸的聚集起來的。但知識技能聚集以後，一定要經過一種體察，經過一番融會貫通，然後這知識技能才能爲我們所用。這融會貫通的體察，就是「養」。我們經常講「學養、學養」，「學」必須要「養」。「學」就是「畜」，「養」就是「頤」，「學」而無「養」，那是白「學」了，就是不能融會貫通，你不能體察，根本沒有用，因此〈頤〉卦放在〈大畜〉之後。

可能有人懷疑〈大畜〉之後就要「養」，〈小畜〉之後就要「履」，〈小畜〉以後，爲什麼不「養」呢？要「履」呢？履者，禮也，一切的行進要禮節，履者是節度，〈小畜〉者，所畜者小，最後一定要有一種節制，不節制就散掉了。履在表面上看，是行進，事實上，是一種節制，〈履〉卦各爻它都有個節制，首先「履虎尾，不咥人，亨」，要履虎尾，不要履虎頭啊！這是個節制的方式。〈履〉卦大的原則，就是一個節制。所以〈小畜〉所畜者小，後來要有個節制。〈大畜〉則不然，〈大畜〉所畜者大，大就沒法子節度，大了就要養，不養，這大的就沒法子存在。因此〈小畜〉以後和〈大畜〉以後，所配的卦不同，道理就在此。孔子在〈大畜〉象傳裡講：「剛健篤實，輝光日新。」「剛健篤實」就是孟子養氣章所講的：「其爲氣也，至大至剛。」（《孟子‧公孫丑上》）至大至剛之氣，要直養，不養就不行。我們儒家講集義所以養氣，寡欲所以養心。所謂集義，義者事之宜也，假使你對事情應該不應該，看得非常清楚，所做的事都是應該，不應該的事情，絕對不做，這樣子集義，久而久之下去，

是「理直氣壯」，氣就養壯了，所以「集義所以養氣」。「寡慾所以養心」，就是我們不貪圖什麼東西，自己照自己的分內，圖自己的生存，並無非分之想，這樣呢，無欲則剛，於是心就踏實下去了，就安定下去了，這是儒家提出養氣、養心的兩個途徑。所以〈大畜〉卦「剛健篤實，輝光日新」就是孟子所講的「至大至剛，以直養而無害」。因此在〈大畜〉之後，繼之以〈頤〉，頤者養也，這是卦序。

成卦的體例

接著我們談卦體，這個卦象很有意思，取象「嘴」，所以鄭康成講〈頤〉卦是口車輔之象，故名之為頤。根據《爾雅》講口分兩部分，下頜這一部分叫做「牙車」，上頜這一部分叫做「輔頰」。「輔頰」是輔助的，不動，動就靠著「牙車」在動，所以頤是口車輔之象。頤上頭是艮，艮為止；底下是震，震為動。等於口車輔吃東西，底下動，高頭不動，所以是口車輔之象。中間四爻互著兩個坤，坤作成物，坤為萬、為物，坤是厚德載物，就是嘴裏面有厚德載物，嘴裏面有萬物。下頭在動，高頭在輔助，中間有萬物在口中，所以是養的象徵。中間四爻互成坤，《京房大傳》講：「地之氣，萃在其中。」所以口裡有萬物之象，口裡吃得很多，所以是養的象徵。其次，陽實、陰虛，〈頤〉卦兩頭是實在的，中間是空的。我們嘴高頭輔頰，下頭牙車，故以艮、震成卦，這是第一個體象。

〈頤〉既是以艮、震成卦，艮、震在卦位上居什麼方向呢？艮、震兩卦在文王卦位上是居東北方。東北方是陽氣所在的地方，西南方是陰氣所在的地方。艮、震既居東北，所以它是陽氣集中的地方。陽所以養育萬物的，萬物都需要陽來開化它，什麼東西沒有陽，

開化不了。比方，一朵花，缺乏了陽，這花開不開；一棵樹苗，沒有陽，長不起來。任何的物體、現象，都靠著陽來開化它、鼓舞它，所以陽是化生萬物的主要動力。東北既是陽氣之所在，所以它能育養萬物，因此〈頤〉卦以陽爲主，以上下兩陽爲主，中間是坤的地氣在其中，上下兩陽把這中間坤陰的地氣包含著在裡面，開化它，所以有養的象徵。〈說卦〉上說：「坤也者地也，萬物皆教養焉。」裡頭是坤，坤也者地也，是地氣，萬物都在這裡頭教養，因此頤以養爲主，這是第二個體象。

第三，〈頤〉卦在上是艮，艮爲山，山是什麼象徵？很穩定的、很安詳的，在下是震，震爲雷，雷是什麼象徵？雷是動作而發熱的。在上的是穩定而安詳的象徵，在下的是動作而發熱的象徵。從這個，我們可以體會任何一種現象，要保持它的存在，一面要發動動作，要發熱，可是另一面一定要穩定，要安詳。我們看一個國家，在上的是政府，在下的是人民，如果這一個國家是很有軌道的話，它在上的政府本身是很穩定的，不是風雨飄搖的，不是像法國那個內閣，三個月改一個內閣，它高頭政府很穩定，而且指揮很安詳，在下的人民，工者工，耕者耕，讀者讀，商者商，各個分頭並進，工者爭取他製造的精良，耕者爭取他田地的產量增加，商者爭取他貿易的發達，士大夫爭取他道理研究的發展，底下是動作發熱，高頭是穩定安詳，這個國家一定很興盛！前途一定好！反過來說，假使在上的政府，不穩定，風雨飄搖，而且發揮出來，不很安詳，今天是這樣子的，明天那樣子的，朝令夕改，這是不安詳的象徵。民無信不立，政府就要守信，一個政策下來，就是這樣子的，老百姓相信了。今天這樣子，明天那樣子，老百姓不曉得你們搞些什麼？他就在懷疑了。所以一個政

府，動作不安詳，本身不穩定，忽而東，忽而西，這樣子老百姓就變成刁民，看著你政府裡搞什麼把戲，伺候政府的空隙來撈一筆，這樣糟糕！這個國家前途一定要出毛病，這是就國家來講。

那麼就我們人身來講呢，我們人身在上的是頭腦，頭腦是發揮命令的，承受這頭腦所發揮命令的，是四體；頭腦要很穩定，這頭腦一會這麼想、一會那麼想，腦神經分裂，那就糟糕了；四體要動作，要發熱，四體不動作，不發熱，這個人的生存就發生問題了。所以拿人本身來講，你要養生，你要求得自己的存在，那你頭腦子一定要穩定安詳，你四體一定要動作發熱，才能合乎艮止、震動的體象。這是就內外兩卦來講。如果以整卦來講，這〈頤〉卦還是以靜為主，為什麼以靜為主？靜可以養動，假使不靜，這動作很有限的，請諸位先生參見《易經講話・動靜略》。假定一個人在家習靜，頭腦子習成真空，習得相當時間，身體氣脈充沛了，他就有個發熱的動作要出來；假使不習靜，頭腦子搞得疲勞不堪，根本就動彈不了，就是有所動，所動的都是錯誤的。習靜到相當時期，一定有發熱的動作可以產生，所以整個來講，頤養就要靜。我們常講「靜養」，「靜」才能「養」，道理在此。

第四，我們從這卦裡面，可以分出貪廉的情形，在上是艮，艮為止，止而不求，有廉的現象；底下是震，震為動，動向外求養，有貪的現象，所以內、外兩體分貪廉兩義。底下震木，以星室言，為貪狼星。整個卦是大離之象，上九一陽居於整個大離之南，離屬火，居離卦南方，更是屬火，火在星室來講，是廉貞星。上九構成廉貞星的象徵，初九構成貪狼星的象徵，因為初九向外求養故貪，上九止而不求故廉，故卦體裡頭，有貪、廉兩個象徵。這個卦固然是內、外兩體，

但是剛才講過還是以上爻爲主，假使以貪、廉來解釋，就是以「廉」爲主，「養」之道爲什麼要「廉」？「廉」才能「養」，因爲「廉」不求分外之想，不得分外之財，心是安詳的，所謂寡慾可以養心，就是這個道理。「貪」在表面上看，好像所得是多一點點，但「貪」有非分之想，今天得五十，明天進一百，慾望永遠沒有停止的。不管你進取到什麼程度，你還是想進取，心常常不安，內在的心情有虧的地方。心情有虧的地方，就表示你自己天天在那兒損，天天在那兒有赤字。所以貪的人在外固然是多得一點點，可是內在空虛了。有多少貪的人不知道，事實上，一個人爲貪所付的代價，比所貪圖的東西還要多。所以貪並不是好事，違反養之道，因此我們講頤養是要以「廉」爲主，第四個體象是如此。

立卦的意義

　　第一，我們剛才講過，〈頤〉卦有內體、外體之分。內體是自養，外體是所養。自養是什麼呢？比方，孟子所講的養心、養氣，以及學養等，這都是自養。所養是什麼？比方，你居高位的話，你是不是能羅致賢人君子？你是不是使令老百姓的生活能夠豐衣足食？那是看你的所養。就是你所接觸的社會，是不是都是些正當的社會？是不是賢人君子的社會？有沒有汙七八糟的？這是所養。頤養分這兩個途徑，我們就根據這兩個途徑，可以觀察一個國家、一個政府。比如說，我們觀察美國政府前途如何，第一個，就看他秉政的人他內在自養的，他養心、養氣的工夫如何？他的知識技能是不是充沛？換一句話說，他頭腦子的想法是不是通了？我們就可以分析他這個政府的首腦人物有沒有具備這個條件。第二個，就看他所羅致的人是不是都是

賢人君子，再看他所羅致的人對全國老百姓致養之道如何，一切的經濟財政，內在的方法，是不是正確的？好了，這樣子，他的政府秉政的人，有沒有自養與所養的二個途徑，一看一分析，這個政府的前途，不言而喻，自然就知道一個大概了。假使這些秉政的人，他自身不學無術，而所羅致的人都是以一己之好惡，代替公共的是非，這個政府的前途一定不會好的。

　　第二，頤是口車輔，是口象，含有動、止二個意義。在動作方面有兩途，一進、一出。進的動作，是進飲食；出的動作，是發言語。可是卦象是「動而止」，「動」要有個限度，對於嘴裡進的動作要有個限度，不能隨隨便便，任意的進飲食，飲食固然可以養生，但是暴飲暴食，不擇飲食而進，非但不能養生，還會致病的。其次，講嘴裡出去的動作，要有個限度。言語是表達意義的，假使沒有言語，彼此意見不能相溝通，所以言語是很重要的。但是言語也要有限度，不能任意的信口雌黃，隨便說話，不但不能表達意思，反而造成禍害。俗語說「病從口入，禍從口出」，就是從〈頤〉卦來的，所以嘴的用法要特別的謹慎，我們學〈頤〉卦的第二個意義是如此。

　　第三，〈頤〉卦體象上、下有動、靜之分。由上、下動、靜，我們可體會養生之道。在上的是頭腦，頭腦應該是靜的；四體承之於下，應該是動的。為什麼呢？因為頭腦是發揮意思的，是屬於陽的。陽的性能本來就是好動的，但是陽它自己空自鼓舞，它自己發揮不出什麼道理，徒徒消耗自己。所以〈乾〉卦到了上九「亢龍有悔」，就是它自己在那兒鼓舞啊！到最後就是消失了。所以它一定要遇到陰，才能涵養住它的陽。我們人有這個身體，於是乎這個陽能才能發揮思想，發揮精神；假使沒有這個身體，這個陽能就飄到空間沒有用。因

此頭腦子是屬於陽的，本來就好動，你要是不靜的話，這頭腦子一天到晚不曉得想多少。因此頭腦子要陰來涵養，要靜來涵養。四體為什麼要動呢？四體是屬於陰，陰假使沒有陽，它不能開化。比方，我們這個房子是陰，這個房子需要人來住。人就是陽，假使這個房子歇久著，沒有人住的話，這房子很容易毀壞。所以陰是需要陽來開化，陽是屬動的，所以陰要動，四體要動。我們看鄉下的農夫，一天到晚，吃的東西並不怎麼太好，尤其在大陸上，過去美國人跑到川北那個苦的地方，吃的都是醃蘿蔔、醃青菜、豆腐乳，其餘的，就是幾碗飯，這些東西那有營養呢？可是那些工人養得拳大胳膊粗，身體蠻好。所以這個養啊！另外有個道理在裡面，不完全靠著食物裡面含著那個什麼蛋白質，空氣裡頭還是有道理，自己的動作還是有道理。鄉下的這些農夫，吃的並不怎麼好，可是他一天到晚都在農田裡面工作，他是動的，所以他身體養得好。這個有錢的人呢，整天的在鬧病，為什麼呢？養尊處優的，天天吃補的，但是他四體不動，出門就是車子，自己也不操作，什麼事情都是靠人的，他整天都坐在家裡，用腦筋，盤數目字，今天想這個主意，明天想那個主意，所以身體弄得很壞。所以從〈頤〉卦的這些體象，就可以得到我們養生的途徑，我們頭腦要經常的靜養，四體要經常的操作。這樣，不但身體好，而且也是延年益壽之道，這是〈頤〉卦第三個意義。

貳、彖辭（即卦辭）

〈頤〉：貞，吉。觀頤，自求口實。

　　卦辭第一句：「頤貞，吉。」第二句：「觀頤。」第三句：

「自求口實。」這個「貞」字是從哪兒來的？在虞翻解釋，這個〈頤〉卦，三爻不正，要變而之正。五爻「不可以利涉大川」，上爻「利涉大川」，表示它兩個將來要易位的。五、上兩爻易位，三爻變而之正，就變成水火〈既濟〉定。所以「貞」字象的源頭是從這兒來的。

其次再看這「觀」字是從那兒來的呢？〈頤〉卦大體上是大離之象，離中虛，這〈頤〉周圍是陽，中間是陰，中虛，是大離之象，離為目。而且，根據虞翻的卦變來講，這〈頤〉卦是從〈晉〉卦來的。〈晉〉卦初、四相應，四下而之初，初上而之四，於是變成〈頤〉。〈頤〉既是從〈晉〉來，〈晉〉之外體是離卦，離為目，「觀」之象就是這樣來的。

第三句話「自求口實」，「自」字從那兒來的？〈頤〉卦是乾卦上、下兩個陽，到了坤體，坤為「目」。「求」字從那兒來呢？〈頤〉旁通〈大過〉，〈頤〉卦外體是艮，〈大過〉外體是兌，艮、兌是同氣相求，所以說「求」。「口」字從那兒來呢？這個卦體外實中虛，裡頭空的，上下兩旁是實在的，口腔之象。中四爻互成坤，坤作成物，坤，地氣在其中，它地氣在其中，它中間含著有萬物，「實」之象。這是三句話的字的源頭，意義是什麼？我們現在講「貞，吉」，貞者正也，貞者穩定，養之之道一定要正，不正就不能養。孔子講：「割不正不食，席不正不坐。」（《論語・鄉黨》）為什麼呢？因為歪著坐吃東西，位置不諧和，可能一個不小心，造成胃的妨害，所以「席不正不坐」。「割不正不食」表示割得歪歪斜斜的，對於心理上有影響，於是影響到生理。從孔子這二句話知道飲食之道要很正確，所以頤養之道一定要正。第二個頤養之道要很穩定，

假使我們栖栖皇皇的，像抗戰的時候，一天到晚跑警報，那人五勞七傷的，剛剛吃飯，一會子警報來了，要跑，那個時候談不上養啊！所以安定是養的最起碼的條件，端正是養的必要的條件。端正、安定就吉，不端正、不安定就不吉。

　　第二句話「觀頤」，這一句話很有意義。我們剛剛講的，養有所養、自養。觀頤是觀其所養，比方，一個國家、一個政府，如果能羅致很多的賢人君子，這是個好政府，這個政府就能養民。對於國家的觀頤是如此，對於一個人也是如此。假使我們交接一個朋友，我們要觀其所養，看他外在所接觸的社會，看他對於朋友的選擇，對於朋友的厚薄，假使他的社會圈圈是很端正的，物以類聚，當然這個人就很好，他自己本身不端正，不正確，他所來往的社會，一定就不端正，不正確，所以對於每個人，我們看他所養的，看他所接觸的社會是怎麼樣。對於政府、個人的觀頤很重要，對於社會的觀頤更重要。比方我們到外面商店走一趟路，就可以看得這個社會所養的是如何，假使走到街上，看到商店，十家就有九家，都是消耗的商店，什麼化妝品囉，綢緞莊囉，生產製造的商店很少，它都是發展享受消耗去了，那我們就知道這社會未來一定是空虛的，所以看社會也要觀其所養，這是「觀頤」。

　　第三句「自求口實」，這是自養，「口實」是吃東西，拿這吃東西來比喻，就是說一個人對於充實他自己的人生，所求的、所養的對象是些什麼東西？比如說，學養吧！看他所求的這些學問知識，到了什麼程度？他能理解多少？這是我們看人「自求口實」。反過來講，我們自己所求的口實是什麼東西，我們自己要有這個途徑，決定人生要有個途徑，來充實我們的人生，孟子講：「我善養吾浩然之氣。」

（《孟子・公孫丑上》）就是孟子對於養氣方面的表現，又講：「我
四十不動心。」（《孟子・公孫丑上》）就是孟子養心的方面的表
現，這就是孟子自求口實的途徑，我們一個人自求口實之途徑在些
什麼地方，這是在乎我們自己的操持如何，我們自己要把握住了。
〈頤〉卦的道理，第一個就是叫我們很安定、很正確，這頤養才能夠
好；第二個要看他所養的；第三個要自己把握住自己所養的途徑。
〈頤〉卦卦辭大體是如此。

參、爻辭

初九：舍爾靈龜，觀我朵頤，凶。

「頤」就是「下頤」，「朵頤」就是下巴頦子動，想吃。你看那
小孩子，看人吃東西，下巴頦子有點在動，口水就那麼滴。「舍爾靈
龜」，「靈龜」是什麼？第一個講虞翻的解釋，這一個卦是由〈晉〉
卦來的，二陽四陰的卦應當是由〈臨〉、〈觀〉來的啊！〈臨〉卦、
〈觀〉卦是二陽四陰的主卦啊！〈頤〉卦是二陽四陰的卦，爲什麼
不從〈臨〉、〈觀〉來而從〈晉〉卦來？他有個解釋，按易例，
〈乾〉、〈坤〉、〈坎〉、〈離〉、〈大過〉、〈頤〉、〈小過〉、
〈中孚〉這八個卦「不反對」，而〈大過〉、〈頤〉、〈小過〉、
〈中孚〉這四卦爲〈艮〉、〈震〉、〈巽〉、〈兌〉的四個遊魂卦。
〈頤〉是〈巽〉宮的遊魂卦。「不反對」的卦不從二陽四陰、二陰四
陽的例子，這四卦都是直接從乾、坤來的。〈頤〉卦既然是〈巽〉宮
的遊魂卦，所以它是從〈乾〉宮的遊魂卦來的，而〈晉〉卦是〈乾〉
宮的遊魂卦，所以〈頤〉卦是從〈晉〉卦來的。根據虞翻這個說法，

〈頤〉卦是從〈晉〉卦來的，〈晉〉卦的四爻到了初爻，於是變成〈頤〉卦。〈晉〉外卦為離，離為目，離為龜，「觀頤」的「觀」字是從這而來的。「舍爾靈龜」那個「龜」字也是從這兒來的，〈晉〉卦是〈乾〉宮的遊魂卦，乾為天，所以它有天龜之象。天龜就是靈龜，靈龜是〈乾〉宮的遊魂卦，乾為天，所以它有天龜之象。天龜就是靈龜，靈龜是服氣而不食的。現在四爻下來了，就「舍爾靈龜」了。四爻下來，變成震，震為動，於是「觀我朵頤」，下巴頦子在動。「觀」是從「離」來的，因為這個〈觀〉卦大體是大離之象，離為目，所以說「觀」。其次是朱震《漢上易傳》的說法，朱震不採用虞翻卦變之解，而是直接說：〈頤〉卦有大離的體象，離有龜之象。因為二三四互坤為土，初爻伏在坤土底下，有蟄伏之象，蟄伏之龜就是靈龜。靈龜是不吃東西的，但是初爻居內體震，震為行為動，靈龜現在就要動了，要吃東西了，這是第二個說法。

　　歷來就這二個解釋都還正確，其餘不足採信。卦象是如此，意思是什麼呢？就是說初爻在頤養的開始，可是初爻在動，養要靜養，一開始就動，怎麼行呢？「舍我靈龜，觀我朵頤」，放棄靈龜不食的現象，下巴頦子在動，要貪求食祿。你還是蟄伏的，就要放棄在山林不食祿之象，貪圖食祿，這不合乎頤養的道理，於是乎就凶。這〈頤〉卦是要養正，就是要正確安定，你現在剛剛才開始，就要放棄你不食之靈龜的本質，干求食祿，不對。那意思就是說有些人欲速則不達，見小利則大事不成。有些人不明瞭，稍許有一點途徑，就在那兒鑽營。事實上，有好處沒有呢？沒有。那意思就是說你養得成熟了，自然而然的，有食祿來。你剛剛才開始養呢，就想干祿。才學著走，就想跑，那怎麼行呢？

六二：顛頤，拂經于丘頤，征凶。

　　按照《廣雅》上解釋：「顛者，倒也。」二爻倒下來，就養於初。養是以陽為主，陽才能化育萬物，二爻是陰爻，於是乎就養於初爻的陽。「拂經于丘頤」，「拂」者就是「不是」。「拂經」就是「不經」，就是違反經常。丘者，二爻與五爻相應，外卦為艮，艮為山，五居半山中間，丘之象也。「拂經于丘頤」就是違反常道，往上走，就養於五，五是陰爻，養道不足，不足以養人。「征，凶」，就是你倒過來就養於初，與往上去就養於五，都是凶，反正你一動就凶，所以就不能動。這是什麼道理？頤養之道，在內三爻都是凶的，因為內三爻居於震體，它本來就是動的，所以它就戒止你居於內在的時候，剛剛在頤養的初期，這階段啊！你不能動，一動就凶。比方，道家做功夫的人吧，剛剛才轉動一點點契機，於是乎他就想小周天、大周天，就想成佛、做祖，他貪圖的奢望就來了，那個就是這個象徵。就是告訴我們，剛剛才有一點點內在的頤養，就是要養，就不能動啊！可是普通一般人情，在初養的時候，就喜歡動，所以他就講：「顛頤，拂經于丘頤，征凶。」這「征凶」是合起兩句話來講的，退也是凶，進也是凶。

六三：拂頤，貞凶，十年勿用。无攸利。

　　拂頤者，違反常道的養。第三爻它自身不正，本來三爻是陽位，現在是陰爻居了陽位，爻位失正之象，這是第一個。第二個它和上爻居應位，但三爻是以陰居陽，上爻是以陽居陰，兩個也是失卻諧和的配合，也是不正，所以說拂頤。拂頤就是不是正常的養，不是正常的養，你就是很穩定的，還是凶，所以說「貞凶」。「十年勿

用」，因爲中四爻互成坤，坤居癸，癸數十，這是第一個。第二個呢，在〈繫辭〉上說：「天一、地二，天三，地四，天五、地六，天七、地八，天九、地十。」坤爲地，所以坤數十，所以講「十年」，十年者表示很長的時間。「拂頤，十年勿用」，就是不正常的頤養，經過很長的時間，也沒有什麼效用。「无攸利」是個斷詞，就是無所適宜的地方。

六四：顚頤，吉。虎視眈眈，其欲逐逐，无咎。

內卦的三爻都是凶，第一個凶，第二個凶，第三個更凶，到第四爻「顚頤，吉。虎視眈眈，其欲逐逐，无咎」，四爻與初爻相應，四爻倒過來，就養於初爻，所以講「顚頤，吉」。「虎視眈眈」，這個「虎」象有幾個解釋，第一個是虞翻講四居坤，坤爲虎。第二個是馬融說兌爲虎，因爲四居艮，艮伏兌，兌居西方，西方爲白虎。「視」，〈頤〉大體是離，離爲目；在〈頤〉卦的源頭〈晉〉卦上，四居離，離爲目，所以講「視」。「眈眈」，老虎眼睛下視之貌，眼睛爲什麼向下呢？這個卦是十一月卦，小寒，虎始交，目下視，目下視就是眈眈之貌。「虎視眈眈」，就是四就養於初，虎視眈眈，看著初爻。「其欲逐逐」，在〈晉〉卦三、四互成坎，四居坎，坎爲欲，「逐逐」，繁熾之貌。這幾句話是什麼意思呢？到了六四，顚頤，下來就養於初爻，這樣子就吉。「虎視眈眈，其欲逐逐」，像個老虎，眼睛下視，它那慾望雖是熾盛，但是沒有毛病。爲什麼呢？因爲它是顚頤，它到了外頭，而就養於內，那個意思就是反求諸己。外卦爲艮，艮爲止，不求諸外，反求諸己，其欲縱然是繁熾，它沒有毛病，也就是反求諸己的這種欲望，沒有毛病。

六五：拂經，居貞，吉，不可涉大川。

三爻講「拂頤」，五爻講「拂經」，二爻講「拂經于丘頤」，這三爻所用的字眼不同，道理何在呢？宇宙間的養，要陰、陽相資才能夠養，光是陰，沒有陽，談不上養，三爻講「拂頤」，是不合乎常道的養，什麼道理呢？因爲三爻是屬於陰，它和上爻是居應位，上爻是屬於陽，有陰、陽相資的現象，但是兩方面都不正、都不得位，上九以陽居陰，六三以陰居陽，都不當位，因此「拂頤」是不合乎常道的養。可是五爻是陰，它的應位是二爻，二爻也是陰，兩個陰在一起，談不上頤養，所以不講「拂頤」而講「拂經」，「拂經」就是不合乎常道。爲什麼二爻講「拂經于丘頤」？因爲二爻和五爻根本兩個都是陰，不能養，可是三爻上面有個上爻，前面說過，五爻是居於半山之中，有丘之象，現在二爻透過五爻，到上爻，藉著上爻那個陽來養，這是二爻「拂經于丘頤」，也講「拂經」，不講「拂頤」，因爲二、五相應，沒有陰陽配合。這三爻用字先說明一下。「居貞吉」，五爻居艮，艮爲宮闕，所以有「居」之象。貞者正也，五爻以陰居陽，爻不當位，變而之正，故曰「貞」。「大川」，五爻上去了，上爻自然就會下來，五、上易位，於是乎外卦變成坎，坎爲大川，所以講「大川」。「不可涉大川」，表示五爻不能夠上去和上爻調換位置，這是說明卦象。

現在說明意思，這一爻很有意義，我們過去講過，初爻爲元士，二爻爲大夫，三爻爲卿，四爻爲諸侯，五爻爲天子，上爻爲上星。五爻既居統治者的位置，它要養天下，但是養要有陽才能養，這〈頤〉卦是〈乾〉卦兩個陽鑽到坤體裡面，來養坤陰的，有陽才能養，五爻雖是居的君位，但是才具不夠，不合乎養人之道，所以才叫

「拂經」，不合乎常道，因為你居君位，就要有君才，你現在陰柔寡斷，沒有幹濟之才，而居統治之位，所以不合乎常道，所以「拂經」。「居貞，吉」，五爻要變成陽，要居在陽位，才能夠吉，這是怎麼講法呢？已經是陰，怎麼能變陽呢？孔子在〈小象〉上畫龍點睛的講了一句話，說是五爻「順以從上也」，順著上頭，上頭是什麼呢？上頭是陽，「順以從上」就是「順以從陽」，它自己本來才具不夠，要馬上變成很有才具，不可能的，所以孔子說「順以從上也」，這個「上」是什麼？「上」是艮的主爻，艮為賢，把賢人尊之於上，就是「順以從上」。比方，明太祖朱元璋把天下打下來以後，高車厚禮的，召集天下讀書君子五千人，到京師應天府共襄國事，他說天下我是打下來了，我是個老粗，今後怎麼管理，我不知道，這要借重各位的大德大力了，於是大家出主意，就把明朝的一切大章大典定了，這個就是「居貞，吉」，自己的才具不夠，不足以養天下，但是藉君子賢人的陽剛之氣來輔助自己的不足，這樣子就吉。另外，五爻「居貞，吉」，就是五爻居貞，五爻就變成陽，五爻變成陽，就變成〈益〉卦，〈益〉卦五爻「元吉」，所以講「居貞，吉」，五爻居貞就吉，但是「不可以涉大川」，「涉大川」是冒險犯難，要有雄才大略之主，才能夠冒險犯難，六五不是陽，才具太小，不能冒險犯難，只能「居貞」，到了上爻才「可以涉大川」，後頭再講。

上九：由頤。厲，吉。利涉大川。

「由頤」是什麼意思？我們記得〈豫〉卦九四講「由豫」。這「由頤」就是乾陽到了坤陰，來化坤陰，於是陰、陽交合，變成頤養的現象。但這兩個乾陽，以上爻為主，因為初爻主動，上爻主靜，養

以靜為主，所以這兩個陽爻，重點還是在上爻。上九「由頤」，就是中間四個坤陰順著上九，都由上九來頤養。「厲，吉」，厲者，危險之意。這卦裡面二、三、四，三、四、五互成二個坤，就是整個的土地，人民都在這裡面，由他一個人來籠罩，來統治，當然他負的頤養的責任太廣，負的責任太廣，所以就感覺危險，而且他居的位置最高，居高思危，所以講「厲」，時時居高思危，這樣才能吉。決不能以為天下在我的掌握之中，我就可以予取予求，任意而為，那就完了。我負著天下那麼大的責任啊！我時時刻刻都要念著這個責任太重，我很危險，我時時刻刻都要念著我的位置太高，我很危險，如果是這樣子危厲，自己才能吉。我們拿事實的例子來看，周公輔成王的時候，天下整個由周公負著頤養之責，所以周公一握髮、三吐哺。往年蓄髮是要洗頭的，只要有人來了，他正在洗頭，把頭髮攬起來，接待人去；正在吃飯，嘴裡還含著飯，外頭有人來了，放下筷子去接待客人。這樣子的不敢懈怠，厲厲危懼的，才能吉，這就是周公輔成王的「由頤。厲，吉」。

肆、象傳

象曰：頤貞吉，養正則吉也。觀頤，觀其所養也；自求口實，觀其自養也。天地養萬物，聖人養賢以及萬民。頤之時大矣哉！

還記得在〈蒙〉卦的時候，有這幾句話：「蒙以養正，聖功也。」這「養正」就是自養與所養，所養的都是賢人君子，你所請來幫忙，在朝食祿的，都是賢人君子，沒有不相干的人，這是「正」，

我們自養的呢，不是口腹之養，而是道義之養，這也是「正」。孟子講：「養其大體爲大人，養其小體爲小人。」（《孟子·告子上》）「大體」是道義之養，「小體」是口腹之養。一個人一天到晚都是爲了賺錢，只是爲了身體舒服，那是養其小體，那是小人；眞正的修持道義，以道義自養，那是養其大體，那是大人。但是爲什麼一個人能夠這樣子「養正」呢？這樣子「養正」是否能夠勉強作到呢？不行，比方，王莽在篡位的時候，何嘗不是學著周公那個做法，一切的變法，都有根據，也是請天下的賢人君子，但是他招徠一部分，不是全部，假使全體的賢人君子都被他招徠住了，那劉秀還能光復漢室啊？光復不了的，就是因爲他所招徠的，只是少數的人，不過標榜招徠賢士而已，所以劉秀才能光復漢室啊！那麼怎麼能夠所養的自自然然的都是君子呢？自養的自自然然的都是道義之養呢？這就是「蒙以養正，聖功也」，所謂「蒙以養正」，我們看那小孩子蒙蒙不知道，他吃飽了，就睡，睜開眼睛看，看了就高興，高興就吃東西，吃了東西就睡，他頭腦子完全是天德，一點什麼雜念都沒有，他的生機蓬勃，所以他的生活興趣非常的濃厚，什麼東西到他手裡都有趣味，這就是他陽旺，他離天德很近。我們不是兒童，但是要如孟子所說的：「大人者不失其赤子之心也。」（《孟子·離婁下》）我們要做到兒童的境界，就是老子說的：「專氣致柔，能如嬰兒乎？」（《老子·第十章》）你能天天專氣致柔，像個嬰兒那樣嗎？做到那個工夫，他自自然然腦子裡所想的都是道義，自自然然所接觸的都是賢人君子。可是這個不太容易，我們普通的，次一點的呢，我們所招徠的一定是賢人君子，我們所自養的，不注重個人的口腹，要注重道義，這也就可以了，所以「養正則吉也」。孔子解釋卦辭「頤貞，吉」是什麼意思呢？養正就吉，這是第一句。

　　第二句：「觀頤，觀其所養也；自求口實，觀其自養也。」「觀頤」這兩個字是怎麼解釋呢？就是「觀其所養也」。我們對於一個人的看法，在位的人，不管他是在最高的長官位置，還是部分的長官位置，就看他所養的這些辦事的人是不是眞正的辦事的君子。如果他這個機關裡頭所招徠的人都懂得治國安天下的道理，那這個機關一定好，對老百姓一定有福利，所以「觀頤」就是觀察他所養的。一個機關，用不著查他的案子的，就看一看那個機關每一個崗位所站的人，是幾成料，能夠得上多少分數，就可以看得清楚，所以「觀頤，觀其所養也」。但是「所養」是在乎「自養」，你內在有道義之體、道義之養，才能夠養這個賢人君子，因爲「物以類聚，方以群分」，鳥雀和鳥雀在一塊，魚和魚在一塊，賢人君子這種氣質的人，他所來往的，一定多半都有賢人君子的氣質，那些鼠竊之輩的小人，絕到搞不到一起來的，因此觀他所養，要看他自養。他如果是口腹之養，他所找來的，都是酒飯朋友，都是不相干的人；如果是道義之養，他所找來的，多多少少都是賢人君子的氣質，所以孔子第二句：「自求口實，觀其自養也。」「自求口實」這一句話是什麼意思呢？就是告訴我們「觀其自養」，這「口實」是個借喻，他所吃的是酒肉呢？還是道義呢？就看他自養的是什麼樣子的。這個自養的「自」字，是從坤來的，因爲裡頭四爻就互成一個坤卦，坤爲「自」，所以講「自」。

　　第三句：「天地養萬物，聖人養賢以及萬民。」「天地養萬物」的卦象有兩種說法，第一種說法，在易例裡講過，在下的兩爻是地，在上的兩爻是天。現在初爻在下是地，上爻在上是天，所以講「天地」。裡頭四個陰，互成整個的坤，坤爲萬、爲物、爲眾。裡頭互成的坤，有萬物之象；外頭呢，上、下兩個陽，有天地之象。天地

裡頭，包括有萬物，這是「天地養萬物」之象。第二個說法，因為本卦是〈頤〉，裡頭互成坤，坤為「地」；〈頤〉的旁通卦是〈大過〉，〈大過〉裡頭四個陽爻互成乾，乾為「天」，這是「天地」之象。這又是「天地養萬物」之象，因為乾和坤兩個一交合起來，於是就產生萬物，這是「天地養萬物」之象。「天地養萬物」，意思就是萬物之所以能養，要有天之陽，要有地之陰，才能夠養萬物。那麼天地養育萬物是怎麼個養法呢？「天地養萬物」，就是老子所講的：「功成，名遂，身退，天之道。」（《老子·第九章》）功成了，名也就了，於是本身就退了，這是天的道理。萬物為天地所養，但是萬物不感覺天地的功勞，因為天地在默默之中就把萬物化育成功，這個萬物還不知道。老子講：「太上，不知有之。」（《老子·第十七章》）最高的統治者，把底下老百姓搞得豐衣足食，老百姓都不曉得這高頭統治者是幹什麼的，老百姓還講：「鑿井而飲，耕田而食，帝力於我何有哉？」「聖人養賢以及萬民」，就是要效法「天地養萬物」的那種精神。「聖人養賢以及萬民」，這卦象是從哪兒來的呢？內卦是震，「帝出乎震」，所以說「聖人」。這裡的「聖人」是指統治者而言，不是指孔子無位的人。他有這個能力來養賢，有這個能力來養民，當然他有地位啦，而且他是最高的統治者，這是「聖人」的卦象。高頭艮卦是代表賢人，聖人把賢人尊之於上，養賢於上，所以講「聖人養賢」。「以及萬民」，裡頭四爻互成坤，坤為民、為眾，眾民之象，所以「聖人養賢，以及萬民」，卦象是這麼來的。

　　為什麼先講「養賢」，後講「以及萬民」呢？前頭說過，觀其「所養」，要觀其「自養」，你自己是一個道義之養的人，你才能養那些道義的君子，道義的賢人，「所養」要跟著「自養」，你才能養

那些道義的君子，道義的賢人，「所養」要跟著「自養」，「養民」要看他是不是能「養賢」，所以他先講「養賢」，以後才講「以及萬民」。你既能把天下的賢人都羅致在位了，老百姓自然受到你的恩惠。因為賢人都是代表正義的，代表是非的，他看得清楚老百姓所需要的東西，於是乎他所作的都是老百姓所需要的，因此賢人你養住了，等於你把整個老百姓都養住了，所以「聖人養賢以及萬民」。他造句子重點是在養賢，養了賢了，等於把萬民都養住了。「觀頤，觀其所養也」、「自求口實，觀其自養也」，這二句有主從之分，「所養」看他「自養」。這兩句話：「天地養萬物」、「聖人養賢以及萬民」，也有主從之分，「聖人養賢以及萬民」，要怎麼養呢？要有「天地養萬物」的那個精神。「天地養萬物」，默默地耕耘，無聲無臭地在養，「聖人養賢以及萬民」，也是無聲無臭地在養，並不是大張旗鼓「我來養賢啦！」「我來招致天下賢人啦！」沒有這意思，沒有這養法，就是默默無聞地養啦！這是第一個。第二個，天地養萬物，養得非常周到。飛禽走獸，各有所安，保和太和，各正性命，每一個東西，都有它一個存在的道理。「聖人養賢以及萬民」，也是使令每一個老百姓各得其所，有一個老百姓不得其所，聖人心裡就不安，所以「天地養萬物」、「聖人養賢以及萬民」。這兩句話是相連的，「聖人養賢以及萬民」，要仿照「天地養萬物」的那個養法。當然，這個陳義太高了，是不是？

結語：「頤之時大矣哉！」「頤之時大矣哉」這象是從哪兒來的呢？我們這個卦是由艮震兩個卦組成的，「帝出乎震」，開始是震，「成言乎艮」，末了是艮，從開始到終了之象，自始至終，是四時皆備，春、夏、秋、冬都有了，這是第一個所謂「時」的意思。第二

個，〈繫辭〉上說：「艮動靜不失其時。」所以孔子總結一句：「頤之時大矣哉！」頤養要動靜不失其時，一年每一個時候有每一個時候頤養的道理。它這是從那一句話來的呢？從「天地養萬物」那一句話來的，因爲天地養萬物，每一個時候有每一個時候的道理，那個東西應該春天出生，那個東西應當夏天出生，那個東西應當秋天出生，那個東西應當冬天出生，它都有一定的秩序的。「聖人養賢以及萬民」，什麼人做什麼事，那一種老百姓應當怎麼安頓，某一個地方的老百姓應當爲農，某一個地方的老百姓應當爲工，某一個地方的老百姓應當爲商，各有他的安頓，不失其時，因此總結一句話：「頤之時大矣哉！」

　　根據〈象傳〉以及六爻的爻辭，我們再複述一遍，第一個，初二、三爻都是凶，四、五、上爻都是吉，因爲內三爻是震，震是主「動」的，外三爻是艮，艮是主「靜」的，從這裡可以看出來，我們講究頤養之道要很安靜，安靜才能養。所以一個國家要想把老百姓弄得富強康樂，一定要有安定的社會，這個老百姓才能養得住，今天這麼騷擾一下子，明天那麼動一下子，老百姓就不勝其煩，就養不了，所以養之道以安靜爲主。第二個，這個六爻，不是講「顛頤」，就是講「拂頤」。它就兩個字，一個是「顛」，一個是「拂」。頤者要陰、陽配合，顛頤者是就養於初，拂頤者是就養於上。就養於初，表示反求諸己；就養於上，表示干之於外。不經常的「拂頤」，向外求養，多半是凶；「顛頤」，向內求養，多半是吉。從這裡頭可以看我們頤養之道，反求諸己，不能求人。一個國家要想富強康樂，靠人家是不行的，要自己站得住，天助自助者。所以子張學干祿，孔子就罵他。假使你自己的學養好了，自然的有食祿的機會；自己的學養不

好，權門托缽，在外頭東奔西跑，縱然求得一官半職，也很丟人。既然求養於外，多半是凶；求養於內，多半是吉。因此頤養之道，反求諸己。我們從〈象傳〉、六爻得到這個精神。

伍、大小象傳

象曰：山下有雷，頤。君子以愼言語，節飲食。

　　艮爲山，震爲雷，震雷在艮山之下，就是山下有雷的象。山下有雷的意思是什麼呢？這個雷在山下打，發不遠的。雷要在天空毫無阻礙的地方，它可以四通八達，於是乎它發揮的才遠。它在山底下打雷，受了山的阻礙，它擴大不了，不會放縱太大的。那就是說山下有雷，雖動而不太過，動的有限度的，這是卦象。我們頤養之道，當然也要動，但是動的也不能太過，因此君子法這個象，以愼言語、節飲食。這卦是乾卦到了坤體裡面，君子是指乾而言。內卦是震，震驚百里，所以震是聲音、言語。震伏巽，巽爲語。「言」、「語」有區別，直言爲言，答言爲語，這卦裡有言語之象。外卦是艮，艮爲小，艮爲止，所以說「愼言語」。「節飲食」的象從哪兒來的呢？我們過去講〈噬嗑〉卦，火雷〈噬嗑〉，〈噬嗑〉卦的〈象辭〉說：「頤中有物。」「頤中有物」，是指〈噬嗑〉中間有個陽，現在變成〈頤〉卦，這個陽沒有了，頤中無物，嘴裡沒有東西，所以是節飲食之象。

　　這卦飲食之象好多，第二個說法，飲、食分陰陽，食以養陰，飲以養陽，喝水變成氣化，是養陽的；吃固體的東西，變成肌肉，是養陰的。〈頤〉卦二、三、四，三、四、五，互成兩個坤，這是食以養陰的；可是旁通卦二、三、四，三、四、五，互成兩個乾，這是飲

以養陽。在本卦，艮多節，所以「節飲食」。在旁通卦，兌爲口，口可養陽，變成〈頤〉卦，兌口之象不見，也是「節」的象。這兩個是〈大象〉「慎言語、節飲食」的卦象。這意義是什麼呢？這意義很簡單，山下有雷，動的不太過，君子根據這個卦象，於是乎慎言語、節飲食。口裡的動作，不外乎言語與飲食。向外的動作，就是發揮言語出去；向內的動作，就是進飲食。口裡所有的動作，不外乎這兩點。所以君子利用山下有雷，動的不太過，向外動的言語要謹慎，向內動的飲食要節制，這是拿言語、飲食切近人身來取象的。事實意義不是這麼小，施之於人身爲言語，假使施之於國家就是政教命令，這個政教命令要謹慎，不是今天如此，明天又變化如彼，民無信不立，老百姓莫知所從，所以政教命令要鐵定如山，要和人一樣，言語要謹慎，不能夠隨便，這是慎言語的意義。慎言語，在個人來講，是言語；在國家來講，就是政教命令，當然不僅是言語那麼小的意義。節飲食，在個人來講，當然是向內的動作，是吃東西、喝水。可是對於國家政府來講呢，就是老百姓的滋養物質要有節度。所謂有節度，一方面我們政府不能浪費，一方面對於老百姓所使用的，也要有個節度，應當用多少就用多少，不能浪費。可是老百姓需要什麼東西，我們不能不早準備，我們要估計一下子。所以「節飲食」，擴大來講，就是整個國家的滋養物品要有節度的。

初九象曰：觀我朵頤，亦不足貴也。

什麼叫做靈龜？靈龜是服氣的，不吃東西的。龜之所以壽長，它有個道理，牠服氣，每天早晨四、五點鐘，天快亮的時候，對著東方，把頭從甲板裡伸出來，牠喉嚨管子嘀咕嘀咕，有節奏的上下動，

它吃那日精月華，吃那空氣。牠冬天頭縮著不出來，夏天天氣暖了，出來一下子，所以牠能壽長。靈龜根本不吃東西，在《爾雅》有交代。「舍爾靈龜」，你本來是很靜的，像個靈龜一樣，服氣的，很安詳地養自己，不向外頭干求東西的，現在「觀我朵頤」，下巴頦子動，就想吃了。放棄那種「舍爾靈龜」，服氣不食的靈龜的生活方式，現在向外權門托缽，干求食祿，這個失乎頤養之道。頤養要反求諸己，不能向外干求，你現在「舍爾靈龜，觀我朵頤」，有干求之象，所以小象上說：「觀我朵頤，亦不足貴也。」縱然你吃到東西了，權門托缽，討得一官半職了，亦不足貴也。本來初爻是陽爻，陽主「貴」，但是因為你動了，動了就變了質了，所以亦不足貴也。這意思就是在〈頤〉卦開始的時候，就要靜養，要反求諸己，不能干求食祿，自己貪求口腹之養，縱然貪圖到了，亦不足貴也。

六二象曰：六二征凶，行失類也。

二爻怎麼講「征凶」呢？因為二爻顛頤，下來反求諸己，但是頤養是要陰、陽相滋為用，光是陰，不行啊！二爻是陰，一定要陽才能養，二爻要顛頤，反求諸己。要不是正常的走到五爻，或不正常的經過五爻這個半山，來仰助外頭上九這個陽來滋養，「征，凶」，往上跑就凶。「行失類也」，「行」的象從哪兒來的呢？震為行，它往上走，就是「行」。所謂「類」是什麼意思？二、五相應，二爻是陰，五爻應當是陽，它才能配合得了，五爻現在也是陰，兩陰不相應，「行失類也」，不是你滋養的那一類的，你滋養的那一類的應當是陽，可是現在是陰，所以講「行失類也」。假使你經過五爻的媒介，到上爻去，距離你更遠了，「行失類也」，也不是你滋養的那一類的。意思就是你放棄你的自養，向外干求，一定求不到，縱然有所

求，也不能夠長。就是不應當你所享受的東西，你養不了的。那個意思是什麼意思呢？比方男、女婚配，二爻是個女的，她要找個男的，可是她找到五爻，五爻不是個男的，是個女的，根本婚配不了。由五爻的媒介到上爻，上爻那個男的，比她大好幾倍，根本不是他那一類的，婚配不了，滋養不了，所以「行失類也」。

六三象曰：十年勿用，道大悖也。

「十年勿用」，就是講很久的時間都不能發生作用，那根本上就沒有希望，這頤養本來是陰、陽相滋養才行，三爻和上爻相應，三爻是陰，上爻是陽，陰陽相滋，有頤養之象。但雖有頤養之象，兩個都不當位，你所求的那個陽，不是調和你這個陰的。拿男、女婚配來講，有很多秀麗的小姐，要嫁一個男的比較粗曠的。很秀麗的小姐，假使再嫁個文弱的書生，她看到不順眼，她覺得沒有丈夫氣。你看那個有點男性化的女性，拿五行來講，就是火土型的女性，火土型的女性，臉上並不好看，顏色比較老，那一種女的，他歡喜很文弱的書生。你是個火體人，你就喜歡吃涼的，吃冰淇淋；你是個寒體人，你就歡喜喝桂圓湯，陰、陽要相配啊！你這個三爻的陰，和那個上爻的陽，根本陰、陽不相配，你是個火體的陰，配上個火體的陽，那怎麼行呢？你是個文弱的小姐，你找那個男的，比你更文弱，你看到不對胃口啊！所以陰、陽不當位，是不正常的頤養。不正常的頤養，就「貞凶」，所以講「十年勿用，道大悖也」。「道」字的象從那兒來的？三爻居震，震為大途，上爻為乾陽，乾亦為道，但是三爻上爻兩個陰陽顛倒了，所以「道大悖」也。三爻就養於初爻，有二爻間隔了，不為初爻所養；就養於上爻，陰、陽顛倒，不當位，不為上爻所應。上、下皆不得，所以說「道大悖也」。虞易解釋這一爻，說初爻

上去，居於上爻之上，五爻再一變，就變成〈否〉卦，有臣弒君、子弒父之象，所以說「道大悖也」，我們不取這一說。

六四象曰：顛頤之吉，上施光也。

前頭我們解釋虞翻的易例，就是說有些卦不從卦變，是直接從乾、坤來的，那些卦呢？就是〈頤〉、〈大過〉、〈小過〉、〈中孚〉、〈坎〉、〈離〉，這六卦是直接從乾、坤來的。這〈晉〉卦四爻下來居初，初爻居四，於是就變成〈頤〉。〈晉〉四居離，四、五、上互成離，離爲日，日爲光，有光明之象。〈頤〉卦四爻與初爻相應，表示四爻這個陰下來，就養於初，而初爻在〈晉〉卦時，本來是居四，在上，是光明的，現在下來，造成初爻的光明，所以說「上施光也」。這一句話的意思，就是說「顛頤」是求養於自己，上者就是發揮出去，施者就是施展出去。愈是能求養於自己，如果能發揮出去的話，愈是光明；假使你自己不能夠求養於自己，你縱然發揮出去，也沒有光明。「顛頤之吉」，反求於己的那個養，如果一發揮出去，就是光明的，「上施光也」。

六五象曰：居貞之吉，順以從上也。

五爻居的位置是養天下之位，可是它沒有這個才具，所以小象上講「居貞」，要它變，怎麼「居貞」呢？它自己本來才具不夠，叫它變得才具夠，怎麼辦呢？「順以從上」，上頭是什麼呢？上頭是艮爲賢，順著賢人的意思。比方，劉邦自己才具不夠，韓信把三齊打下來了，派人回來，請劉邦封他爲三齊假王，劉邦聽到了，勃然大怒，張良就在他邊上踏踏他的腳，劉邦的長處，就在這裡，自己雖不行，可是他豁達大度，張良一踏他腳，他曉得這個錯誤了，勃然大怒，就變

化了，他說：「大丈夫要封王，就封眞王！封個什麼假王！」他還在發脾氣，可是掩飾了他過去眞發脾氣的話，於是就封韓信爲三齊王，這是「順以從上也」。假使當時劉邦不聽張良的話，不封韓信爲三齊王，那天下是誰的，很難講；要是當時韓信沒有封王，韓信和楚霸王一結合，那還有劉邦？成敗就在一轉念之間，虧著劉邦有這個度量，要普通人轉不過來，所以孔子講：「居貞之吉，順以從上也。」自己的才具不夠，拿人家的陽剛才具來補助自己。

上九象曰：由頤，厲吉，大有慶也。

「由頤」，爲什麼「厲吉」呢？天下爲你所養，而你居高思危，厲厲危懼，寢不安、食不惶的，這樣子才吉。如果你居在「由頤」的位置，而能危厲自守，戒愼恐懼的，「大有慶也」。「大有」者，天下所有的陽都能爲你所有，這個陽雖只是上九這一陽，但陽爲大，所以說「大」。天下爲你所養，你能夠厲厲危懼的自持住了，那天下的賢人君子、有志氣的人，都群起而歸之，都認爲你這個人是了不起，是眞正爲天下的，於是乎「大有慶也」。陽爲慶，所以說「慶」。所有的大的陽剛之氣，爲你所有，當然這是最值得喜慶的事情。

第二十八卦

大過卦

周鼎珩講　陳素素記錄

—— 此係〈震〉宮遊魂卦，消息十月，旁通〈頤〉，不反對。

壹、總說

佈卦的次序

今天向各位先生報告〈大過〉卦。這一卦很難講，而且也很重要，可以說在現在這個時候是最重要的一卦。過去鄭玄、虞翻、荀爽諸家，一直到兩宋程傳、朱義，滿清惠棟、張惠言、朱震諸家所講，裡頭很多意義都沒交代得清楚，都非常含混，因爲裡頭有很多東西，實在是很難講。我對於這一卦，根據師承有一些特別發明的地方。

第一個我們現在說明卦的次序，爲什麼在〈頤〉卦以後，安排一個〈大過〉卦？「大過」是個什麼東西？「過」簡單的講，就是「超

過」的意思，不是當「過失」講，「大過」者，就是所超過的很大，
這種超過不是經常所見的，是特殊的現象，是千百年而一見的鼎革現
象，湯放桀、武王革命，改朝換代，都是大過的現象。我們過去講
〈頤〉卦，〈頤〉卦是以靜養為主，因為〈頤〉卦中間四爻都是陰，
那就表示裡面是滿的、是靜態的，它靜態的在那兒頤養，養太久了
呢，生機自自然然地就蓬勃了，蓬勃了以後就想動，就靜不下去了。
〈大過〉中四爻都是陽，陽主動，所以裡面都是躍躍欲動的現象，所
以〈序卦〉裡頭說：「不養則不可動，故受之以〈大過〉。」如果沒
有相當靜養的時間，就不能動，而且「大過」是動之大者也，如果沒
有大的靜養，就不能動；而且大過是動之大者也，如果沒有大的靜
養，就不能有大的動作。所以武王伐紂，一定要文王當西伯，靜養了
若干年，三分天下有其二，有那樣靜養的時間與場合，才能夠培育出
來這個武王伐紂的動作。湯放桀，也是湯居亳，有相當時間的靜養，
才有這個力量把夏桀放逐掉，所以在〈頤〉卦之後繼之以〈大過〉就
是這個道理。

　　孟子講：「以直養而無害，則塞於天地之間。」（《孟子・公孫
丑上》）我們養了以後，這氣就塞乎天地之間，充沛得不得了。拿我
們個人來講，我們在家裡靜養了很久，於是乎心情就靜不下去，就躍
躍欲動。整個的社會國家也是如此，靜養得太久了，就要動。所以日
本明治維新六十年，在家裡靜養了很久了，於是乎那些軍閥在家裡按
捺不住了，就發動侵華的動作，雖然他這個動作是錯誤的，但也是在
靜養很久之後才有的，因此在〈頤〉卦之後繼之以〈大過〉。

成卦的體例

　　在六十四卦中，以「過」名卦的，有二個，一個叫做〈小過〉，一個叫做〈大過〉。以「畜」名卦的，有〈大畜〉、〈小畜〉。什麼叫做「小過」？什麼叫做「大過」？陰為小，陽為大，陰過於陽，謂之「小過」；陽過於陰，謂之「大過」。但是〈中孚〉也是陽過於陰，為什麼不稱為「大過」呢？這個道理是什麼？所謂「陽過於陰」，陽一定要在內，陽在內，它才能過於陰，陽在外，過不了。我們拿身體來講，人的內在的陽氣足，於是內在的精神充沛，那個動能之所以超過外頭形勢，一定是動能在裡面含蓄著，才能夠超過。那麼這個〈中孚〉陽是在外面，外面表示很強健，事實裡頭沒有東西，外強中乾，色屬內荏，那怎麼行？那就不能叫「大過」。至於〈頤〉卦也是「陰過於陽」，為什麼不稱為「小過」呢？所謂「陰過於陽」，陰要居在外面，才能過於陽。比方我們身體到了陰盛了，身體發達了，就是外在表現出來了，裡面陰盛了，看不出來，一定要在外面表現出來，才能叫「小過」。陰在裡面，它是營養的價值，陰在外面，於是就發胖浮腫了，就變成「小過」。因此「陰過於陽」，一定陰居於外；「陽過於陰」，一定陽居於內。因此〈頤〉卦陰居於內，不能稱之為「小過」，它是頤養的性質；〈中孚〉陽居於外，不能稱之為「大過」，它是孚洽的性質。陽居於外，它過不了了，因為陽居於外，外面的分量並不重；陰居裡面，裡面的分量重，所以不能稱之為「大過」。這四個卦，大體如此。

　　但是這個稱之為「大過」、稱之為「小過」的，有一個原則，就是渾圓的性質，所謂渾圓呢，就是反覆不衰。掉過頭來，它還是四個「陽」在裡面，「陽」沒有少；掉過頭來，它還是四個「陰」

在外面，「陰」沒有少，這樣子才行。要不然四爻陽、二爻陰，陽就過於陰，那還要五爻陽的呢？那為什麼不稱之為「大過」呢？比方，〈夬〉卦，五爻陽，為什麼不稱「大過」？因為〈夬〉卦雖是五個陽，掉過頭來，就不對了，像這一頭陽是很旺，掉過頭來，就是〈姤〉卦，〈姤〉卦是陰剝陽的形勢，陽就衰了，陽就不是「過」了，是不是？像這一個「大過」掉過頭來，還是一樣渾圓的體像，才能夠稱之為「過」，這是我附帶的說一下。「小過」我們曉得是「陰過於陽」，「陰過於陽」是什麼象徵？比如說，「行過乎恭」、「用過乎儉」、「喪過乎哀」，一切的行為要偏於恭敬這一方面，一切的家常日用要偏於節儉這一方面，遇到考妣的喪事要偏於哀的這一方面，所以講「過」，事實上「不過」，「過」才能合乎道理。所謂「過」，在卦體體象上，稱之為「過」，是「陰過於陽」，而揆之於理呢，恰到好處，「過」才能恰到好處，「不過」就不對了。你家常日用不偏重於儉，一天到晚，奢侈豪縱，那就錯誤了，不合乎道理了；遇到考妣之喪的時候，你在家裡喜笑顏開的，那就不對了，所以一定要偏重於哀的方面，這才合乎道理，所以「過」才能合乎道理。「小過」既然如此，「大過」亦復如此。

「大過」是「陽過於陰」，所過者大。所過者大，揆之於事理方面是什麼東西呢？這種行為不是平常人所能辦得到的，也不是平常時候所能看得到的，千百年而一見的，那一種非常的行為，非常的舉動，所以稱之為「大過」，大有過人的意思，因為它是以陽為主，這種中心的四陽，力量太大，不是普通力量趕得上的，所以稱之為「大過」。「大過」者，名為「大過」，事實上並不「過」，「過」而合乎「道理」。比方，湯放桀，武王伐紂，這是「大過」，在堯舜禪讓

之後，在那極端倫常的社會，而湯武能夠起來，放逐革命，這是驚天動地，驚人的動作，普通人不敢做的，所以稱之爲「大過」，但是湯武他不革命，夏桀、商紂弄得亂七八糟，社會上已經支持不下去了，有他這個驚人的動作，社會上才賴以復生，所以他雖是「大過」，但是合乎「理」，「不過」就錯了，這是〈大過〉的第一個體象。

　　第二個〈大過〉的體象，內在中間四個陽都很強，上下本末二個陰都很弱。陰爲柔弱，陽爲剛強。二、五兩個陽在三畫卦居中，三、四兩個陽在六畫卦也居中，重要的位置都是陽居著。陽本來剛強，而居的位置又是剛強的位置，所以中間太強，本末太弱。一個現象，中間太強，本末太弱，就表示它不平衡了。如果一個社會中間太強，本末太弱，這社會就變成跛子，就變成畸形，這社會就要發生問題了，發生問題，就支持不下去，支持不下去，就必須要動大手術。就和人害病一樣，身體氣脈到處都不平衡，非動大手術不可，或者用那最猛烈的藥劑，才能把他挽救得過來。這種動大手術，或者用猛烈的藥劑，就是非常的手段。過去江南名醫（記錄者按，此處爲江南名醫姓名，錄音帶不清楚），給人家醫過一種病，這病是腑臟裡有一種蟲，這種蟲趴到腸子上、胃上，和腸子、胃連結到一起，吃東西就是蟲吃了，人一天天的黃瘦，支持不住，江南名醫知道非用砒霜不可，才能把蟲藥死，但砒霜用多了，這人就吃不消了，還要用別的藥扶持這個人，江南名醫用了三錢砒霜，已經很大膽了。這個人病好了個把月，但一個月以後，蟲又在裡頭復活了，後來這個病人，經過金山寺老和尚，給他醫，用的方法差不多，但是用的砒霜是一兩，結果這個病醫好了，於是江南名醫削髮爲僧，皈依老和尚爲弟子，請教老和尚這個道理。老和尚說：「這個蟲已經長了三年了，你用了三錢砒霜，藥牠

不死，最多疲倦了，在那兒睡個覺，等藥性過了，牠又活了，必須要一兩才能殺得死牠，可是一兩人的身體受不了，所以用其他的藥劑保護人的身體，恰好一兩可以把蟲殺死，而不至於殺人的身體。」這個「大過」的現象是不平衡的，所以卦辭以「棟橈」二個字來形容。棟是中間的柱子，棟橈是柱子彎了，中柱是負重的，可是負重的柱子彎掉了，大廈將傾，怎麼辦呢？從頭再起，大廈已經將傾了，不重起，怎麼辦呢？如同前面舉的例子，老和尚治病用猛劑。又如同夏桀、商紂的時代，不是湯武革命，老百姓就要死光了，這是事有必至，理有固然，必須要這樣子做，這樣子做，才恰到好處。

　　我們再舉一個例子，「大過」等於一個天秤，一邊是一斤重，一邊是四兩重，那天秤中間的柱子要偏於重的方面，它才能得其中，這就是「大過」。所以現象已經不平衡了，要從頭再起。所以卦辭上講「利有攸往」，是用陰來輔助，〈大過〉外頭是兌，裡頭是巽，兌是少女，巽是長女，兩個都是陰卦，陰卦多陽，所以〈大過〉固然是以陽為主，但是它的基礎是陰，它要陰來調和它、輔助它。〈小過〉外頭是震，裡頭是艮，震是長子，艮是少子，二個都是陽卦，陽卦多陰，所以〈小過〉固然是以陰為主，但它卦體的基本是陽，它以陽來調和它、輔助它，因為它過於陰，無陽，它不能開化，這講〈小過〉的時候再講。至於〈大過〉是陽太過了，沒有陰，它不能諧和，何以故？我們曉得商湯革命「東征，西夷怨；南征，北狄怨」（《尚書·仲虺之誥》），他打到東邊，西邊就講他為什麼不打到我這一面來呢，他打到我們這一面來，我們就好啦！他到南面討伐的時候，北面就講為什麼打到我們這面來呢？打到我們這一面來，我們的日子就好過了！那個社會對於夏桀已經痛惡到無以復加了。「時日曷喪，予及

汝皆亡」，那個太陽什麼時候掉下來，我就和你一陣死；夏桀你什麼時候死，我就跟你一陣死。恨到這個程度，整個的社會群眾是陰，整個的社會群眾都是成湯的基礎，所以成商革命，雖然有驚天動地的力量，而沒有這個社會基礎輔助他也不行。因此〈大過〉固然是以陽為主，要有陰來諧和它，要不然，過於剛，它就燥了，燥就償事，這是第三個體象。

　　第四，〈大過〉是陰陽不平衡，陰陽不平衡，它表現出來的現象，就是不平整，因此在卦辭上用「棟橈」來形容它，從這兩個字，就可以想見它那個不平衡的狀態。可是〈大過〉是強陽弱陰，雖是強陽弱陰，但是陰可以用。我們過去在講易例的時候，陰要用少，陽要用老。拿社會來講，要拿年紀大的人的頭腦、思想，年紀輕的人的體魄，兩個合成一起，就可以做驚天動地的行為出來。用身體，用年紀大的，不行，年紀大的跑不動，所以打仗拿槍一定要年紀輕的，可是策畫謀略一定要年紀大的，年紀輕的，少不更事，看得太少，不會有成熟的計畫。〈大過〉是強陽弱陰，所以陰可以用。這一卦強陽弱陰配合得非常之諧合，表面上看著「過」，體象上看著「過」，事實上「不過」。我們拿人事來看，我們愈是做驚天動地的行為，對人的態度，愈是和藹可親，決不是聲色俱厲的。聲色俱厲的，那個事實上脆弱得很。真正剛強的人，他態度上，非常和藹可親。歷來成大功立大業的，你看他的動作是驚天動地，裡頭包藏的和天地一樣大，可是他的態度，非常之和藹，這是強陽而配弱陰。比方，劉邦之所以能成功，是因為劉邦和藹可親、豁達大度，這是強陽而配弱陰；項羽之所以失敗，是因為剛愎自用，聲色俱厲，叱吒可畏的味道，人家看了都怕，不敢仰視，裹足不前，這種強陽沒有弱陰的配合，所以他失敗，

這是第四個體象。

立卦的意義

　　我們怎麼處〈大過〉這個卦呢？〈大過〉，它整個的體象已經失掉平衡了，等於病入膏肓，血脈氣管都是阻滯不通的。這個痼疾，非用猛劑不可，普通的藥，力量不夠，醫不好的。也等於夏桀、商紂的時代，是非不明，黑白不分，賞罰不均，到處都錯誤了，都偏差了，非用「大過」的手法不可。但是用「大過」的手法，一定要有「大過」的能力，「大過」之所以能發揮作用，是靠中間四爻的陽。陽是陽剛正氣，拿人事社會來講，陽剛正氣是寄託在賢人君子的身上，所以我們要轉危為安，撥亂反正，一定要把代表陽剛正氣的賢人君子集中起來，才能夠發揮這麼大的力量，這是〈大過〉的第一個意義。

　　第二個，〈大過〉卦是以兌、巽成卦，巽為入，而居內，就表示「入之於內」，兌為悅，而居外，就表示「悅之於外」。那麼我們要成就「大過」事業呢，在作為上，一定要「入之於內，悅之於外」。所謂「入之於內」，並不是我們天天和老百姓一個一個地接觸，混到社會人群裡面，中國七、八億人口，個個都接觸，那接觸得完呢？所謂「入之於內」是什麼呢？就是入到民心裡面，也就是說把整個的民情趨向，看得很透徹，抓得很穩，順著民情的趨向來做，當然老百姓都歸順我們。所謂「悅之於外」，並不是笑臉對人，笑臉對人，反倒形成淺薄，所謂「悅之於外」是用內在至誠的心情，形容出來平易近人的態度，這叫「悅之於外」。所以治〈大過〉卦的第二個意義，就是我們想成就「大過」的事業，第一要「入之於內」，要打到老百姓的心坎裡面去，第二要「悅之於外」，用最誠懇的心情，平易近人的

態度表現出來，這是〈大過〉的第二個意義。

　　第三，「過而勿極」，過不能過到極點，過要適中，要恰到好處，所謂「威而不猛」、「嚴而不酷」，比方，吸毒犯，要想根絕他，一定要用「大過」的手法，凡是逮到吸毒犯就槍斃，稍許用重一點，可能就根絕了；如果照普通的法律，輕輕鬆鬆的，久了，他就刁頑了，他不在乎。吸毒的人不僅害了他自己，而且害了他子孫，所以我認為這吸毒犯，應當有特別法來應付他，應當超過一點點；你不超過一點點，他還是吸毒。表面是殘酷一點，事實上對他們仁厚，免得以後又再犯法。好多人因為重一點點，改邪歸正，變成好人了，過要過到這個程度。但是不能過到極點，像湯放桀、武王伐紂，不是把那商紂、夏桀所有人都殺光，不是這個意思，「元凶」去掉就算了，所以「過而勿極」，要是超過極限，會生反效果，這是第三個意義。

貳、彖辭（即卦辭）

〈大過〉：棟橈，利有攸往，亨。

　　卦辭：「棟橈，利有攸往，亨。」棟是中柱，最負重的，這一棟房子就靠著它，橈就是臃腫不堪、彎曲了。「棟橈」的象從哪兒來呢？因為巽為木、為長、為高，兌為毀折，很高很長的木頭毀折了，這是「棟橈」的第一個卦象。第二個呢，負重的東西是剛強的，裡面四個陽，好像負重一樣。而這個卦有大坎體象，外虛內實，中間很實在，外面是虛的，「棟」是頂天立地的現象，中間四個樑，那個堅強的東西，在那頂天立地，但是本來弱，底下是陰，高頭也是陰，底下虛了，高頭也虛了，於是乎載重不了，於是乎「棟橈」，這是「棟

橈」的第二個卦象的來源。其次再看到「利有攸往，亨」，這個卦是從這個〈大壯〉來的，按虞氏卦變，四陽二陰的卦皆自〈大壯〉而變，共九變，〈大壯〉卦上爻下移到初爻之下，就變成〈大過〉卦，這是第一變，見下圖（請參考《周氏易經通解》，第一冊，頁46）：

〈大壯〉☰☳ →重〈大過〉☱☴ →重〈鼎〉☲☴ →重〈革〉☱☲ →重〈離〉☲☲ →〈兌〉☱☱ →〈睽〉☲☱ →〈需〉☵☰ →〈大畜〉☶☰

　　〈大壯〉卦是震，內卦是乾，乾體本來是天行健，是行的，震又爲行，所以以乾陽而居震，行之象也，所以「利有攸往」。「亨」是斷辭。意義在卦體上都講過了，就是居中中柱彎曲了，居中中柱彎曲了，大廈將傾了。這個現象太不平衡，中強而外弱，上下本末都是衰的，底下不著地，高頭不頂天，這個房子就要倒了，非重新再造不可，「再造」就「利有攸往」，利有行動，大廈將傾，不行動就完了嘛，行動一下子，它還可以有救，所以「利有攸往，亨」，要行動才能夠通，這是卦辭的意義。所以我們居〈大過〉的時候，就是這個朝代、這個現象，已經非改革不可了，那只有改革，只有行動。

參、爻辭

初六：藉用白茅，无咎。

　　〈大過〉卦就是這個爻辭難講。初六：「藉用白茅，无咎。」底下舖東西就叫藉。初、二兩爻是地，五、上兩爻是天，中間三、四兩爻是人。初、二兩爻是地，初在地下，地下有藉的現象，所以叫做

「藉」。陰卦多陽，陽卦多陰。這個卦卦體本來是陰卦，陰卦是屬於坤，坤為用；初是坤爻，坤為用，故曰「用」。初居巽，巽為草木，陽爻為木，陰爻為草，初爻是陰爻，巽是白色，所以是白草的現象，故曰「白茅」。往年國之大事在祀與戎，在祭祀時，底下把白茅鋪起來，高頭薦牲——太牢、少牢，白茅代表恭敬整潔，因為巽為柔，是很恭敬的，巽為白，是很純潔的。意思是什麼呢？初六居〈大過〉之始，剛剛才有驚天動地的、非常的動作，這時要好像做祭祀一樣，非常的恭敬，非常的謹慎，非常的誠懇，非常的純潔，這樣子才沒有毛病，所以說「藉用白茅，无咎」，這是初爻。

九二：枯楊生稊，老夫得其女妻，无不利。

這就是難講的一爻，九二、九五的爻辭都講「楊」，「楊」是樹木，這兩爻是「棟」，有木象，所以都講「楊」，巽為木（巽，陽爻為木，陰爻為草），巽又為高、為長、為直，故曰「楊」。為什麼別的木不叫，要叫「楊」呢？因為巽上為兌，兌為澤，巽在澤中，木在水邊，那是楊樹，楊樹是靠水生的，做圍堤，都栽的楊樹，其他的樹在水裡不能長的，只有楊樹可以長，所以叫「楊」。為什麼叫「枯楊」呢？因為兌為秋，秋楊已經是老楊了，所以叫「枯楊」。為什麼要講「枯楊」呢？因為切合卦辭「棟橈」來講，「棟橈」是柱子彎了，「枯楊」，是楊樹枯了，楊樹毀了，「枯楊」形容那個「棟橈」二個字，和那個「棟橈」一個意思。

「稊」是楊樹葉子還沒長出來的那個葉芽，「稊」的象在什麼地方？過去的卦象是初爻與四爻相應，二爻與五爻相應，現在〈大過〉卦是特例，〈大過〉，一切都是過，二不應五，而應上，為什麼和上

爻相應，因為五比上，五爻自己是陽，五爻使上爻的陰和二爻相應，因此二爻是過五應上，上居兌，兌是少陰，少陰是很幼嫩的質素，就是「稊」的象徵。

「老夫得其女妻」，「老夫」的象從哪兒來？二、三、四互成內乾，三、四、五互成外乾，乾是老陽，所以講「老夫」，這是第一個說法。第二個，二爻是陽爻居陰位，陽爻居陰位，陽就動，陽動就是「九」；五爻是陽爻居陽位，陽爻居陽位，陽就不動，不動的陽，就是「七」；上爻是陰爻居陰位，陰爻居陰位，陰就不動，不動的陰，就是「八」；初爻是陰爻居陽位，陰爻居陽位，陰就動，陰動就是「六」。二爻陽動是九，九是「老陽」，老陽就是「老夫」，上爻陰不動是八，八是「少陰」，少陰就是「少妻」，女妻就是少妻，很嫩的妻子；二爻過五爻應上爻，二爻是老夫，上爻是女妻，所以「老夫得其女妻」，這是第二個說法，這二個說法，都可以通的。有位先生問九是老陽、七是少陽，九比七大，當然是老陽，七比九小，當然是少陽，但是八比六大，為什麼八是少陰呢？六比八大，為什麼六是老陰呢？這個沒有聽過「河圖」、「洛書」的，不大懂。

河圖

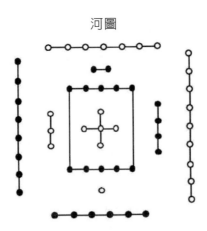

　　《易經》講數有二種，一種叫生數，一種叫成數。所謂生數，就是那個數是看不見的。所謂成數，是已經有形的，可以看得見的。西方的算學就是成數，是根據有形跡可見的東西來計算的。比如話，人從娘胎出來，慢慢地長大長大，這是看得見的成數。在娘胎裡結胎以前啊，為什麼能結胎呢？是精子、卵子，精子又從哪來的呢？卵子又從哪來的呢？那是慢慢來的，那個裡頭有數喔！那個數是看不見的。精子是何以形成？卵子是何以形成？精子、卵子又何以成胎，還有沒有形跡可見的，那裡頭數量看不見的，那個叫做生數。《易經》裡的數是重在生數，用在成數，裡面這一圈：一、二、三、四是生數，這「五」與「十」是居中不用的，是交換的作用，外面這一圈：六、七、八、九是成數，表示已經形成出來了，看得見了。一件東西之所以形成，在裡面要經過一、二、三、四這幾個階層的發展，陰是經過「二」與「四」的發展，陽是經過「一」與「三」的發展，慢慢的才集中到了「五」；到了「五」，於是乎才替換到外界來，由「五」做個中間交界的東西，把內在的生數遞演到外在的成數，這是「五」負的責任。外在的成數，六與八是代表陰的，七與九是代表陽的，由七到九是順行，由八到六是逆行，那就是陽順陰逆，空中有電波，一種是這樣子轉（右轉），另一種是這樣子轉（左轉）。這樣子轉（右轉），往外轉，愈轉愈大，這樣子轉（左轉），愈轉愈小，往裡頭收縮。所以陽是向外擴散的，陰是向內收斂的，陰是成形成體的，陽是成能成光成熱的。凡是發光發熱、發生能力的動力的都是陽，光從哪兒來的？陽來的，熱從哪兒來的？陽來的，能力動力從哪兒來的？陽來的。凡是一切東西表現出形象的，表現一個體積的存在，從哪兒來的？陰來的，可是形象體積存在是要向內收縮才能存在喔！比方，我們的身體有很多的細胞，很多的細胞收縮到一起來了，變成一個，才

是個身體，可是把它分解開來，這細胞好多，無數萬萬的，所以陰成體是要由多數變成少數，由很多細胞慢慢集中起來變成一個體，由多數變成少數。因此它要由八到六，由多數到少數，才能構成就形體。能力則不然，是要由少數變成多數，比方，今天一個東西放出去這麼遠，明天一個東西放出去，又超過這麼遠，所以它要由少數慢慢變成多數。「无不利」，沒有不利的，以上是講象。意思是什麼？「棟橈」，這局勢已經壞了，要從頭做起，生機再造。湯放桀、武王伐紂，從頭改造，就是「枯楊生稊」。楊已經枯了，要使它再發生葉子，如何的「枯楊生稊」？要「老夫得其女妻」，要老陽配少陰，才能夠「枯楊生稊」，那意思就是我剛剛講的，陽用其老，陰用其少，思想計畫要很老到，動作要很敏捷，才能把枯的楊樹復生起來。「无不利」，沒有不利的。這裡頭還很多東西，我只簡單的講，「老夫得其女妻」，各位下去可以體會，這是一種辦法，也是一個「長短略」。

九三：棟橈，凶。

九三為什麼不講「楊」而講「棟」呢？因為九二靠近陰，這個木頭還在滋養的時候，所以稱之為「楊」，九三已經是過了，沒有陰了，所以講「棟」。九三固然和上六是居應位，可是「應而不應」，〈大過〉卦是特例。「應位不應，過位而應」，遇到應位，它不應；過位而應，上六不和九三應，上六過九三而應九二，過位才能應。這是什麼意思呢？我打個比喻，人腳挫了筋，在健康的時候，馬上頭腦反應─腳挫了筋；可是人得了麻痺症，什麼東西都感覺遲鈍，腳稍微挫了筋，他頭腦感覺不了；一定要腳挫了筋，不能走路了，事情壞

到極點，他才能感覺到。那個「大過」的社會，是非已經不大清楚，感應非常之不靈光，他麻痺了，差不多小的現象，他感覺不到，等到壞一個大窟洞了，事情弄糟了，於是乎才頭痛醫頭，腳痛醫腳，「大過」的社會是如此，這就是「應而不應」－該當反應的，不反應。壞了，就應當覺解，他不覺解；等到壞到極點了，那個事情做不通了，社會上窒息了，於是乎他才覺解，這就是「大過」的社會－該當反應的位置，他不應，過位而應，所以九三沒有應。我們剛才講〈大過〉固然是以陽爲主，但陽要陰來輔，陽沒有陰輔不行喔。商湯革命，東面而征，西夷怨；南面而征，北狄怨。商湯革命是有這個群陰的社會爲他的基礎，固然商湯他自己有這個力量，可是社會也有那個可用的基礎來輔助他，於是乎才成就商湯革命的大業。可是這個九三空飄飄的，雖是〈大過〉的陽，可是社會不向著它，沒有陰來輔助它，是孤的，它負擔不起這個轉危爲安的責任，因此「棟橈，凶」，這個木頭已經彎了，就是太過剛了。我們剛剛講過，過剛則折。三爻居於內卦的極點，上爻居於外卦的極點，所以三爻與上爻兩個爻辭都是壞的，就表示過極了，過極了，就「棟橈，凶」。

九四：棟隆，吉，有它吝。

這一爻歷來的先儒們爭辯很多。「隆」是隆起來，「橈」是曲下去。九三之所以橈，因爲九三居內卦，內卦底下是虛的，腳是虛的，所以它挺不起來，腳是虛的，沒有社會基礎。四爻離開內卦，到了外卦，它已經脫離下陷的現象而隆起來了。爲什麼九四有隆起的現象呢？我們從〈乾〉卦可以看出來，〈乾〉卦九三：「君子終日乾乾，夕惕若厲，无咎。」正在戒愼恐懼的時候。九四是「或躍在淵」

的時候，這個陽比九三力量已經大了，所以九四的陽有隆起的現象。九三沒有應，九四也是沒有應。四爻應當和初爻相應，可是「應位不應，過位而應」，初爻不和四爻相應，初爻過位而應五，所以九四還是沒有陰爻輔助，但是陽居陰位，剛不那麼太厲害，位置是柔，有這個柔位可以輔助它，這是第一。第二，它已經入到外卦的兌卦，兌為和悅，有悅之於外的情形，所以它有「棟隆，吉」的現象，「棟隆」就表示好像能負得起來的樣子。但是「有他吝」，還有其他的毛病，「吝」者就是縮小了，還有其他收縮的，施展不開的，負擔不起的情況在裡面。「有他吝」，就是假使四爻沒有陰爻輔助，四爻一變，外卦變成坎，坎為險難，整個外卦變成〈井〉，它就居於坎險之內，而又陷於井中，所以「有他吝」，這是虞翻的解釋。這個卦裡面東西很多，我只能講十分之二三，還希望各位先生下去體會。

九五：枯楊生華，老婦得其士夫，无咎，无譽。

講到這個五爻，我們就可以看出來，它和二爻一樣，取象是「枯楊」，枯的楊樹，三爻、四爻取象是「棟」，「枯楊生稊」、「枯楊生華」，是有生機的木頭，雖枯了，還有生機，「棟」不是再有生機的木頭，已經是割下來的木頭。二、五都稱之為「楊」呢？因為它接近陰，二爻的陽接近初爻的陰，五爻的陽接近上爻的陰，接近陰，陰就來滋養它，所以它是「楊」。這個二爻的陽是兌澤之反，居巽，巽反過來是兌，兌為澤，所以二爻的陽接近水，五陽是居兌澤之內，接近水，二、三兩陽都有水來滋潤它，所以稱之為「楊」。二爻過五而應上，上居兌，兌為秋，已經變成秋楊了，而且兌為毀折，所以叫做「枯楊」。

　　二爻為什麼「生稊」？五爻為什麼「生華」呢？二爻過五而應上，上居兌，兌為少陰，所以講「生稊」，「生稊」表示那個生機剛剛才開始，「枯楊生稊」是枯樹剛剛才長那個嫩芽。五爻過二而應初，初居巽，巽為長女，而且初至五體〈姤〉，〈姤〉是女壯，所以講「生華」，「生華」表示那個生機發洩過了，「枯楊生華」是這個楊樹就快要殘傷了，這是卦象的來源。

　　第二，「老婦得其士夫」，士夫者少夫也，老婦得其士夫，老女人得到少年的丈夫，這五爻過二而應初，初至五體〈姤〉，〈姤〉是女壯，所以是「老婦」之象，初居巽，巽為長女，也是「老婦」之象。這卦是從〈大壯〉來的，〈大壯〉的上爻到了初爻，變成〈大過〉，〈大壯〉的五爻居震，震為夫，〈大壯〉五爻在〈大過〉居兌，兌為少、兌為小，〈大壯〉五爻有震夫之象，而居〈大過〉，有少小之象，所以五爻是少小之夫也，少小之夫即「士夫」，「老婦得其士夫」之卦象如此。

　　「无咎，无譽」，就是沒有什麼壞處，也沒有什麼好處，「譽」是從哪兒來的？「二多譽，四多懼」，陰居二爻是多譽，現在陰不居二，退而居初，故曰「无譽」。五居中得正，它本身沒有毛病，而又有應，故曰「无咎」，爻辭之源頭是如此。至於意義是什麼呢？〈大過〉卦是「大過」之世，現象已經壞了，等於大廈將傾，政治社會已經崩潰了，是非不明，賞罰不分，社會整個都變成痺麻了，必須要從頭再造，社會生命才能夠延續得下去，所以它就拿「枯楊生稊」、「枯楊生華」來表示。「枯楊」，楊樹已經枯了，表示大過之世，在二、五之階段，已經壞了，等於楊樹已經枯掉了，但是枯掉了，要生稊，枯掉了，要生華，表示生機再造的意思。就是說我們一

定要有大過人之才、大過人之德，做大過人之事，使這個枯楊能夠生稊，枯楊能夠生華。這個五爻是講「枯楊生華」，這就表示大過之世，雖說社會已經崩潰了，等於大廈將倒了，但是我們不能讓它倒下去，倒下去不就完了嗎？所以九五要「枯楊生華」。怎麼生法呢？「老婦得其士夫」，一切的生機再造，總要陰陽交配。無論任何東西生機再造，草木如此，砂石如此，動物如此，人類更是如此，一定要陰陽配合，它才能生機再造。假使有陰而無陽，有陽而無陰，那沒有法子談生機再造的。「枯楊」不是像平時很好的花木，陰陽都配合得很均衡。「枯楊生華」，陰陽內在的質素不能很均衡，所以「老婦得其士夫」。

　　「老婦得其士夫」是老陰而遇少陽，老陰而遇少陽，那是什麼意思？就是說社會是可以變的，「老陰」是居變位，這個社會已經壞了，但是已經有變的可能了，這是第一個象徵。第二個象徵，這個陰是我們所用的東西。比如話，我們用的壯丁、用的戰士，就是陰；我們要軍隊打仗，就是陰；火力、物質，就是陰。老陰者就這些火力、物質、壯丁不太夠用、老了。陰要用少，不能用老，年紀輕的打仗才行啊！老弱殘兵打仗怎麼行呢？可是在大過之世，到了五，社會已經凋零、已經不太整齊了、老弱殘兵，陰老了，不太夠用了。「士夫」是少陽，少陽表示這個陽的力量也不夠，陽要用老的，少的，火力不夠，就是說在中樞主持的人頭腦子不夠用。陽的火力不夠，陰的物質的配合也不夠，這二方面雖說都不夠，但勉強配合起來，枯楊還是可以生華。它不像九二「枯楊生稊，老夫得其女妻」，陽用其老，陰用其少，剛剛好，就是社會上青年壯丁很夠用，物質也很夠用，在中樞支持的人頭腦子也夠用，那這個是「无不利」。大過之世愈到後來愈

壞，那個社會已經凋零痺麻不堪，愈到後來，愈是不足，而陰也老了不夠用，但是能夠配合起來，還是可以枯楊生華，不過是「无咎，无譽」，沒有好處，也沒有壞處，這一爻是如此。〈大過〉愈過到後來愈不好，大過之世，總要及早救，因為社會上已經凋零壞了，救得愈晚，它就愈艱難，愈晚，它就愈救不起來了，就愈沒有法子救了，所以比干挖心，就是救不起來了，已經太晚了。但到著九五這一爻，還是能勉強救得起來。過了九五，我們再看上六，上六這一爻，那就不好了。

上六：過涉滅頂，凶，无咎。

因為我們這一卦是從〈大壯〉來的，〈大壯〉的外卦是震，震為足、為行，在〈大過〉就是兌，兌為澤，有震足涉水之象，涉水涉到上爻最深的地方，所以說「過涉滅頂」。「頂」，〈乾〉卦裡頭講：「見群龍无首，吉。」所以乾為首。易例：初爻是尾，上爻是首。本卦通〈頤〉卦，〈頤〉卦上爻為陽，變成〈大過〉卦，陽不見，乾為首，所以說頂滅掉了，卦象如此。意思是什麼？居大過之世，在九五的時候，「老婦得其士夫」，老陰、少陽，陰既不夠用，陽也不夠用，但是還能夠配合，還能夠生華，雖是過了時候，還能夠有生機。要是在九五不創造大過的事業，你到著上六「過涉滅頂」了，你就救不起來了，就君子殺身成仁了，就比干挖心已經晚了，商紂王已經搞得不像樣子了，你才諫，應當事先要阻止他，阻止不住，應當想辦法，等到敗象已呈，無可救藥的時候，你才諫，雖是犧牲性命也沒有用，所以「過涉滅頂，凶」，但雖「凶」而「无咎」，於「義」無乖，比干諫紂，雖是殺身挖心，但是在他做人臣的道理上、在他保護

商朝的道理上，他沒有錯誤啊！所以「无咎」。「无咎」者是无罪責
也，這是一個說法。

第二個「過涉滅頂」還有一個說法，就是大過之世，到了這個
時候，已經無藥可救了。但是這個說法我不敢取，因爲我們曉得宇宙
生機永遠是無窮，社會是永遠不絕的綿延，不至於一個社會到著萬劫
不復，根本就消滅了。這個固然是有，像過去巴比倫的種族，根本都
消滅了，猶太人變得很少。但是大過之世，上六不宜於做這個解釋，
還是宜於「君子殺身成仁」的解釋善。「過涉滅頂」就是說我們大過
之世，到了上爻，挽救不了了，大過的局面已經壞得很深，而自己的
力量又到了陰爻，陽已經盡了，力量已經不夠了，因此救這個大過局
面，自己殺身成仁，把自己毀掉了，雖是凶，但是沒有罪責，我是這
個解釋。

那麼整個卦的講法呢，這初、上兩個陰居於上下，「本末弱
也」，將來講〈象傳〉的時候再來解釋。二、五兩個陽，取象爲
「楊」，因爲它附帶著有陰爻在邊上，它比陰，三、四兩個陽居於六
畫卦體之中，而且它是陽最旺的時候，負重的力量最大，所以有房子
居中的柱子之象，但是九三「棟橈，凶」，九四「棟隆，吉，有它
吝」，什麼道理呢？因爲九三是以剛居剛，九四是以剛居柔，在大過
之世，當然我們要用陽剛之氣，才能夠把那個大過的局面挽救過來，
但是以剛居剛，就是「剛愎自用」，固然我們力量是要陽剛之氣，可
是我們做法不是完全那「剛愎自用」的作法，一切的力量擺在臉上，
那不行啦！九三是以剛居剛，剛要陰來輔啊！我們用陽剛之氣的力量
不錯，我們還要廣大的群眾支持我們啦！不是我們一個人可以搞得好
的啊！你以剛居剛，剛愎自用，廣大的群眾不會支持你，他就裹足不

前，望望然而去之，所以九三以剛居剛，不正，因此「棟橈，凶」，那個柱子負重負不起來了，那個柱子就彎掉了。九四以剛居柔，它自己本身有陽剛濟世之才，而它的態度很謙虛、很恭敬、很和平，因此它容著這些大眾來輔助它。九三以剛居剛，剛愎自用，項羽之態度；九四以剛居柔，謙抑有輔，劉邦之態度。因此九三「棟橈，凶」，九四「棟隆，吉」。但是九四為什麼「有它吝」呢？因為〈大過〉不講「應」而講「比」的，「比」者就是二個接近，九三和九四是相比，因為九三這個階段「橈」了，九四這個階段固然有一個人出來把柱子撐起來，但是難免受以前九三的影響，所以「有它吝」。「它」者是什麼呢？「非應」就稱「它」，所以我們看〈比〉卦的初爻：「有孚，比之无咎，有孚盈缶，終來有它吉。」「終來有它吉」意思是最後有其他的好處。那就是〈比〉卦的初爻，不居五爻的應位，所以就稱「它」。「非應稱它」，〈大過〉四爻和初爻不應，四爻只是和三爻相比，「非應」就稱「它」，所以「有它吉」，這幾個爻是如此。

肆、彖傳

彖曰：大過，大者過也。棟橈，本末弱也。剛過而中。巽而說行。利有攸往，乃亨。大過之時大矣哉！

第一個先解釋「大者過也」，「大者過也」是根據卦象來的，陽為大，陰為小，〈大過〉中爻四個陽，只有上下兩個陰，陽過於陰，故曰「大者過也」，這是根據卦象上說的。但是意義不是這麼簡單，意義是什麼？陽是指一切的智慧能力，〈大過〉的局面是已經崩

潰了，道德淪亡，是非不明，整個的痲痹，就是這種社會，「大者過也」，就是要有過人之才、過人之德，才能夠挽救這個「大過」，所以「大過，大者過也」。「大者過也」，怎麼講呢？我們人大家都是兩隻眼睛、一個鼻子、五官百骸都差不多，然而為什麼有些人弄得自己衣食不周、自己一身都不飽，這個區別在什麼地方？區別在他內在的精神，所以看人不是看他外在身體的，是要看他內在的精神意志的能力。所以我們過去講「真命天子」，這是我國古來流傳的諺語，這種諺語裡頭有很深的道理，我們不能說這是封建時代，這些話狗屁不通，我們不能這樣看，所謂「真命天子」，他生來有特別的稟賦，餓個三天不吃飯，爬起來，還是一樣有精神做事，能忍人所不能忍，再大的恥辱加到身上，自己承得住。有多少人受了氣，晚上睡不著覺，甚至就影響頭腦子，神經分裂。可是那個大有過人的「真命天子」，那種稟賦，他再大的侮辱承受得了，再大的煩惱承受得了，一天到晚，治繁理劇，再多的事情來著，他不感覺頭痛，不感覺著精神疲勞，再大的禍害危險，他能載得住。普通的人，一個小的危險，「喔！不得了！」我記得我在蘭州的時候，那時候是朱少良當第八戰區司令長官，他有一個參謀長，姑隱其名，相當的窩囊，日本飛機一來了，他自己頂個被窩在頭上，說：「往哪兒跑啊？」當參謀長就這麼窩囊，所以這種人精神意志太少了，不夠，朱少良就拿著手槍站在省政府前面廣場上不動，就和一個椿子一樣。從這些地方就可以看出一個人有強、有弱，所謂「強」，就是他精神意志能夠載得住。我們以後看人，尤其是小姐，你看男孩子，就是看他遇到風險，能夠載得住吧？遇到煩難，能夠挺得起來吧？自己窮困的時候，能夠過得一樣吧？如果這幾件事情，都能夠載得住，他內在的東西就不平凡了，有點東西的，不是看他面貌。那個長得眉目如畫的，沒有用，那個是剃

頭捏腳的。「大者過也」，就是這個意思。所以在「大過」時，要「大者過也」。

　　第二句話：「棟橈，本、末弱也。」這個柱子為什麼彎了呢？它「本末弱也」。「本末」是指什麼呢？是卦象來的，卦象初、上兩爻都是陰，陰是弱的，陽是強的，所以「本末弱」。「本末弱」是什麼意思？本末弱，為什麼這個柱子就傾了呢？就負重不了呢？我們打個比喻，老子講：「重為輕根。」（《老子·第二十六章》）重的是輕的根本，人的身體是重濁之氣，下墜於地，人的精神是輕清之氣，上浮於天，「重為輕根」，我們精神意志是要身體來涵養，沒有身體涵養，這個精神意志就沒法子寄託，從這一個角度來講，「身體」是「精神意志」的根本。從另一個角度來講，「身體」又是「精神意志」的末梢，何以故？孔子講：「心不在焉，視而不見，聽而不聞，食而不知其味。」（《禮記·大學》）「心」是什麼呢？是陽，是精神意志，因為沒有了陽，看也看不見，聽也聽不清楚，吃也沒有味，這五官百骸就等於廢了，如果沒有精神意志給你主宰，你五官百骸就等於廢了，所以從這個角度上看呢，這個「五官百骸」就是「精神意志」的末梢，精神意志要能指揮五官百骸。從「重為輕根」來看，「身體」是「精神意志」的根本；從精神意志可以指揮身體這個角度來看，「身體」又是「精神意志」的末梢。就人來講，身體是陰，精神意志是陽，現在〈大過〉卦，身體就是居於本、末兩頭，中間四爻是精神意志，「棟橈，本、末弱也」，中間這個柱子彎了，因為本、末撐持不夠，就等於人生病了，精神意志就挺不起來了，身體一壞，精神意志就不能自持，還能做事嗎？還能批公事嗎？還能治繁理劇嗎？辦不到，所以本、末弱，棟就橈，就是這個道理，這是解釋「棟

橈，本末弱也」。

第三句話：「剛過而中。」過去舉了很多例子，在「大過」之時，是一個很敗壞的現象，挽救這個現象，要過人的手法，等於重病痼疾要特別的猛劑、動大的手術，才能把這病救的過來，是「剛過」了，但是「剛過」才能得乎「中」，才能把病醫得好，江南名醫治病，醫腸上蟲的毛病，他下了三錢砒霜，殺不死這個蟲，這個老和尚用一兩砒霜，把這個蟲殺死了，因為「過」了，才能得乎「中」道，才能恰到好處，「不過」不能恰到好處，所以「剛過而中」。這裡頭，第二個意義是「剛」是要「過」，但是「剛過而中」，就是我上次講的「剛過而勿極」，恰到好處就行了，不能超過這個「中」，超過這個「中」就不行了。所以「剛過而中」有二個解釋：第一個，「剛過」才能得乎「中」，要用太猛的藥、要動大手術，「過」才能把這個病醫好。第二個，「剛過」了要合乎「中」，太超過了，就不行了。

第四句話：「巽而說，行。」這是孔子的句法。前頭「巽而說」是個條件，後頭「行」是個結果，「巽而說」才能「行」。這卦內卦是巽，外卦是兌，巽者入之於內，兌者悅之於外。入之於內，就表示在〈大過〉的時候要深入民心，把握住民心，順著民心去做，因為得天下者得民心也；悅之於外，就是外在是和藹、和平的態度、平易近人的態度來處理。內在是深入民心的做法，而出之以平易近人的態度，這樣子才能「行」。「行」從哪兒來的呢？這個是從〈大壯〉來的，〈大壯〉的上爻下來到初爻，就變成〈大過〉。〈大壯〉的外卦是震，震為行，所以「巽而說，行」。同時，〈大過〉卦辭是「利有攸往，亨」，也有「行」的意思。處在大過之世，你必須要向前發

展，你不能停在那兒。大過的社會已經敗壞，道德已經崩潰了，是非已經失掉標準了。在這個時候，要是在那停止觀望，那這個社會就完了。所以處在這個大過之世，你必須要向前發展，你不能停在那兒。大過的社會已經敗壞了，道德已經崩潰了，是非已經失掉標準了。在這個時候，要是在那停止觀望，那這個社會就完了。所以處在這個大過之世，一定要去做，做才能夠通，不做就死了。所以「巽而說」，既要入之於內，抓住民心，要探討民心所依歸，所趨向的；又要悅之於外，出之以平易近人的態度，這樣才能夠「行」得通，「巽而說，行」是這樣解釋。

第五句話：「利有攸往乃亨。」卦辭上是「利有攸往，亨」，孔子在解釋卦辭時，加了一個「乃」字，這是孔子文字巧妙的地方，這個「乃」字的分量很重。「乃」字當「才」字講，「利有攸往乃亨」就是「利有攸往才亨」。「利有攸往」就是向前發展，因爲〈大過〉是動的局面，一定要向前發展。而且，它是從〈大壯〉的震卦的上爻到著底下，震卦它是個向前動的現象，所以「利有攸往乃亨」。處在道德崩潰，是非失準，社會整個痲痺了，這個現象，你要是不向前發展，就不行了。害了痼疾，只有醫，醫就是利有攸往，用藥、用針、用灸，這些東西都要來，都要用；你不用，等著死亡了。你要是用重藥，還有通的希望，還有救的可能；你不救，一定死亡。所以「利有攸往乃亨」。

最後一句：「大過之時，大矣哉！」「大過之時」，這個「時」字從哪兒來的呢？因爲〈大過〉卦從〈大壯〉來的，〈大壯〉卦外卦震，震爲「春」，變爲〈大過〉，外卦爲兌，兌爲「秋」，〈大過〉旁通〈頤〉，〈頤〉爲大離之體象，離爲「夏」，〈大過〉

為大坎之象，坎為「冬」，所以春、夏、秋、冬，四時皆備，卦象是這麼來的。意義呢？大過要合乎時。大過是做過人之事，非常之舉，驚天動地的。湯放桀，武王伐紂，在當時，是非常的舉動。當時沒有這個現象，突然發生這個現象，都是驚天動地的。這種非常的驚天動地的動作，一定要那個「時候」恰到好處，你做著，老百姓才能夠心悅誠服。假使你做早了，不是那個時候不行，他認為你多事，割雞用牛刀；做晚了，挽救不過來了。也等於我們給人家救火一樣，假使剛剛起火，你怕這個房子延燒到那個房子，把那個房子拆掉，房主說你莫名其妙，會罵你。拆房子一定要燒得火勢熊熊，正是燒到那個房子，你毀那個房子，那個房主沒有得怨。不拆也是燒，拆了還可以救著一點起來，人家沒有得怨，所以一定要恰到時候才行。醫病也是一樣，醫那個痼疾，一定那個藥下得正是那個病需要的時候。早了，這個藥頭下了沒有效，傷害身體；晚了，這個病已經無救了。所以「大過之時，大矣哉」，要恰好那個時候。

伍、大小象傳

象曰：澤滅木，大過。君子以獨立不懼，遯世无悶。

「澤滅木」是從卦象上來的，底下巽為木，高頭兌為澤，木生津裡，於是津滅木，津水把木頭給漫掉了。「澤滅木，大過」是什麼意思？水本來是養木的啦，今水不養木，反倒滅木，這是非常乖戾的現象，所以這就是大過。大過者，就是一切乖戾的現象，都表現出來了。本來肚子餓了，要吃飯，他不吃飯，他喝水，莫名其妙，反常。現在就是大過，褲子應當比衣服小，現在女孩子褲子比衣服大，應該

小的，他變成大，應該大的，他變成小，這不是反常嗎？這不是大過嗎？一個朋友和我慨乎言之，他說：「我不但公務員、教員做不了，我連老子都做不了，我就這麼一個兒子，寶貝，我講是的，他講不是，我講不是的，他要講是，我連兒子一個都不能貫徹，還能做事、還能教人家嗎？所以我這個人完了。」女孩子在街上亂跑，他說是愛惜青春，這就是大過，一切都乖戾反常。水生木，水應當滋潤木的，現在不滋潤木，反倒滅木，這個反常的現象是大過，所以講「澤滅木，大過」。

　　「君子以獨立不懼，遯世无悶」，「君子」從那兒來呢？乾交坤體，成爲〈大過〉。〈大過〉是取中四爻的陽爲主爲用，乾爲陽，「君子」之象。「獨立不懼」的象從那兒來的？〈大過〉內卦伏震，震是〈乾〉卦的初爻交坤，〈乾〉卦的初爻是「潛龍勿用」。「潛龍勿用」，〈文言〉裡頭怎麼解釋呢？「確乎其不可拔也」，有這個德性。「確乎其不可拔」就是「獨立」之象。「懼」是從那兒來的呢？內卦伏震，「震驚百里」，震爲雷，打雷就恐懼，所以震有「驚懼」之象。現在由震變成巽，震象不存，所以「不懼」。「遯世无悶」也是由〈乾〉卦初爻來的，〈乾〉卦初爻是「潛龍勿用」，潛伏的龍，沒有見諸世用，沒有見諸世用，就是「遯世」，卦象是這麼交代了。

　　這二句話意義是什麼呢？「獨立不懼」就是說在大過之時，一切都是反常的，都是駭人聽聞的事情，十七、八歲做強盜，這不是駭人聽聞嗎？當大過之時，要獨立不懼。眾人皆醉我獨醒，萬人皆非我獨是。人家積非成是，講我是怪物，我就隨他講，因爲我是正常的，整個的社會是反常的。我們君子要拿出最大的勇氣，一個人支持住。就是我要衞經守道，獨立不撓。就是我們挽救大過之世，不管一般人

他錯誤怎麼樣普遍，我要把這個錯誤消滅掉，人家反對，不管他，我「獨立不懼」，一定要「反正」。「遯世无悶」，大過之世，我估計自己力量，我救濟不了了，如果要救，「過涉滅頂」，自己拿自己生命犧牲掉了。這個局面，壞的程度太深了，我這個力量還不夠挽救這個局面，於是乎我「遯世」，與世長辭。我「遯世」，與世長辭，看到這亂七八糟的局面，也不感覺難受，我自己修持我自己。所謂「窮則獨善其身，達則兼善天下」（《孟子・盡心上》），「達則兼善天下」就是「獨立不懼」，「窮則獨善其身」就是「遯世无悶」。

初六象曰：藉用白茅，柔在下也。

為什麼「藉用白茅」呢？因為「柔在下也」。初爻是和做祭祀一樣，底下鋪那個白茅草，太牢、香花、酒醴才能擺上，這是表示誠懇恭敬，所以說「藉用白茅，柔在下也」。

九二象曰：老夫、女妻，過以相與也。

「老夫、女妻」是什麼意思呢？「過以相與也」。「老夫」是指九二而言，九二是老陽，老陽是變的，其數為九；「女妻」是指上六而言，上六是少陰，少陰是不變的，其數為八。九二應當和九五相應，他不應五而應上，因為五比上，五使上來應二，所以二就過五而應上，這就是「老夫、女妻，過以相與也」。道理我剛剛講過，就是他麻痺了，感應不靈了，應該感應的時候，他不感應；必須到程度很深，壞了很厲害，自己遭了殃了，他才感應。商紂在比干諫的時候，就應該感應到了，他還沒有感應，他以為沒有什麼事情；一直等到武王伐紂，把他圍起來，他自焚了，到那時候，他才感覺錯了。到那時

候，他才有感應，這就是「老夫、女妻，過以相與也」。

九三象曰：棟橈之凶，不可以有輔也。

孔子已經指出三爻不應上，四爻不應初。三爻說：「不可以有輔也。」什麼叫「輔」？陰輔陽，陽需要陰來輔助。比方，我們人要吃東西，精神才能支持住。吃的東西就是陰，精神就是陽，陽需要陰來輔助。可是三爻是剛愎自用，上爻的陰根本不來應它，沒有人來輔助它，這就是「不可以有輔也」。「棟橈」爲什麼「凶」呢？因爲「不可以有輔也」。

九四象曰：棟隆之吉，不橈乎下也。

四爻說：「棟隆之吉，不橈乎下也。」爲什麼講「棟隆之吉」呢？因爲「不橈乎下也」。「不橈乎下」就是不遷就下，不委曲而就下，足見四爻和初爻不應，不因爲下而彎曲。

九五象曰：枯楊生華，何可久也？老婦、士夫，亦可醜也。

楊已經枯了，而且澤滅木，楊在水裡淹掉了。這樣再生的華，那華當然不得久。「久」字的象從乾來的，乾可大可久。這一句表示〈大過〉到五爻勉強「老婦、士夫」來挽救一下，因爲陰、陽都不夠了，雖是可以生華，但不能垂久，所以說「枯楊生華，何可久也」。第二句「老婦、士夫，亦可以醜也」，什麼意思呢？二至五體〈姤〉，〈姤〉爲淫女，所以講「醜」。同時，老女人配一個年紀輕輕的少年丈夫，表示陰、陽兩個都不夠，陰也衰了，陽也不足，兩個配起來不均衡，不均衡就醜。比方，大臉配一個小鼻子，很醜；短身

材配一個大手，很醜；高個子配個短頸子，很醜。凡是配合得不均衡就醜，這個老陰、少陽配合得不均衡，所以說「老婦、士夫，亦可醜也」。

上六象曰：過涉之凶，不可咎也。

過涉之凶，不能夠罪責它的，因為社會敗壞的程度，超過它挽救的力量，它沒有法子挽救，它自己有毛病，你不可罪責它。

第二十九卦

坎卦

周鼎珩講　林鴻基記錄

坎
上

坎
下

—— 此係八純卦，又為四監司卦，主冬至節氣，旁通〈離〉，不反
　對。

　　今天向各位報告〈坎〉卦，〈坎〉卦是四監司卦。所謂四監
司卦，上次發給各位的卦氣表裡面有。〈坎〉、〈離〉、〈震〉、
〈兌〉，〈坎〉司冬，〈離〉司夏，〈震〉司春，〈兌〉司秋，
〈坎〉、〈離〉、〈震〉、〈兌〉這四卦叫做四個監司卦。六十四卦
除了這四卦分司四個節氣外，其餘六十卦是分開來，大約每卦值六
日，六日七分，大約每爻值一日，上次分給大家的卦氣表也是有這些
內容。

　　八純卦：〈乾〉、〈坤〉、〈坎〉、〈離〉、〈震〉、
〈兌〉、〈巽〉、〈艮〉，這些就是八純卦。八純卦什麼意思呢？這
八個卦是氣化純而不雜的，直線發展的：就像〈乾〉是純陽，它直線

發展陽的；〈坤〉是純陰，直線發展陰的。一直線發展，沒有交錯關係，所以八純卦內外兩體是不相應的。譬如說〈坎〉卦，內三爻和外三爻是不相應的。這表示什麼呢？表示是直線發展的，它不是綜錯的關係，所以沒有內外相應的關係，只有比而沒有應，這是八純卦的特點，其他八純卦之外的，都有內外交錯的關係，所以有應。

壹、總說

佈卦的次序

現在我們接著談卦的次序；我們過去講的是〈大過〉，〈大過〉卦裡頭可以看出來，所謂大過，是它的第六爻─上爻是：「過涉滅頂」，遭滅頂之凶。「過涉滅頂」就是過之太激了，〈大過〉卦上爻就是過涉太激了，遭滅頂之凶。這個是什麼道理呢？〈大過〉卦是用陽的，陽用得太過，陽就衰了；譬如彈簧用久，它就疲了，〈大過〉陽用得太過，陽就逐漸衰下去了，因此，〈大過〉之後，繼之以〈坎〉。在〈序卦傳〉講：「物不可以終過，故受之以〈坎〉，坎者，陷也。」坎，陷下去了，我們拿人做例子來講，譬如有人沉迷酒色，太過了，就陷於酒色而不能自拔。凡是一個東西太過了，於是乎被那個東西困住了，不能自拔。〈序卦傳〉講：「物不可以終過，故受之以〈坎〉。」坎為陷，怎麼會陷下去呢？拿這個卦的卦體來看，就可以看出來了；這個〈大過〉的「過」字就是三、四這兩爻。我們在〈大過〉卦的爻辭裡講的是棟橈，〈大過〉卦的卦拿棟解釋，棟是負重之位，就是屋中之柱，棟是表示應該可以負重的，但〈大過〉卦負重的是什麼呢？只是三爻與四爻；三爻：「棟橈，凶。」四爻是

「棟隆，吉。有它，吝。」三、四爻稱之爲棟橈，就是二、五兩爻不能稱棟，只能稱橈，所以說：「枯楊生稊」、「枯楊生華」，還沒有到爲棟的階段，因此二五兩爻不是大過的中心點，不是負重的中心所在。負重中心之所在是三、四兩爻，所以用陽是過的，過之太激，三、四兩爻表現得太過，負重的中心點太過了，於是就塌下去了，三、四兩爻就塌下去了。三、四兩爻變成陰爻，就變成〈坎〉，所以〈大過〉以後繼之以〈坎〉，就是三四爻負重使物太過，太過就塌下去了，陽就變成陰，於就是變成〈坎〉。

坎陷，坎爲什麼陷呢？因爲三、四兩爻陷下去了，這已經構成陷了，同時三、四兩爻一變成陰，這個二、五兩爻之陽陷在內外兩體群陰之間，被群陰所包圍：二爻陷於初、三兩爻之間，五爻陷於四、上兩爻之間；二、五兩爻恰好陷在兩個陰爻之間，所以稱之爲陷，因此坎有穴象。陷下去了，因之爲「穴」，所以在〈大過〉以後繼之以〈坎〉。坎表示凡是陽用得太過了，於是它塌下去了，如人之使力太過了，體力使用太過，於是就癱下去了；腦子使用太過，於是就疲乏下去，就昏昏沉沉，因此，〈大過〉之後繼之以〈坎〉。陷下去了，當然構成險象，〈坎〉在八卦裡面取象爲水，陷下去就掉到水去了，當然很危險，因此〈坎〉有險象，這是卦的次序爲什麼〈大過〉之後繼之以〈坎〉，道理就在此。

成卦的體例

接著我們談〈坎〉卦的體象。

坎，我們經常聽人講我的人生非常坎坷；坎坷這個字眼是從哪裡來的呢？就是從〈坎〉卦裡來的。坎，陷下去；〈坎〉卦，我們剛才

講是乾陽二、五兩爻，交到坤體，內外兩體中間，表現出來二、五兩爻是陽陷於群陰之中。這卦本來是〈坤〉卦，所以在焦延壽《易林》裡面，坎與坤常常是同象；焦延壽《易林》斷卦，坎與坤同象，坎爲水，坤也爲水，坤有水，坎也有水，坎從坤來的。坎是坤體，乾陽兩個陽到坤體；但是這兩個陽到坤體是陷在群陰之中，這表示什麼意思呢？因爲陽陷在陰的中間，陽是動的，在陰的中間動；陽老是陷在陰的中間動，那是個什麼呢？水，水的現象，就是陽在陰的中間動；水是流動的，爲什麼會流動呢？因爲裡面有陽，有陽藏在陰裡面，在陰中間動，於是造成流動的狀況。其他的木頭、石頭等東西都不會流動，不論有體無體都不像水那樣流動，只有水是流動的。水是一種質素，爲什麼會流動？因爲有陽陷在陰裡面，在陰中間動。因爲陽陷在陰中間，老是不能自拔，超脫不了，因此坎是水象，〈說卦〉講「坎爲水」。

　　爲什麼陽老是在陰裡面動？不能夠超脫，不能離開，老是在陰裡面動，就是這樣子就稱之爲陷，所以坎稱爲險，也就是這個道理。九二陽在內體二陰之中，九五陽在外體二陰之中；內外兩體都是坎，內也是坎、外也是坎；九二在內體坎裡面，九五在外體坎裡面，反正跑來跑去都是坎，裡面是坎，外頭也是坎，這個就表示什麼呢？表示陽在陰中之動都是往來反復，陷在〈坎〉卦之內，所以八純卦裡面七個卦：〈乾〉、〈坤〉、〈離〉、〈震〉、〈兌〉、〈巽〉、〈艮〉都是一個字，可是爲什麼只有〈坎〉卦高頭加一個字，其他的六十四卦沒有加一個字的？唯獨〈坎〉卦稱之爲「習坎」，加了一個形容詞，其他的沒有。習字是什麼意思？子曰：「學而時習之，不亦說乎？」（《論語・學而》）就是這個習，〈坤〉卦也講「不習无不

利」。「習」字是學飛也，小鳥從蛋殼裡才出來，毛還不太乾，老鳥就在巢裡帶著牠飛，就學習，在巢外還是不敢飛，於是老鳥又飛給牠看，再飛，再飛，這樣來回往復飛了多少次數，於是小鳥飛出巢外了。習字就是小鳥學老鳥飛，習字的意思就是往來反復。這個卦為什麼叫習坎呢？坎是險難，因為坎是陷也，陷在窟窿裡面，可是在裡面是陷下去，那跑到外面呢？也是陷，爬不出去，陽都是在陰裡面，往來反復都是陷下去，往來反復都是險，都是險難現象，所以卦辭稱習坎，表示不是一次馬上就可以解除險難的現象。

我們普通遭到險象，如果只是一次挫折就解決了，那不叫險難，除非這個險難重重不只一次，老是重重險難就在週遭包圍，施展不開，超脫不了，這才叫險難。如果只是一次，馬上就解決了，那不叫險難。險難一定不只一次，所以稱之為習坎。坎者險也，習者往來反復的多數次數，因此，孔子在〈象傳〉說：「習坎者，重險也。」什麼叫習坎呢？重險也，重重疊疊的險難，這是第一個體象的解釋。八八六十四卦卦上加上一個字的只有這一卦，所以文王在繫辭特別提出，證明這一卦特別注意坎的險。

第二體象，這個卦虞翻說這個卦是從〈觀〉卦來的：〈觀〉上之二成〈坎〉，這個我要寫出來喔！

觀☷☶→坎☵☵

李鼎祚講〈臨〉初之五成〈坎〉，〈臨〉卦初爻到五爻，怎麼到的呢？經過三個階段的變化：第一個變成〈升〉，第二個變成〈解〉，第三個才變成〈坎〉，這就是初爻到了五爻。

臨☷☱→臨初之三，一變成升☷☴

臨䷒→臨初之四，二變成解䷧

臨䷒→臨初之五，三變成坎䷜

　　在〈臨〉卦裡頭，底下是兌，初二三爻是兌卦，〈臨〉卦的初二三爻內體是兌，〈臨〉卦有兌象，兌爲澤，澤是止水，不是流動的，流動的很少，多半是止水。可是〈臨〉卦三變成〈坎〉以後，坎是水，兌澤也是水，兩個不同的：坎水是流動的，兌澤是止水，兌澤是二陽不動的水，可以養陽的，等於我們現在喝的開水。水是可以滋陽的，表示身體的陽需要水來調節，開水就是止的水，不是流動的。可是到了坎水，它是河川的水，乾溝的水，它是川流不息的。到了〈臨〉變成〈坎〉，三變成〈坎〉，如果水不流動，那就糟糕了，就陷下去了；那個陽是底下的基礎，佔初、佔二，兩陽結成一體的，那個陽勢力很大。〈坎〉卦這個陽是分開的，陷在陰體，如果水不動，那陽就死掉了；那不只是不動，而是陷而溺也，就被它淹掉了。所以變成〈坎〉，坎水不能不動，不動陽就滅掉了。它始終不衰，它心不覺得怎樣，它始終不覺得危險，所以人到了危難的時候，就怕心衰了，心一跌下去就完了。我們處險之道，需要剛中的心呀！環境怎麼樣子亂，心不亂，心是個安頓的；環境怎麼樣子險，心是平安的，要這樣子。處險之道在乎剛中，所以這個陽始終不亂，在水面漂，始終沉溺不下去，陷就是陷下去了。陽始終存在，剛中自守。

　　卦辭講「習坎」兩個字就表示重險，險難不只一次，往來反復的險難稱之爲習坎。可是習坎另外有一個附帶意義，表示坎水是往來反復流動不停的，就是「逝者如斯夫，不舍晝夜」（《論語‧子罕》），坎水流動不停的，這是第二個體象。假使〈坎〉卦是由〈臨〉卦來的，和李鼎祚《周易集解》以及後人的《周易集解纂疏》

裡面講〈坎〉卦是從〈臨〉卦來的是一樣。〈坎〉卦從〈觀〉卦來，是〈觀〉卦的初爻到了二爻，〈觀〉卦怎樣子變呢？一樣的，〈觀〉卦經過四變成〈坎〉，它的上爻到二爻，二爻到三爻，因爲〈坎〉卦是二陽四陰之卦，不是從〈臨〉卦來的就是從〈觀〉卦來的，這兩個卦源不是〈臨〉就是〈觀〉，兩個都是可以作爲它的卦源；不過以〈臨〉卦爲卦源比較妥當，虞翻講的是從〈觀〉卦來的，所以也解釋一下，這是第二個體象。

第三，這個〈坎〉是個八純卦，是純而不雜的，直線發展的，所以它不講應，只講比；這個卦只有二爻與三爻，或者四爻與五爻這兩個可以比，現象好一點，其餘不比的就比較差。不講應只講比，就是直線發展，可是它兩陽陷在內外兩體陰的中間，雖是陷，但陷而不滅，雖是險，險而不危。它始終在那裡運行不輟，它那體象中心互成震艮兩卦，震爲行，是行動的，艮是成始而成終的，它始終是行動的，從開始一直到結尾還是行動。「逝者如斯夫，不舍晝夜」，老是行走，不時在行動，所以它陽雖是陷下去了，不爲所用，湮滅不了，它始終在動，動就滅不了。如果它一停止了，在險難中間停止了。在險難中想法子脫逃，想法子擺脫還可以，還有個生存的機會。假使遇到險難，在那兒坐而不動，那只有死亡而已，最後只有死亡消滅，所以坎就是陷，雖是險，可是險而不危，雖是陷，陷而不溺，就是因爲它是動，始終運行不止的，最後還有正常的歸宿，這個止就是歸宿，四水朝宗。那是什麼意思呢？就是我們遇到一個險難，陷下去了，我們人哀莫大於心死，遇到險難陷下去了，哎呀！我完了，我沒法子！那就真的沒有辦法。遇到險難，心裡也是活潑的；陽是代表心的，代表精神，精神還是活活潑潑，還是不停不停地運行，於是陽後心有個

安頓的地方。所以人遇到險難就怕亂，人一亂，心一停止不動了，那就完了。可是在這個現象裡心不停止，始終在那裡運行，而且不亂，最後有正常的歸宿。有所止，有安頓的地方，所以它雖險可以脫離險，雖是陷，最後可以超脫過，這是第三個體象。

　　第四，我們先儒講「自誠明，謂之性；自明誠，謂之教。誠則明矣，明則誠矣」（《中庸》）。「誠則明矣，明則誠矣」那是什麼意思呢？「自誠明」，由誠而明謂之性，自明而誠謂之教，這句話怎麼解釋呢？假使從自誠明；王陽明的學說就是自誠明，一切都是從良知開始，頓悟；六祖一個大字不認識，但最後他悟出來了，他講的話就是《壇經》，同《壇經》一樣的就是自誠明。就是把心收回來，心完全是乾淨的，完全是真空；天天在真空中孕化，最後一點理氣一通了，把宇宙的道理豁然貫通了，都通了，這叫做自誠而明，謂之性。可是這要有大智慧的人才行，假定普通智慧呢？那就「自明誠，謂之教」，就是說我們對最高的道理都瞭解，但是我們自明誠，一點點地，這個我搞通了，這個我搞通了，然後結合各種東西通了，想到最高的道理是如此，「自明而誠，謂之教」。所以王陽明學說就有就有這兩個不同的途徑，王陽明是主張自誠明的，朱子是主張自明誠。朱子認為人不見得都是聖賢，你跟他講自誠明，那要有多麼好的慧根呢？朱子講「格物以致知」，王陽明講「致知以格物」；朱子所講的道理，一件一件把它通了，然後求得最高的智慧，最高的道理，格物以致知；王陽明講「致知以格物」，萬物的道理皆在我心裡，心裡明白萬物皆通，萬物都明白了。這兩個說法為什麼要解釋呢？這兩句話是從哪裡來的呢？就是從〈坎〉〈離〉兩卦來的。它道理的源頭，「自誠明」、「自明誠」、「誠則明矣，明則誠矣」，就是從〈坎〉

〈離〉兩卦來的。〈坎〉〈離〉兩卦爲什麼有這個象呢？八卦的口訣說：「坎中實，離中虛」，坎的中間是實在的，陽在中間，頂天立地的，誠爲心靈，這是誠的現象，所以坎中實，坎的內在是個誠。〈離〉卦是中虛，〈離〉卦裡頭，相反的是虛的，陽實陰虛，中間是虛的，所以是明。〈離〉卦是明，〈坎〉卦是誠，〈坎〉卦是有孚，代表誠的，〈離〉卦中虛，離爲火，爲明，離爲太陽，是光明，所以〈離〉卦爲明。《中庸》「自誠明，自明誠」就是這兩個卦。可是在《易經》體系裡頭呢？自誠而明，因爲《易經》的體系在上篇裡還是講先天之道，道是自誠明的。有了這個誠，才有這個明，這話怎麼講？因爲〈坎〉卦是隱晦的，陷在底下是隱晦，〈離〉卦是光明，是明顯的，它兩個互相旁通的，所以有孚，你要想到明顯，想到光明，光明之前一定有一段隱晦。〈坎〉卦是隱，〈離〉卦是明，隱與明是交互的關係！它們兩者是旁通的，你想要明一普通人講的赫赫顯達，你要想赫赫顯達，一定要有段隱伏的功夫，必須經過坎，才能到達離，要經過相當的隱伏。不有相當的隱伏功夫，十年寒窗苦，自己在那邊揣摩，自己在那邊磨練，自己在那邊修持，沒有一段很辛苦的埋頭下去，人不知鬼不覺的，自己在那邊做，做了相當的時間，才能有赫赫之明，才能顯明。假定你以前沒有這個功夫，做隱伏的苦功，而想赫赫明顯，那不可能的，所以〈坎〉卦就是這個道理，一定要先隱才能顯，這是第四個體象。

〈坎〉卦的體象講過了，現在接著交代卦義。

立卦的意義

〈坎〉卦有兩個象。〈坎〉卦就是剛剛講的險難的險，〈坎〉卦

所指示的不出兩個，其一，遇到險難時如何處險，這個險我們要應付呀！如何處險？處在險境中應當怎麼做？這是第一個交代的。但是光是瞭解，能夠應付險難的環境，能夠處險，危險的道理能夠懂，那還不夠，〈坎〉卦還有更進一層的意思：這個險不只是要瞭解險難的道理，更要把險拿來做出用途，要用險。險難來了不但不愁、不怕，不為它所困，還要把險難作一個武器，作一個道理，作一個謀略來用，要用險。〈坎〉卦有這兩點重要的意義，第一個如何處險，第二個如何用險。

剛剛講〈坎〉卦，這兩陽都是居中，剛中，內心是剛的，有陽剛正氣。陽剛正氣守心，自己守正，這是處險之道。剛中是什麼意思呢？就是心不衰，遇到任何險境心都不衰，哀莫大於心死，心一衰就完了，我舉個實例：

我們來的時候，那個太平輪，從上海開來的太平輪，走到中途沉船。那裡面一千多人都死掉了，裡頭只有少數人還活的，有一個是我的同學姓李。他在海上漂流三天，結果遇到荷蘭船，船上的人以為是東西，一撈看到是人，把他帶回上海，活下來了，活了多少年，在此地還做了某個學校的教務長，做了好多年。他當時遇難的時候，始終覺得不會怎麼樣，始終心不衰，在海漂，漂了相當時間，海浪來了，打下去，又沖上來，第三次沖上來拉到一個木頭板；這個木頭板也是船上漂來的，高頭都是油漆，油漆箱子打開了，油漆板子在裡頭，他一屁股就坐在板上，沒想到油漆把他沾住了，掉不下去。浪把他打下去，人都昏了，打上來人又活了，人就在水面上了。人就在板子上兩天兩夜，但他自己心不衰，心不覺得怎麼樣，始終不覺得他有危險，所以人到了危難的時候就怕心衰了，心跌下去就完了。我們處險之

道，須要剛中，環境怎麼樣子亂，心不亂，心是有個安頓的，環境怎麼的險，我們心不險，心是平安的。

處險之道在乎剛中，始終這兩個陽在水面漂，沉淪不下去。陷是陷下去了，但是沒有被它淹死，陽始終存在的，剛中自守，這是第一點。我們處險之道在乎心不衰，心有所安頓，把握得住，可以度過任何危險。但是光是渡過險難不算本事，在《易經》裡是講「略」的，這個〈坎〉卦就是很大的一個「略」。

第二點：更進一步，要用險，用險兵書上很多：置之死地而後生，投之亡地而後存，就是把你放在死的地方，你才能活得下去。用兵常是這樣的，項羽破釜沉舟即是例子。項羽打贏秦，渡過漳河以後，他就把船沉掉了，不要船了，表示一定要打勝仗，不回來；破釜，把煮飯的鍋給它打破，打掉，不再吃飯了：把敵人消滅？自然有飯吃；船沉掉，把燒飯的鍋子破掉，表示決心，這個是用險，打不過去，怎麼辦呢？可是，一下子就把他打過去了。再者，我們看諸葛亮空城計：司馬懿帶著十幾萬大軍來了，包圍他，他那城裡是個空城，當然危險之至，於是，就拿空城做一計，司馬懿就退掉了，所以險。我們遇到險的時候，不但要會處險，還要用險，險變成我們之韜略。下堂課再講。

〈坎〉的大象是水，坎為水。《老子》有一篇是專門講〈坎〉卦的水，他的裡頭內容有幾句：「上善若水」（《老子‧第八章》），最好的善，至高的善像水。為什麼像水呢？「水善利萬物而不爭」，水利益萬物，萬物都是靠它滋潤的，可是它不爭。「處眾人之所惡，故幾於道」，近於道。《老子》的這一篇，還有「居善地，心善淵，與善仁，言善信……，夫唯不爭，故無尤」，很多。《老子》為什

麼講「上善若水」、「水幾於道」呢？我們看「河圖」，「河圖」水居六數；天一生水，在宇宙發展最初的時候，可以看見形容的時候，漫天就是水蒸氣，鴻濛一片就是水蒸氣，混沌初開的時候，只有水蒸氣，因此，水接近天德。宇宙剛開化不久，只有水蒸氣，所以「天一生水」，它距離天最近，所以水包括萬物，萬物都是水生長的，得水滋潤的；但是水從來不居功，「施不求報，饋不居功」，水滋潤萬物，但它不居功，像宇宙一樣的偉大。李白說：「抽刀斷水水更流」（〈宣州謝朓樓餞別校書叔雲〉），水是不管你怎麼攻擊它，你拿刀子斬它，你拿石頭攻擊它，刺激它。被刀子砍一下，刀子拿起來，水還是水，「抽刀斷水水更流」。水是無法攻擊的，其他東西都可以攻擊，譬方石頭，可以拿鐵錘破開；水是沒有東西可以把它攻擊的，沒有！所以水是近乎天德。

　　我們說〈坎〉的卦象是水，我們就要體會水的德性，假如我們能夠像水這樣的德性，那這個不得了，一定大有作為，有偉大的成就。它第一個不爭，因為不爭，所以天下莫能與之爭。因為它自己不爭，用刀子砍了，用石頭砸了，它還是那個樣子，所以天下莫能與之爭，老子這些話就是解釋〈坎〉卦的。「夫唯不爭，故天下莫能與之爭」，這個值得我們體會：因為不爭，所以天下沒人敢和我們爭，沒有對手。我們不和人爭，當然也有不爭之道，並不是遇到事情，這個我們不去跑，那個我們不去努力，不是這個道理，有不爭之道，就和水一樣，拿刀子砍，砍不動，不爭有不爭之道，這個要能體會；我們對社會現象，人事往來，我們怎麼能抽刀斷水水更流，在什麼情況下我產生這種境界？這個值得我們體會，這第一點，卦義。

　　所以綜合起來看，水呀！就是〈坎〉卦，有幾點意義：

　　第一，居下不居高，居虛不居實。我們做人居下不居高，處於下流。所謂下流就是所謂「後其身而身先，外其身而身存」（《老子‧第七章》）。譬方立法院開會，有些立法委員就爭先恐後，唯恐講得太晚，首先就伊哩哇啦講起來了，好像自己滿腹經綸的樣子；可是有些委員他不是這樣，等大家講多了，最後他講一兩句，這個道理就是居下不居高。下並不是下流，在這個場合，發表意見是在後頭發表意見，不先發表意見，這就是居下之道。「居虛不居實」，我們在社會，他是有目標的，譬如逃空襲的時候，逃飛機轟炸的時候，就是要縮小自己目標，目標一縮小，中炸彈的機會就小，因此我們在社會上也要縮小，居虛不居實，不要把自己弄成龐然大物，那就好像子彈一打上身了，這個道理大家都知道，因為水有這個德性，我不能不講。

　　第二，藏而不露，深不可測。深藏得深不可測，因為它不和人爭，不求表現，就是自己走自己的，它的路線它自己走，絕不求報。很勞苦的，「逝者如斯夫，不舍晝夜」，就這麼勞。「勞乎坎」，〈坎〉卦是個勞卦，它是一天到晚這麼勞苦的滋潤萬物啊！它並不居德，這是水的德性啊！它滋潤於萬物，施惠於萬物，它不居功，不求萬物的報答，穢濁能清，流之不藏，假使有髒東西，隨時把它流乾淨了，不能藏一點髒，所以我們做人，假使自己有一點髒，隨時就把它流乾淨，不得有一點髒，假使有一點髒，人家看到了，你自己以為可以隱蔽一下，事實是隱蔽不了的。流而不藏，假使它流動起來，行動一定很暢達，誰都不能阻擋它，穿山過峽，山陵丘岳，它都能穿過，沒有任何東西可以阻擋了水，事實流之不藏。水得其平，假如地平線沒有水，沒有法子測地平線；地平線能測得高下，就靠的水，所以不分高下必得其平，這是水的德性。最後，水融合一體，管它山裡的水也好，河裡的水也好，海裡的水也好，流在一塊，融合一體，沒有界

限的，融合一塊，融合一體的，它是任何力量控制控制不住，任何力量分解不開來的。

最後一點，水可行則行，可止則止，所以孔子一切行止，效水之德性。我們學習〈坎〉卦，對〈坎〉卦的這種德性要體會。〈坎〉卦的德性是如此，這是第二個〈坎〉卦的卦義之所在。假使我們能把水的德性修持好了，那這個人的德性一定非常大。

第三，我們剛才講〈坎〉卦和〈離〉卦是旁通的，兩個卦互相通的，〈坎〉是隱暗的，〈離〉是顯明的，可是隱而不顯，〈坎〉在先，〈離〉在後。假使我們想求得顯，要赫赫顯達，一定要一段長期的隱暗苦勞才行；長期的隱暗苦勞，然後才能顯達，所以要求顯必須要隱。假使眞的顯達，顯達人必須懂得這點，顯而故隱：顯達以後一定要懂得隱藏的方法，隱藏的路線，隱藏的道路。假如顯達以後一再的顯下去，一定最後出毛病，沒有人能一路顯到底的。所以顯達以後一定要懂得隱，這個才能完全。〈坎〉卦和〈離〉卦旁通規則，顯一定要先隱，即使顯，一定以後還是要隱，隱然後才能顯，隱和顯是交互爲用，這是〈坎〉的第三個意義。

貳、彖辭（即卦辭）

〈習坎〉：有孚，維心亨，行有尙。

現在卦序、卦體都交代過了，我們接著解釋卦辭。

第一個是「習坎」，習者是往來反復；這個習坎剛才已經解釋過了。

　　「有孚」，《易經》裡頭這個有孚兩個字常有。但有孚兩個字，中爻一定是陽：五爻或二爻乾陽居中，才「有孚」。什麼叫孚，孚一般的解釋叫誠信；孚者，誠也，信也。誠就是眞，很信實；什麼叫誠？什麼叫信實呢？《老子》有一段是這麼講：「道之爲物，惟恍惟惚，惚兮恍兮，其中有象，恍兮惚兮，其中有物；窈兮冥兮，其中有精；其精甚眞，其中有信。自今及古，其名不去，以閱眾甫。吾何以知眾甫之狀哉？以此。」這是老子的宇宙發展觀。老子認爲宇宙稱爲道，宇宙最初的發展，最初什麼東西呢？道就是宇宙發展的路線：「惚兮恍兮，其中有象」，最開始，有一點點容貌浮現，那是個象；從象裡面就發現裡頭有東西，就是「物」。一般人不懂，就說老子是講唯物的，那是糊塗到極點。中國人講物，「天生烝民，有物有則」（《詩經・烝民》），這個物不是個固體的，像茶杯這個固體的東西，是講那麼一個情況，物不一定是具體的東西。所以它在一個形容裡頭，一個容貌裡頭，追求這麼一個東西；東西裡頭有精華，物之精華，那個精華裡頭有眞實，眞實在裡頭很信實，信實是有規則，老是那個樣子的。這是宇宙發展的路線，是如此，是眞與信。

　　「孚」，孚字是什麼意思呢？我們解釋孚字：孚者，眞也，信也。孚字是有那個東西，而是很規則的，是很眞實的，很融洽的，而且妥當的，非常妥貼的那個情況，孚是那麼解釋。「坎有孚」，孚是陽，那是很眞實，而且陽實陰虛，眞者不虛，陽是個不虛的東西，陰是個不實的東西。什麼叫誠呀？信啊！什麼叫眞呢？我們宇宙最初的東西那才是眞的；到了以後，那個山河大地；經過陰陽變化、交合成爲萬物都是假的，所以佛家講山河大地皆是幻相。對啊！我們地球最後還要毀滅的，今天我們看這個房子巍巍然是有個大樓在這兒，

二百年後、三百年後，這座房子沒有了，都是假的啦！凡是假的，那個現象，有存在的，就有不存在的，那就不眞了，就不孚了。我們講眞的，是那個東西永遠存在，永遠是個規則。山河大地、世界的一切現象都是假象，最後都是道可道，非常道，名可名，非常名，它是不常的了。經常的東西就是眞與信；最眞實的，最規則的，就是我們講的孚，所以這個孚就是〈乾〉卦的乾陽。我們《易經》裡面講卦，〈乾〉卦就是元亨利貞；爲什麼講利貞呢？因爲〈乾〉卦的元陽是最初發展的動能，那個才是眞的，那個獨立而不改，周行而不殆，永遠是那個規則。這個孚啊！就是乾的元陽到坤陰裡面來了，居到恰當的位置；恰好居這個位置，居中而守正，這是有孚；它是眞的，有規則的。既是眞的，又是有規則的，它一定非常融洽。《易經》講太極，太極到哪個地方都能存在得了；沒有太極，那個東西不能存在。所以太極最能融洽一切的，能夠降伏一切。〈坎〉卦裡面的習坎，有乾陽在裡面，所以最眞實，最有規則的，它能融洽一切，伏降一切。

　　第二個，「唯心亨」，習坎，我們剛才講的就是往來反復的險難，那個危險，就像水一樣的往來反復，那個險難川流不息的，所以福無雙至，禍不單行，就是這個話。往來反復都險難，所以重險，重險它是有孚。險難我們要眞的元陽，不變的；孚者是元陽，最高的誠信，最眞切的東西，最規則的東西；那個東西，不要變，要把握住那個東西，要有孚。要把握住，要有那個東西，這是第一個指示。

　　「唯心亨」，心是什麼呢？陽爲心，陰爲體。在《易經》裡面，陰陽分爲心體二物；陽是心，尤其是陽居中，心之象也，坎爲心，是坎陽居中爲心。凡是有心象，都是乾陽居中得位，所以有心象；亨者，通也。「唯心亨」，唯就是宇宙之道，習坎明明是重重險

難，第一個要有孚，要有最眞切的，最規則那個東西，要把握住，不能喪失，叫有孚。第二個「唯心亨」，環境最險難的，往來反復的險難，我這個心是通暢的；亨就是通，心是通的，心不是因爲險難而把心窒下去了，沒有！心還是通暢的。心只要通暢，環境沒有關係，所以孔子周遊列國，離開曹國到宋國去，與弟子習禮儀於大樹之下，宋國司馬桓魋想殺孔子，找人把大樹砍掉，弟子們打算儘速離去，孔子說：「天生德於予，桓魋其如予何？」（《史記・孔子世家》）就是他的心是亨的，所以桓魋沒有他的辦法，這是第二點。我們心不但要通暢，心要有所止，要有安頓，假使我們人心空空洞洞地，毫無所止，這點是非常危險；心要有所止，就安頓住了，要剛中、守正，心就有個安頓的。外國人的社會沒有中國這個說法，所以他只好靠宗教來維持心靈；一個禮拜到教堂去一次，要不然，天天在煙囪裡過生活，心沒有安定，一天到晚就賺錢、享受、娛樂、工作、勞動，人就變成機器了，所以心靈是空虛的，心靈一空虛這就不好。所以中國人這套道理，心一定要個著落，心有個著落，窮不覺得窮，苦不覺得苦，患難來了，不覺得患難，幸運多了，他定、亨，亨就是通，心要活活潑潑地。

第三句話：「行有尙」。行字從哪兒來的？內是坎，外也是坎，坎，川流不息，是行動的現象。因爲卦體二爻、三爻、四爻互成震，震爲行。行有尙，尙者，乃珍貴的意思。虞翻講的尙與上通，因爲震爲行，二爻一變，應五，本來〈坎〉爲八純卦，是不講應的，他講二爻一動，動就變成應，就成爲「行有尙」，也可以作爲一解了；事實上，這個解法，在意義上很乾枯，很枯燥，事實上不宜。這個「行有尙」，什麼意思呢？就是說在這個重險的時候，要行，行爲

重，行爲要高尙。行爲高尙第一意義，因爲你在危險的時候，一定要行動，你不行動，就坐以待斃，險難就把你圍死了，所以一定要行動，想法子擺脫那個險難，解決這個險難。解決險難一定要行動，所以行爲尙，以行爲崇尙，並且行爲高尙，處險難的時候崇尙行動而不能夠停頓，不能停頓在險難之中。第二個要有高尙之心，險難要能有行動，行動不能夠詭譎，要高尙，這兩個說法都可以，有兩個意義。

這是卦辭，這幾個字作個交代，現在我們解釋爻辭。

參、爻辭

初六：習坎，入于坎窞，凶。

我們這個六爻，在爻辭初爻講習坎，爲什麼呢？我們剛才講坎有穴象，這個初爻在坎的最下，處深淵之底，在穴最深的地方，陷得最深了，有重重險難，所以叫習坎。以它的位置喔！前途面臨重重險難，所以叫習坎。

窞是坎的深淵裡頭，坎的底下。入呢？因爲四爻是代表巽的，四爻跟初爻互應，巽爲入。初爻是震爻，二爻是離爻，參爻是艮爻，四爻是巽爻，五爻是坎爻，六爻是兌爻。六爻的分別，初爻是震，四爻是巽，初四位是應；四爻是巽爻，巽爲入，初爻與四爻應，就陷在裡面，有窞之象。坎的最裡頭—窞，窞者，深淵，所以凶。那這個意思是說，坎之初，通通被險難包圍住，掉到險難的深淵，自己莫明其妙，不知所措，表示居於坎象的時候，遇到險難的那個時候，如果像初爻一樣陷到深淵裡面，自己面臨重重的險難，不能自拔，掉到深淵

裡面，那很凶。告訴我們，這個境界是很凶的，很不好的，要特別注意。

九二：坎有險，求小得。

到第二個階段，升一爻，「坎有險」，為什麼叫「坎有險」呢？因為二爻是陽爻，居在坎裡面，變成坎的主爻；坎是險，因為它來就構成險，它在險難中間，所以坎有險。

「求小得」，小是什麼意思呢？陽為大，陰為小，陽大陰小，陽爻是大，陰爻是小。因為八純卦不講應，二爻和五爻不應，五爻是陽，二爻還是陽，他倆雖居應位，但爻不相應；應，要陰陽才能應，二個都是陽，同性相斥，異性才相吸，一定有感應，二個都是陽，沒有法子發生感應，兩個都是陰也是沒法子感應，一定是一陰一陽才能感應得了。那好！二爻和五爻沒有法子應，於是乎，它求，求是什麼意思呢？高頭是艮卦，三、四、五互成艮，艮為求，二爻與五爻居應位，有求之象。可是，它求不得，五爻陽居大，求不了，因此，退而求其次，於是乎，就求其比；高頭五是陽沒法子應，於是它就比三。虞翻講是應初，可實是比三，三有陰陽相配的現象；三是陰，陰是小，所以求小得，求大不行，求小就行，這是象，意思是什麼呢？〈坎〉卦初爻，面臨重重都是險難，自己覺得通通都是險難，非常危險，如在深淵裡面。如果在這個場合，就要特別注意。假如第二個位置，另是一個情況，求小得；第二個位置自己是個陽，而不是陰，就是說自己還有能力；初爻的陰是自己沒有能力，毫無能力；位於坎的底下，自己毫無能耐，自己毫無能力，面臨重重險難，而且處在險難之中。要是到了第二爻，自己有能力了，自己有陽剛之氣，振作起

來，但是還是在險難之中，雖然小有能力，即使能振作，但還是在險難之中，只能夠求小得，小有所濟，還不能脫險；你要把險難都脫除掉還辦不到；小有所濟，還不致太危險，危及生命安全；小有所濟，就是求小得。這個階段，就是在那個位置，那個時間，在那個空間，那個很適合你的，而且自己又有能力，雖是險難重重，求不到大的，求小的，才可以自保，就這個意思。

六三，來之坎坎，險且枕。入于坎窞，勿用。

「來之坎坎」，坎裡頭有來有往，爻往裡面走就叫來，爻往外面走，就叫往。「來之」這個「之」當作往字講。來往都是坎，因為六三是居於內卦之末，接近外卦，在兩體之間，未脫離內體，又接近外體，來了，也是坎，去也是坎，所以說：「來之坎坎」。「來之坎坎」的意思是無論你來也好，去也好，都是險，都是危險，都是險難。這種險難，「險且枕」，這枕是什麼意思？枕是睡覺的枕頭，安頓安息的意思，枕是得其安也。「險且枕」就跟那個「負且乘」一樣；以前周公常有這個句子，負且乘，險且枕，已往這個險，因為在險中間，被險的困難重重搞疲勞了，疲於險難，去也是險，來也是險，所以就「險且枕」，暫且安於險難；疲於險難，就暫且偷安，有這個情況。它每一爻都提示一個情況，就是在險難的時候，提出情況。有一種情況，就是在第二爻那種情況，你在內外之間，裡面是險，外頭也是險，進來是險，出去也是險，於是險難把你精神搞疲勞了，於是你險且枕，暫且偷安，就安於險難，有這個情況，這就是入於坎窞，「入於坎窞」，因為三爻還在底下，凡是入於坎窞，就是還在坎的底下，外頭坎卦，底下就是入，入於坎窞，掉到底下，在外坎

之下，這個時候，你不能發生作用，假使你遇到三爻這個情況，你不能有所作用。

六四：樽酒，簋貳，用缶，納約自牖，終无咎。

這個句子斷句有兩種斷法，一種：「樽酒簋，貳用缶」，一種就是：「樽酒，簋貳，用缶」。那我們採取的是第二種斷法，是：「樽酒，簋貳，用缶，納約自牖，終无咎。」

「樽酒」，樽就是酒杯。往年酒杯有用木頭做的，也有金屬做的；是四塊的，有個腳。現在舞臺上的戲啊！那個杯子是方的，那叫酒樽，不是酒壺。簋是篾做的或木器做的，也有用瓦去做的，樽也有用瓦去做的。我們祭祀，簋是裝什麼東西？我們祭祀上天，用酒；另外，那個簋貳呢？有人說是兩個，兩個簋，事實上錯了，貳就是副也，有一個正的簋，一個副的。

簋的卦象從那兒來的？我們這個〈坎〉卦中爻互成震，震為長子主祭，震是主祭的。樽是酒杯，簋裝飯，這些東西都是祭器，祭祀中間用的器具；樽簋都是祭器，因為互成震，長子主祭的現象，當然用祭器。第二呢！震為竹木，震是竹是木，酒杯是木頭做的，簋是用竹子做的，所以有樽簋之象。

貳者，副也。樽酒在祭器中間是主要的祭器，貳呢？有簋裝黍稷為副，把黍稷煮好了，裝在簋裡頭。樽酒，簋貳，簋貳就是副之。簋，除了酒而外，附了簋。

「用缶」，因為這個卦體本來是〈坤〉卦，坤為用，坤為缶，坤為用，缶瓦器，這個瓦器是象徵坤的，缶這字是來自於象。

「納約自牖」，納約，納爲入也。主祭有獻，獻就是獻在靈堂，獻酒、獻花，那個獻，是禮儀上的一個節目。獻，獻這些東西。「納約」，納，獻也，震爲主祭，所以獻。約是什麼呢？約是很精的，約者，精也，精華的意思，節約的意思。那個節約的象怎麼來的？坤爲吝嗇，所以有約之象，吝嗇，就很少了，約是簡單又簡單。納約自牖，坤爲自，牖是什麼呢？小窗子，半邊窗子，叫做牖，一扇門的。我們現在有多少字，中國的文字，我們現在應當注意的，像這個門，又有門，又有戶；窗呢？又有窗，又有牖；講穿鞋子，又有鞋，又有履，又有靴，又有鞭；講帽子，有帽，又有冠，又有巾，又有結，這些字各有不同的，所以現代不太講究字的作用。門，雙扇是門，單扇就是戶；一扇門就叫戶，兩個戶就是門。牖呢？是艮爲牖，這個卦，三四五互艮，艮爲牖。艮爲什麼是牖呢？因爲艮是坤體，闔戶謂之坤，把門關起來，闔戶謂之坤。艮者，小也；同時〈坎〉卦伏著有〈離〉卦，離是光，暗伏有光，暗暗地有光，暗光很小地照到闔戶，是小窗的現象，爲自牖。

「終」，終是四爻，上次林先生他問到六爻：初爻是震爻，二爻是離爻，三爻是艮爻，四爻是巽爻，五爻是坎爻，上爻是兌爻；他問爲什麼是這個道理？當時因爲要下課了，所以來不及講。因爲帝出乎震，剛開始，陽初交於坤，謂之震；陽初交坤，最底下的一爻，剛剛開始嘛！離者，我們知道一、三、五是陽位，應當是陽爻，二、四、上是陰位，應當是陰爻，才得位，那麼，一般言，陽爻有三個，大兒子－長子是震，二兒子是坎，中子，小兒子是少子，是艮；大女兒是巽，二女兒是離，三女兒－小女兒是兌。大兒子是震，二兒子是坎，三兒子是艮，但是離爻是要居中的，既在離爻在底下，六爻之中

在底下，內外兩體在底下只有初爻，三爻在高頭，五爻在中間－五爻在外卦中間，三爻在內卦的上爻，震是陽爻在底下，所以震是初爻；陰爻，離卦，離中虛，離卦是居中的，離卦是陰爻居中的，只有第二爻；第四爻不居中，第四爻是居在外卦的底下，第六爻是居在外卦的上面，只有第二爻是居中，離卦是陰爻應當居中的。那麼陽爻居上是艮，陽爻在上面，初爻陽爻在底下，五爻陽爻在中間，只有三爻陽爻在上面，所以三爻是艮爻，那麼五爻呢？在坎卦是陽爻居中；初爻是陽爻不居中，三爻不居中，只有五爻陽爻居中；另外，巽爻是陰爻在底下，第二爻是陰爻，二爻居中不在下，上爻是陰爻居上不在下，在下的只有〈夬〉卦的四爻是在下，因此四是巽爻，兌卦上爻是陰爻，上爻陰爻居上，二爻陰爻居中不在上，四爻陰爻居下不在上，只有六爻陰爻在上，所以六爻是兌爻，乾坤生六子是這麼分的。上次因為時間短，所以沒有解釋，現在講到這裡，所以為什麼又要講這個。

「終无咎」，終字從那兒來的呢？坤代有終，六四，四爻是巽，巽是長女，長女代母；坤爻沒有了，因此它就代替坤爻，坤代有終，有終之象，這是四爻的卦象，是如此。這爻最重要的是處險之道。它說樽酒，簋貳，用缶，這兩個字的解釋，虞翻講「樽酒簋，貳用缶」，他說樽酒長子主祭，樽酒簋都是用副的，因為我們敬酒不只敬一杯吧！敬了一杯酒，還有第二杯呀，上一簋，再加上一簋，有副的；「貳用缶」，副的就用瓦器，這也是個說法，但我們不採取這個說法。

「樽酒，簋貳」，酒的象從那裡來的？坎為水，有酒象，酒在高頭篩下來；震為足，坎為酒，酒流下來了；簋貳，就是用了那個黍稷；不但樽酒，還附了有黍稷的簋。但是斟酒的樽與裝黍稷的簋，用

的都是瓦器，不是用的木器、金屬，用的是瓦器；瓦器在祭祀是表示最節約的，最樸實的，這個意思是處險之道，不在外表的周章要很節約，很樸實，只是要有誠意，祭祀不在乎東西的好，而在乎禮的誠；處險之道不在乎外在的張皇周章，在乎處險的意識，用缶表示這個意思，非常的樸實。

「納約自牖」，約就是很簡約的東西，從窗子裡面獻出去，表示簡便的祭禮，這表示處險之道，只要你得到方法了，得到處險的機宜了，簡便的就把這個險度過了，不在乎外表的周章。「樽酒，簋貳」，樸實沒有關係，簡單沒有關係，只要得其機宜；「納約自牖」就是處險得到機宜，譬如現代我們開電梯，不得到機宜，你打不開，你得機宜，不必要周章門就開開了，這就表示我們處在險境裡頭，只要你得機宜，得到要點機宜，很簡便就把險度過了，如果你愈周章，遇到困難的時候，煞費苦心的，很費事的，愈不能度過；你要很樸實的，險難來了，我們心裡頭不必太周章，太緊張，也不必煞有介事，做不必要的花費，愈簡單愈好，只要你意思誠，那個情意在內心裡集中了，心是真誠的，怎麼樣簡單樸實無所謂。「納約自牖」從窗子裡面獻出去，得到機宜，不必從大堂二廳進出，很簡便就可以把險度過。

這就告訴我們，遇到險難的時候，普通人不懂，遇到險難時，精神緊張就手忙腳亂，很多不必要的動作愈多，愈作繭自縛，險愈來得厲害，所以這就教我們：遇到險難，簡單可是意要誠，就是說心裡集中，心裡不要亂，可是外表的形式愈簡單愈好，只要得到機宜，很節約的動作，就把險難度過了；所以我們一般人處理險難的型態，要瞭解一般人遇到險難時，他精神非常的緊張，不必要的動作很多，彷彿

不得了的味道，那種作法，七手八腳地，險難的程度愈陷愈深，不好的！得到機宜。險難就過去了。所以這一爻是我們處險之道，不過內容還很多，今天簡單地講「納約自牖」，就花很多時間了；就是說抓癢要抓到癢處，自然能把癢處平息，你用其他的方法不行的。害病愈鎮定，愈容易好，愈緊張，手腳一忙了，愈難好，所以害了病要很安詳地，很樸實的，只要心不死，外表形式愈簡單愈好，這個病很快就好：得到來源，瞭解道理，簡單一點放進去就好了。

這個四爻，爲什麼呢？前頭三爻都不怎麼好：三爻是來之坎坎，初爻是「入于坎窞凶」，二爻是「坎有險」；四爻情況很好，「終无咎」。爲什麼四爻最要緊？這就是我們祖先對於物理，有得到特別的見解，這個還有待西方新的科學來證明。因爲我們講〈小畜〉卦，四爻是有孚，五爻也有孚，四五兩爻都是有孚；四爻是陰爻，五爻是陽爻，這點留待多作證。有孚就是非常的融洽，很誠實，很眞實，眞而有信，叫做有孚。凡是卦四爻是陰的，五爻是陽的，這個是通例，一律是如此，都是很和諧，很好的。這個意思是表示任何的卦體，走在外在的境界了，四爻居陰，五爻居陽；四爻以陰居陰，五爻以陽居陽，四五走到外在得到陰陽和諧，都是好；任何卦體如果發展到外部，發展到外頭的形勢，陰陽和諧都是好的。那我們就不曉得了，什麼果子，生物發展到了外界，桃子、梨子、結成蘋果了，到達外界，他的陰陽和諧那個果子一定是好的，那麼這個就是我們四五兩爻出於險的時候。〈坎〉卦是很險難，〈坎〉卦的中間，四五兩爻不會有毛病，四五兩爻都沒有毛病，就是前面講的習坎有孚，就是它兩個有融洽的情況。脫離險難，讓它們在險難中間沒有毛病，那是什麼意思呢？就是說，我們哪！在險難之中陰陽是和諧的，四爻以陰居

陰，五爻以陽居陽，諧和的，不怕！陰陽諧和什麼意思，想到的那個東西，我們意識想到這個茶杯子，這個茶杯子就在手邊了，這是陰陽諧和；譬如一直想喝水，就有茶杯的杯水來了，這是陰陽諧和的現象：意識是陽，茶杯水是陰，我心裡所想的，東西就表現出來，這個當然是好的事情，這是陰陽諧和的現象所以在這種現象情況之下呢！處在險難想到好的境界，那個境界就表現出來了，當然這就可以安詳地度過險難。在這個境界之下，不會發生什麼問題的；意識想到了，事實就表現出來，那就是好的，因此四五兩爻无咎，就是這個道理。那麼我們再看五爻：

九五：坎不盈，祇既平，无咎。

五爻正當坎主，外是坎，坎爲主；五爻陽陷在陰裡，五爻是外卦，坎的正當位置是五爻，我們剛剛是講六爻卦，坎的五爻是正當的位置，五爻是坎的本家，自家的地方。

「坎不盈」，盈者溢也，漫出來了。坎不盈，這個外坎爲什麼不盈呢？因爲外坎是以水逐水，裡面是一層水，外面是一層水；水來了，一層水去了，一層水又來了，一層水又去了，所以是以水逐水，故不盈也。一層水去了，一層水又來了，這個水就不會漫了，水漫是因爲流不出去了；一層水去了，一層水又來了，這個是川流不息的味道，當然不會漫，所以不盈，不盈就是有這個現象。

水很奇怪，這個道理有待證明，我們古代一直有這個說法，這個水呀！海水潮汐和月球有相呼吸的關係，這個海潮，早上來的潮就叫作潮，夜來的潮就叫作汐。早晚來的潮與月亮有關係，月初、月尾、月中這個節骨眼，恰好跟月的運行是一致的，所以一直古代中國人言

月爲水之性，因此坎爲水，坎也像月亮。坎代表很多啦！我們看相，是坎爲耳，各位先生！尤其是小姐，看男的這個味道，這個耳朵啊！坎是水啊！水是腎，假定腎虧的，耳朵一定發黑，腎脈長的，耳朵一定長、厚、紅，所以說坎是水，在人身就是腎。坎爲月，離爲日，離就是眼睛，眼睛好不好就看離卦；離卦有毛病，眼睛一定有毛病，凡是眼睛盲的，甚至白內障，它互卦離卦一定出問題，耳朵不好，腎臟一定壞。所以「坎不盈」，坎就像月亮一樣，一到滿了馬上就虧欠，水啊！眞正的坎，不盈哪！

「衹」，這個衹字有兩個解釋，虞翻的解釋：「衹者，安也。」安取象於坤，因爲卦本坤體，有乾陽二五兩爻注到坤體。坤體是安貞吉，〈坤〉卦辭：「安貞吉」，有安之象，因此虞翻就把衹字解釋成安。「衹既平」安而且平；它的意思就是這個意思，水平了，不滿溢。可是其他各家認爲虞翻這個解釋不大恰當，有點偏頗。其他各家就把衹字解釋爲恰好的意思，適足。適足的意思是平了，水不盈，恰好水平了，平字從那兒來呢？坎爲水，坎又爲平。《說文解字》：「水，準也。準，平也。」段玉裁注：「謂水之平也。天下莫平於水，水平謂之準。」就是由水靜則平，而衍生出用水測平的含義。因爲「衹既平」是恰好到達平的程度，所以无咎。

這一爻什麼意思呢？就是我們處理險難的時候，主要的要「唯心亨」，心不死則任何險難不能傷害我的，最後能夠平安度過。凡是能夠傷害的，就是心亂。我們過去抗戰的時候，在重慶躲飛機，被飛機炸死的都是慌張失措的。假使飛機來了，空襲來了，你很安定的，應該準備的準備，應該躲避的躲避，安詳地躲避會脫亡的；出毛病都是慌張、手忙腳亂的，多半恰好炸到，所以處理這個險難的時候，

心不能慌張，要唯心亨，心要活潑通暢。我們到了五爻的時候，陽陷在陰裡，但是陽剛居中—剛中，陽剛恰好居中；二爻亦以陽剛居中，但因爲這不是陽位，二爻是陰位，不能算居中得正，五爻則是居中得正，所以二爻是求小得，因爲居中而不得正；五爻居中得正，所以坎不盈，祇既平，所以五爻繫的爻辭比二爻好。因爲我們處險要靠得就是心，心要能健康，心要能紮實、安定、安詳、不亂；五爻恰好是陽剛居中，心最強的時候，陽剛之氣最足，所以不盈。雖是險難，險難不足以亂我，我們雖處險難，可是險難並沒有淹沒到裡面，險難它不能超過我的身邊，不足以把我的生命淹下去，「祇既平」恰好得到平衡，我的心理、生命力足以抵擋險難；「祇既平」這一爻的釋義就是告訴我們，處在險難的時候，要剛中，陽剛之氣守正。我們常講遇到險難的時候理直氣壯，大無畏的精神；爲什麼是大無畏呢？因爲我們本來沒有虧欠，沒有虧欠而有險難，如果有虧欠而有險難，那是活該，那你爲什麼要做虧欠的事！所以險難之來，我們沒有虧欠，而遭遇這個險難。我們本來理直氣壯的，所以要把握住陽剛之氣，理直氣壯。理直氣壯就可以躲過這個險難，「坎不盈，祇既平」就是告訴我們這個境界：遇到險難時候，一定要把陽剛之氣，浩然之氣打足，就可以把這個險難度過去。這是第五爻，下一堂再講。

　　現在接著報告上爻：

上六：係用徽纆，寘于叢棘，三歲不得，凶。

　　這個「係」和那個「繫」是一樣的，這個拿繩子把它繫起來，就是係。上爻一變變成巽，巽爲繩；上爻變成陽，外卦就變成巽卦，巽是繩子，繩子是綑起來。可是上爻與三爻處於應位，三爻居艮，應位

在艮，艮是手，手拿著繩子就是系。

「係用徽纆」，用者，卦來自坤體，坤爲用。徽纆的解釋很多，總而言之，爲黑繩子，黑索也。黑的繩子，往年犯罪的人拿繩綑，用黑的繩子；坎爲水，色爲黑，卦體就是黑繩子。徽與纆不同，三股爲徽，兩股爲纆；繩子兩股結成一體就就是纆，三股結成一體的就是徽，總而言之，就是繩子。卦象是從這個上變爲巽，巽爲繩來的。

「寘」，這個寘跟那個「置」是相通的。

「叢棘」，坎爲叢棘，叢棘是很多的刺棘，很雜的。往年牢獄的四邊是沒有墙的，獄外有九棘，牢獄外面種了很多荊棘，犯罪的人就置於叢棘中間。叢棘就是牢獄的墙，防止逃跑的。

「三歲不得，凶」，什麼叫三歲不得，「司圜掌收教罷民。」（《周禮·秋官·司圜》）往日罪犯叫罷民，現在叫嫌犯；往年就叫罷民，現在叫犯人，就是罷民。掌管罷民的叫司圜，圜就是牢獄，司圜就是典獄官。「司圜掌收教罷民，…能改者，上罪三年而舍，中罪二年而舍，下罪一年而舍；其不能改而出圜土者殺。」（《周禮·秋官·司圜》）犯罪的人能改的，大罪三年就「舍」，就放掉，就赦免，中罪二年就放掉，下罪一年就放掉；犯罪不能改的就殺掉。這個「舍」和這個「捨」是相通的。「寘用叢棘，三歲不得，凶」，意思就是我們遇到險難，到了上爻，這個險難還逃不過，還脫離不了險難，表示罪惡太深了，這個險難跟罪惡一樣，這個罪惡太深了。因爲上爻和三爻相應，上變爲巽，巽爲入，又回到坎陷裡面去了，陷得最深，表示險難不但不能逃過，到了上爻，〈坎〉卦到了最後，還不能

逃過，險難越陷越深了。上爻變爲入，「系用徽纆」好像罪犯被人拿著黑繩子把他捆起來了；「寘用叢棘」放在牢裡那個味道。放入深牢「三歲不得」，三年還不得其情，三年還不懂得什麼道理，還不能改而不能出獄，最後就是被殺了。所以險難到最後還不得其道，最後就爲險難所傷害。

這個就是〈坎〉卦的六爻，指示我們。初四兩爻，初爻在〈坎〉卦裡面，一走上來，險難剛剛上來，險難剛剛才開始，陷得很深，到了最後險難還脫離不了。其餘的呢？二爻、五爻：二爻雖是陽，但是陽的力量不夠，求大的求不到，只能求小的，才能得到；小有所得這個味道。三爻來往都是坎，陷在坎裡面，沒有辦法脫離的。所以這個六爻裡面，只有四五兩爻懂處險之道。四爻就是遇到陷，遇到險難不能過分的周章，很安全很簡便，只要得到機宜就能度過險難，你愈周章，愈緊張，愈把它當一回事，那險難就度不了。五爻就是這陽剛之氣保持住了，水不會氾濫的；能有剛中，陽剛正直之氣保持住了，那個陽剛之氣，就能把險難消除。四五兩爻是處事之正途，處險難主要的是四爻，得到機宜。

現在我們繼續交代〈象傳〉。

肆、象傳

象曰：習坎，重險也。水流而不盈，行險而不失其信，維心亨，乃以剛中也。行有尚，往有功也。天險不可升也，地險山川丘陵也。王公設險以守其國。險之時用大矣哉。

　　這個習坎就是重險，險而復險。險呢！不是一度的困難。一度的困難，馬上就解決了，那不叫險難，總而言之，重重疊疊的都是險難，周圍四邊的都是困難，那個就叫險難。

　　「水流而不盈」，水流它能釋這個象，〈坎〉卦是以水逐水，二三四互成震，震為行。〈坎〉卦是流動的，因為陽雖陷在裡面，但陽能動居中，它始終是流動的；只要是流動，它就是陷不住，就像我們心是流動的，心是定的，心是流動活潑的，氣息還是通暢的，那不會死。水流而不盈，水就是流，不捨晝夜在那裡流，它就不會氾濫成災。盈就是氾濫成災的現象，水不繼續流就會氾濫成災；氾濫成災呢！水就流不出去，水繼續流呢！它一定有所歸，不致氾濫成災。水之流動靠陽；水是陰，它之所以能流動靠的是陽。金木火土都不會流，只有水會流動；為什麼水會流動呢？陽在裡面指使，陽在裡面指使它流動，它就不會氾濫成災，這告訴我們，陽氣陷在裡頭；坎為陷，為陰，陽在裡面流動，就不致陷得太厲害，就不會氾濫成災；這就是告訴我們在險難之中，不致把我們陽剛之氣埋沒的，因為它在流動，這就告訴我們，處在險難中，內在的陽剛之氣就是我們的心；心的主宰要穩定，要活潑，要流動，不能窒住了。

　　「行險而不失其信」，二三四互成震，震為行，坎為險，所以說行險。「而不失其信」，信是規則，坎有孚，孚者，信也，信就是規則。信的卦象從那兒來的呢？坎有孚，孚者信也，就是習坎有孚，有孚是上次我們講的：「其精甚真，其中有信」。坤為失，坤是表失，乾陽二五交於坤，坤體已破，所以失；不失其信是什麼意思呢？宇宙整個都有其秩序，也就是宇宙一切安排都有其秩序，今天我們能在這邊聚成一堂講課，也是宇宙老早安排的事情，老早安排的秩序，並不

是我們決要這樣做的；宇宙一切的東西都有其秩序的安排，草木花果都有事先安排的，我們人天天在宇宙的循環之中，自己不知道我們為什麼要這麼做，為什麼要那麼走；頭腦間突然起了一念，頭腦子為什麼要這麼想？為什麼那麼想？我應該這麼做，這一念從哪裡來的呢？宇宙的氣化產生行為出來，使令你的頭腦有這個想法，有那個想法。所以我們的頭腦是與宇宙相近的，思之思之鬼神通之；頭腦是離不開宇宙的思想，都是在宇宙的秩序範圍之內。假使我們喪失宇宙的秩序，那就是越軌、犯罪，一切做事顛三倒四，思想行為喪失了宇宙的秩序。宇宙的秩序是這樣安排的，該怎麼走，就怎麼走。你和宇宙的秩序脫節了，災害就來了。災害生就出問題了，所以險難。本來宇宙的安排是不應當有什麼險難的，你的生活是不應當有多大的險難的，你照著宇宙的安排，很正常的生活，沒有什麼不好，除了死亡之外沒有什麼其它險難。但是為什麼有險難呢？生活失序，就跟宇宙的整個秩序發生問題。即使發生問題，那就是行險的時候，而不失其信；喪失了規則，一樣在險難的時候，不喪失宇宙的規則，還是在宇宙的法則之內去運行，這樣才能脫離險難，行險而不失其信，行險在險難中間生活，處險難之中千萬不能喪失宇宙的秩序規則。就靠宇宙的秩序，在宇宙的秩序中運行，才能脫離險難。宇宙的秩序規則就是一切生活要正常，這是一點。我們遇險千萬不能喪失宇宙秩序規則，喪失了宇宙秩序規則就不能脫險，所以行險而不失其信，重要！喪失宇宙的秩序那就整個宇宙的氣化都和你相反，走到哪裡都走不通，所以沒有辦法的，他就自投羅網。過去看到有個人在臺灣殺人犯法，他逃到香港，據說是在某酒店被找到了。他逃到新界，他逃到越南就算了，偏偏他想要到香港，那天早上他就要到香港來，他坐車到香港某酒店，我們派去的刑警剛好就住在那家酒店，一看那傢伙不是正要找的

嫌犯嗎？馬上就給逮到了。爲什麼他要這麼做呢？這就是違背宇宙的秩序，他那個大腦把他趕來的，他喪失了宇宙的秩序，每走一步路都是問題。

「唯心亨，乃以剛中也」，唯心亨就是說剛正之氣守住，那片陽剛之氣守住心，當然內心就通暢，理直氣壯。自己守住陽剛之氣當然通暢，所以唯心亨。我們遇到險難，心要通暢，心不能死，哀莫大於心死，心一喪失，心一亂了，這個險難就沒有辦法度過。那心爲什麼會亂呢？我們講陽剛之氣不現了，不上身。人快要死的時候，如果陽剛之氣不喪失，再大再重的病死不了，所以乃以剛中也。

「行有尙，往有功也」，這裡解釋「行有尙，往有功也」，三五同功，五居中，三跟五同功。往就是從裡頭往外，望前走，三爻是代表內坎，五爻是代表外坎，從裡頭往外走，水往外流。有功，五居功，所以有功，這是卦象。什麼意思呢？「行有尙」，行啊！在險難之時，就要行，一定要崇尙。行的反面就是止，行要崇尙，那麼就是不能止，止不尙，絕對不能坐以待斃。在坎險難之中，遇到險難之中，遇到險難的時候一定要運行，就是說我們在坎險之中，就要想辦法，辦法就在運行，只要陽剛之氣在運行，他雖陷而不死亡。所以在坎險之中，靠的是陽剛之氣，靠的唯心亨。陽剛之氣事實已陷在陰體，只要陽剛之氣運行，他陷而不死；不運行，陷在裡面，他就死亡了，所以行有尙，往有功也。往前走，才有功效，你不往前走，沒有功效。

「天險不可升也，地險山川丘陵也」，這句話解釋，這個險啊，天險，五居天，〈坎〉卦就是二五兩爻是陽，二陽居於地位，五陽居於天位，構成天險，二陽居於地位就構成地險。「天險不可升

也」，沒有法子升，因為我們剛才講三五同功，本來這個陽位是一、三、五爻，三爻和五爻有同樣的功勞，三爻和五爻不可互換，假定五爻居三，就變成地風〈升〉，就變成〈升〉卦。現在五爻居於天位，沒有下來，在高頭，就不升，所以「天險不可升也」；它在上面，五爻居於天位沒有下來，所以天險不可升也，表示險有各種情形，有所謂天險就不可升，有所謂地險，那就是山川丘陵也。艮為山，二五居應位，二、三、四、五互成艮，艮為山，坎為川，所以「山川丘陵也」。有人說丘高於陵，有人說陵大於丘。丘陵都是小山，因山是二居內坎，二爻是地險居於山底下，山下是丘陵之象，地險山川丘陵就是這麼來的，這表示有天險有地險，地險就是山川丘陵。險有各種情況不同，空洞的險，這種險難沒有辦法攀附的，地險是實際的險難，山川丘陵有大有小，山是高的，丘陵是小的，這是地險，實質的險。險有空洞的險，有實質的險，空洞的險無法攀附，實質的險可以想法子超越。有這不同的險，所以王公設險以守其國。五為天子，三為公卿大夫之象，三五同功為王公。王公設險我們國家常設要塞關卡，這就是王公設險以守其國。五為王，三為公，王公設險以守其國意思就是險有各種險，運用人事社會、天地各種險難；天險地險是講自然的險難，王公應當運用自然的險難來守這個國，所以險之時用大矣哉！因為時間不夠，中間很多沒法子講出來。險的時用就是說險有時而發揮功用。險的作用在乎時，這個時候國家要強就是因為有這個險難才會強，沒有這個險難不會強；險之時用，因時而發生功用。就是因時才能發生作用，不是險有時候用。用險是有時候的，不是經常可以用險的，這個是第一個意思。「險之時用大矣哉！」到了那個時候，它才能發生作用，平時險不能發生作用，唯有時候險難正是發揮作用。那麼「時」是哪來的？坤為用，「時」呢？卦本坎體，卦內在二、

三、四互震，震爲春，坎爲冬，坎的互卦爲離，離爲夏，三、四、五
互成兌，兌爲秋，所以有「時」之象。

我們現在報告〈大象〉。

伍、大小象傳

象曰：水洊至，習坎。君子以常德行，習教事。

「水洊至」，洊者，再也，水一再的來，一再的到來；底下是
水，外面是水，水再來，又再來，一再的來，一再的到，這是水洊
至。習坎者，不只一次，反覆往來都是水，都是坎，所以水洊至。這
個習坎，一方面是我們講這個象，一方面是我們用坎，我們對待坎險
要反覆往來，不能急急呼呼馬馬虎虎的。比方我們涉險跳河吧！這個
河有多寬，我們跳得過去？跳不過去？要模擬好幾次，實習好多次；
頭一次試試跳不過去，再試！再試！一再的不斷試驗，最後跳過去
了，這是習坎。險難往來反覆，我們面臨的坎險，坎險有往來的，別
怕！我們打仗演習，假想式的演習。習坎，打仗本來是險，我們反反
覆覆的，左一演習，右一演習，這是習坎。本來是險難的事情，往來
反覆的演習等於水洊至，來一次，又一次，來一次，又一次來了，所
以水洊至習坎。

「君子以常德行，習教事」，「君子」，因爲卦是坤體，乾陽
二五交到坤體來了，乾陽是君子，有君子之象。

「常德行」，乾爲德，震爲行。乾陽二五是德，三四五互成
震，震爲行，德行就是這麼來的。我們就講研究易經吧！這個就是有

所得，德者，得也，得到了，得到那個東西了；得什麼呢？得到那個道理。德不是齋僧布施，齋僧布施那不是德，那是小恩小惠，做點好事，送點錢到醫院裡，那不叫德，那叫小惠，那是恩惠，不是德的本質，德就是得這個道。你為什麼行這個方便呢？你為什麼拿錢給人家施捨呢？體會上天好生之道，宇宙涵育萬物的，我要像宇宙一樣，我要救人，對外面來講，那是德，對自己行為來講，那恩惠是德的作用。德者得也，德是德行。「常德行」要經常的，就像水的德行，要經常的，老是這樣有德行的，視為常事。

「習教事」，什麼叫做教呢？因為〈坎〉卦通〈離〉，〈離〉卦中爻是巽，巽為教；〈坎〉上爻一變也是巽，巽為教；三爻一變也是巽，巽為教，坤為事，坎為習，巽為教，習教事，就是往來反復的習教事。常德性是自己以德性為常，不僅自己如此，還要使天下的人都能如此，像水一樣，天天在習教事，就這麼簡單的講。

初六象曰：習坎入坎，失道凶也。

初九為什麼習坎入坎呢？因為它失掉道。為什麼失掉道呢？因為它居於震下，與震的道理相背，失道；同時初爻是陽位，現在以陰爻居陽位，所以失道。失者，喪失，因為初爻是陰爻，陰爻居陽位喪失了這個道，所以叫失道。本來初為震爻，震為大塗，為道，現在不是震了，而是陰爻，所以失掉道。因為初爻在坎陷的底下，陷入深淵裡頭，一出門就面臨重重疊疊的險難，這是第一爻。

九二象曰：求小得，未出中也。

「求小得」，我們上次解釋，二爻本來應位是五，但五不能與

它應，因爲八純卦是不應的。不能應只有求三，陰陽相錯，求於三，陰爲小，所以求小得。小得者，小有所濟，就是在坎陷之中，小有所得。「未出中也」，還未脫出險難之中，還在險難裡面，沒有方法脫出險難之中。

六三象曰：來之坎坎，終无功也。

六三，來也是坎，去也是坎，終无功也。三與上應，三五本來應當是同功，可是上爻是坎，三爻也是坎，它的應位是上爻，上爻是陰爻也不相應。去也是坎，回來也是坎，所以沒有方法脫離險難。

六四象曰：樽酒簋貳，剛柔際也。

「樽酒簋貳」用好多次。「剛柔際也」，四爻與五爻接近，有孚之象，剛柔交接，四爻是陰爻，五爻是陽爻，在這卦裡只有這兩爻得位：四爻以陰居陰，五爻以陽居陽，非常的和諧，剛柔交接，有結合現象。

九五象曰：坎不盈，中未光大也。

「坎不盈」，水流得不滿，不至於氾濫，不至於漫掉。爲什麼呢？中未光大也，它是居中，因爲居中，所以不盈，不至於漫。「中未光大也」，什麼意思呢？就是它的背面，坎伏離，離爲光，伏光未現，沒有光大；沒有光大什麼意思呢？沒有光大只是可以度過險難，並不能夠拿險難發揮作用。像這個象所講坎之時用大矣哉，還沒到那個程度，只是能夠度過險難而已，這是五爻。

上六象曰：上六失道，凶三歲也。

　　上六失掉道，什麼意思呢？一到上爻應當脫險，但上爻一變爲巽，巽爲入，失掉軌道了。三歲不得出險，三歲這個案情，這個罪情都不明白，所以凶。

　　因爲時間已經到了，講得簡單一點，今天報告到此爲止。

第三十卦

離卦

周鼎珩講　陳素素記錄

離
離　離
下　上

—— 此係八純卦，又爲四監司卦，司夏至節氣，旁通〈坎〉，不反
對。

壹、總說

佈卦的次序

　　過去報告的〈坎〉卦，坎是險難，坎是陷，就是陷在險難的當
中，〈坎〉是〈乾〉卦二、五這兩個陽陷在坤陰裡面。在〈離〉卦，
陽到了外面來了，什麼道理呢？因爲我們曉得任何現象如果陷在險難
當中，它不能讓它永久陷在險難當中，如果讓它永久陷在險難當中，
那就消滅了，它一定要求得擺脫，要求得擺脫，就要有所附麗。比
方我們掉到深坑裡，那我們怎麼辦呢？我們一定要攀援那個樹木，或

攀援那個石頭，總想法子附麗一個東西來爬上去，來脫離那個險難，因此「離者，麗也」，麗是什麼意思？就是附麗。為什麼離者是附麗呢？因為離的主象是火，不管什麼火，它之能夠燃燒，一定有個陰的東西在裡面，比如平時用的火柴，所以能夠燃燒，裡頭有個木柴棒；這個電燈，所以能夠燃燒，能夠發亮，裡頭有個金屬的絲給它導電；天空中打閃，你看它沒有東西，事實上，它裡頭有東西，它裡頭有陰氣流給他導電。因此不管它什麼火，它總有個可以附麗著燃燒的東西在裡頭，它才能夠發光。〈離〉裡頭有個陰，外頭兩個陽，外頭兩個陽附麗著裡頭的陰，這個光就放射出來了，因此孔子解釋「離者，麗也」。前頭講〈坎〉卦是陽陷下去了，但是宇宙間的陽不會消滅的，它一定要想辦法，所以陽陷下去之後，就變成〈離〉卦，離者附麗，陽攀援附麗，力圖上進，不讓它陷下去，所以〈序卦傳〉曰：「坎者陷也，陷者必有所麗，故受之以〈離〉，離者麗也。」因此在〈坎〉卦之後，繼之以〈離〉，這是卦序。

成卦的體例

　　第一個體象，〈離〉是由坤陰的二、五兩爻到著〈乾〉卦裡面，上下兩體都是坤陰居中，在上體，坤陰五爻居中，下體，坤陰二爻居中。坤陰居中，而乾陽麗之於外，這個現象就表示「陽」一定要有所附麗。我們過去在易例中講過，太空中的陽氣化是動盪不停的，陽氣化在動盪不停的時候，不能夠表現出來，它一定要附著一個東西，它這個陽氣化才能有所安頓，有所安頓，才能夠有所表現。這個動盪的能力，附著於人體上，於是發展的功能，就使這個人生機活潑，能夠有行動，能夠有思想；附著於花上，於是發展的功用，就開一朵花；附著於禾苗上，禾苗才能慢慢的生長結穗。比方，電燈所以

能發生光，是由於電附著在鎢絲上，假使沒有這個鎢絲，這個電沒有法子發光。比方，我們點一個火柴，裡頭是一個木柴棒子，火光燃燒在外面，假使沒有這個火柴棒子，火光沒有法子表現。所以陽一定要附著一個地方，才能夠發生功用，陽的動能才能夠顯示出來，要不然，沒有對象給它附著，它的陽在空中鼓舞，沒有法子表現出來，我們沒有法子看到，這是講「陽」一定要有所附麗。

　　那麼裡面的「陰」是代表什麼呢？易例：陽實陰虛，陽是實在的，陰是虛的。我們當前一般的認識，以為陰是實在的，陽是虛的，五官百骸是實在的，精神意志是空洞的，是虛的。在易例上講，剛剛是相反的，精神意志這個動能是實在的，實際有形的東西是空虛的，是假的。佛家也講：山河大地都是幻象。這話怎麼講呢？因為造成山河大地這些萬有現象，最初是陽的動力來開化的，比如，我們講發財吧！在《易經》裡講，富有的總樞紐，不在物質上，而在自己的精神上，就是說你的精神意志能夠指揮這個物質，這才是財富啊！那個東西是死的，你精神意志不能指揮，那財富擺得很多，與你有什麼關係呢？所謂「一份精神，一份事業」，精神意志是造成事業財富的原動力，因此陽是實在的，陰是空虛的，易例是這樣解釋。陰既是空虛的，空虛才能容物。我們地球是陰的，所以地球能夠容物，你作個一百層大廈，它也是無所謂，你放個炸彈，它也無所謂，它也容得住，什麼東西，它都容得住。這茶杯如果裡頭不空虛，它裝不了東西，所以裡頭一定要空虛，才能夠容物。我們普通人都是拿自己來衡量別人，自己愛乾淨，看到別人髒，總是說，你怎麼那麼髒，你怎麼不像我那麼愛乾淨；每每的一個人很聰明，就看不起別人笨，認為你這個人怎麼這麼笨，你怎麼不能像我一樣聰明啊？這就是不能包容，

這就是氣質不夠。如果是像坤陰二、五居中，本乎地道呢？什麼東西，好的、壞的，它都包容住了。地球上，像人類這些好的東西，它把他豢養住了，毒蛇猛獸這些沒有用的，壞的東西，它也豢養住了。因為宇宙陰陽化生的東西都是參差不齊的，有晝就有夜，有小就有大，有好就有壞，有是就有非，有善就有惡，你想整個的天下都是一致的，自古以來，辦不到，不可能有那個時候，這就在乎我們自己能夠包容得了。

其次，陰又是柔順的，柔順才能夠承受一切，假使剛強就不能承受。「承受」這二個字不太容易，氣質不夠的人，遇到複雜一點，危險一點的事情，自己就提心吊膽，栖栖遑遑，寢食不安，莫知如何；可是氣質夠的人，再複雜的事情、再危險的事情來了，就和沒來一樣，這是能夠承受。以上是陰的性能，至於陽呢？陽是光明的，光明的就明白四達，周圍四轉都照到。那麼〈離〉卦對內立己是虛而有容、是柔順而能承受，對外是明白四達，觀察得很清楚。因為有這種體象，所以先聖先賢就本乎〈離〉卦來化成天下，伏羲結繩而治，是取諸〈離〉卦，文王向明而治，也是本乎〈離〉卦，這是〈離〉卦第一個體象。

第二個體象，這個卦是從〈遯〉卦來的。〈遯〉卦一變，上爻下來，就成〈无妄〉；再變，〈无妄〉三爻上去到四爻，四爻下來到三爻，就成〈家人〉；再變，〈家人〉四爻上去到五爻，五爻下來到四爻，就成〈離〉。〈家人〉二、三、四互坎，坎為月，初、二、三為離，離為日，就是月亮上去了，太陽下來了，這裡頭有「日月往來」的現象，從卦變裡頭可以看出來。「日月往來」是表示離體的光明是永久存在的，太陽下去了，月亮起來了，月亮下來了，太陽起來

了，始終是光明的，始終是一貫的，因此〈離〉卦的本身含著有內、外二離，裡面是離，外面也是離，離為明，內、外二離就是「明而又明」。「明而又明」是什麼意思？第一個，就是說我們一般人的眼睛只能看人家，不能看自己，因為受著這個限制，每每看人看得很明白，看自己就糊塗了，所謂「明於觀人，昧於觀己」，所以這個〈離〉卦就告訴我們「明而又明」，看外頭固然要明，看自己本身也要明，不要到自己本身就糊塗了。

第二，「明而又明」的意思是什麼？就是在下要明，在上也要明。我們一般人過去沒有得志，在下做老百姓的時候，一切政治上的措施，感覺有不舒服的地方，明白得很，這個事應當怎麼做，那個事應當怎麼做，明白得很，那個地方做得不對，那個地方做得對，月旦品題，非常正確。可是等到自己上臺一做事，也糊塗了，那什麼道理呢？明於下而不明於上。或者有些人，明於在上，而不明於在下，對於上頭看得很明白，對於底下的老百姓的痛苦，看不明白。我們「明而又明」就是要對上要明白，對下也要明白；在下不得志的時候要明白，等到得志居上位的時候，也要明白，這是第二。

第三，「明而又明」的意思是什麼？我們一般人總是對以前的事情，如數家珍，看得很明朗，以後的事情，看得很糊塗，不知如何措手足，這個「明而又明」就是告訴我們，不但是以前看得很清楚，以後也要看得很清楚，前後是一貫的。總而言之，這個「明」的作用，不能夠片斷的。在這個地方明白，過了這個地方，就不明白；在這個環境很明白，離開這個環境，就不明白了，那是片斷的。「明」的作用，不是一時的這個時候明白，以後就糊塗了。這是常有的，唐明皇在開元的時候很明白，到了天寶的時候，就糊塗了，他那個明白

是有階段性的。「明」的作用，不是明於觀人而不明於觀己，對於人吹毛求疵，刻薄得很，對於自己非常的寬容，看不清楚，這個違反了〈離〉卦的體象，這是〈離〉卦第二個體象。

　　第三個體象，〈乾〉卦是純陽，〈坤〉卦是純陰，〈乾〉、〈坤〉兩卦各自發展到六個階段，才能夠成熟，所以〈乾〉、〈坤〉兩卦都是六畫。但是〈乾〉、〈坤〉兩卦是純陽、純陰，乾、坤要化生萬物，一定要交合。〈乾〉卦始終是乾，〈坤〉卦始終是坤，兩個各自獨立的，那永遠的化生不了萬物。也和男、女一樣，男的是男的，女的是女的，永遠的不結婚，永遠的男的還是男的，女的還是女的。一定乾、坤兩個要交合了，它才能化生萬物。〈乾〉、〈坤〉兩卦第一個交合，在文王卦序裡面就是〈屯〉卦。〈屯〉卦的構成，外卦是坎，內卦是震。〈屯〉卦〈大象〉講：「雲雷屯。」所以坎在天為「雲」，〈蒙〉卦〈大象〉講：「山水蒙。」所以坎在地為水。在乾、坤始交，那個〈屯〉卦外卦的坎，它是個「雲氣」，還不是「水」，只是鴻濛大氣裡含蓄著的一股子潮濕的「雲氣」。〈屯〉卦內卦為震，震為雷。雷有出地、有不出地的不同。〈豫〉卦內卦為坤，坤為地，外卦為震，震為雷，「雷」跑到「地」上頭去了，眞的「轟」打雷了，所以〈豫〉卦〈大象〉講：「雷出地奮豫。」這個雷是出地的雷。可是〈屯〉卦「雲雷屯」，這個「雷」不在地上面，在地底下，那不是「雷」，還沒有打「雷」，那只是在乾、坤始交，宇宙初開的時候，鴻濛大氣裡面含蓄著的一股子「熱力」。鴻濛大氣裡面那個「雲氣」，慢慢發展，就變成〈坎〉卦的「水」；鴻濛大氣裡面那個「熱力」，慢慢發展，就變成〈離〉卦的「火」。為什麼〈震〉卦發展變成〈離〉卦，因為〈震〉和〈離〉是同根的，它的

基本卦根，都是少陰，所以打雷和閃電是一個東西，所以〈屯〉卦裡頭的震雷，慢慢的發展，就變成後天的閃電，後天的火。〈乾〉、〈坤〉先天的純陽、純陰，無形跡可見，純陽什麼東西？純陰是什麼東西？我們找它不到，只有我們構想是如此。可是乾坤始交，經過〈屯〉卦、〈蒙〉卦，慢慢地發展，就變成後天的作用－〈坎〉、〈離〉，這是第三個體象。

　　〈離〉卦就是乾，〈坎〉卦就是坤。我們曉得坤陰是收斂的、是凝聚的，變成坎，坎是向下的、潤下的，收斂的不是往下走嘛？所以〈坎〉稟坤體原來的性質，它潤下。乾陽是向外擴散的，變成〈離〉，〈離〉是炎上的，炎上的當然向外擴散，所以〈離〉稟乾體的性能。所以〈離〉就是乾，〈坎〉就是坤。坤是陰暗的，所以〈坎〉也是陰暗的；乾是光明的，所以〈離〉也是光明的。因此後天的坎、離，就是先天的乾、坤，上經的次序因此就在〈坎〉、〈離〉兩卦做一個結束。

　　第四個體象，乾陽的德性，我們過去講過是光明的。但是乾陽的光明，也和人性一樣，「性本善」，但是看不到，它一定由「性」到「心」，才看得到。無感為「性」，有感為「心」。「性」沒有感，到了有感，這就是「心」，「心」與「性」就這個區別。我們常常講「心情」，「情」是什麼呢？感之至者，就謂之「情」，比方，我好畫「畫」，我對於「畫」有情；我好彈「琴」，我對於「琴」有情；愛「玉」，對於「玉」有情。所以現在男女講「愛情」呢，就是某男對於某女，特別感覺得好。「心」、「性」、「情」，這三個字有區別，現在師大講荀子，荀子主性惡，性惡不能講的，性惡是錯誤的。乾陽在最初是純陽，它本來是光明的，但是它沒有形跡可見，一定要

有所附麗，附麗之於坤陰，它才可以有所表現。可是「陽麗於陰」，不僅僅是離，還有巽、兌，為什麼獨獨講離「陽麗於陰」呢？因為巽與兌雖是二陽一陰，陰陽相遇，但是它陰不居中，不得正，兌是陰在後，巽是陰在先，獨獨這個離的一陰是居中得正，因此只有〈離〉卦可以代表乾陽，這是第四個體象。

立卦的意義

　　第一個，陽要有所附麗，就是說有個著落。陽要有個著落的地方，才能發揮功用。陽著落於花上，才能開花；陽著落於人，人才能有精神，有動力。陽沒有著落的地方，空自鼓舞，沒有形跡可見。人的精神意志是陽，所以人的精神一定要有著落，我們每一個人都可以活一百廿歲，但為什麼活不到？我們自己糟蹋掉了；每一個人都可以成就很大的事業，為什麼沒有成就？自己糟蹋掉了。就是說我們精神意志沒有著落，我們一般的人都是嘻嘻哈哈的，這麼過一天算一天，一生七八十年就這麼混掉了，混到最後，自己兩腳筆直的時候，問問自己搞的什麼，什麼也沒有。這就是我們的乾陽，精神意志，沒有好好的找一個著落，今天這麼搞一下子、明天那麼搞一下子。人家做生日，我也做生日；人家做官，我也做官；人家投機取巧，我也投機取巧。那個精神意志、聰明智慧，就這麼濫用掉了。如果是把自己的陽，聰明智慧，集中起來，找一個很好的著落，一生到老，幼而少，少而壯，壯而老，老是搞這個東西，那一定有成就，沒有不成就的；其所以不成就，就是自己把這個精力、把這個陽能亂花掉了。所以我們學〈離〉卦，要好好的反身自身，第一個就是我們把我們的精神意志，在我們有生之年，集中使用，不要浪費了，這是學〈離〉卦的第

一個意義。

　　第二個我們學〈離〉卦的意義，離為明，〈離〉卦所指示的是用明之道。我們怎麼用明呢？第一，「用明於中正」。為什麼要用明於中正？因為中正者人之本心也。人心生下來都有著中正的標準，你做著一件不對的事情，就是鄉下老太婆，沒有受過教育的，也搖頭，認為不對。他那個搖頭，認為不對，從哪兒來的呢？他天賦的人心裡頭的一個中正的標準。他沒有受過教育，一個字不認識，可是他內心裡有是非標準的，有中正尺度的。他拿這個中正的尺度，來衡量這些事情，覺得你這個做的事情，與他這個衡量標準的尺度不同，所以認為你不對。人心既然都有這個中正的標準，所以人心是通的。我們用明本乎中正，我們所做的，所看的，所講的，都是人心所向的，他覺得你做的對啊！你看的對啊！你講的對啊！那這樣子可以掌握人心，「用明於中正」就是這個道理。

　　其次，「用明於中正」還有一個意義，就是用「明」不是那「察察之明」。所謂「察察之明」，就是一切事情都是鑽牛角尖，都是從黑暗面去看。如果那樣子用明，整個社會就散板了。我也從黑暗面看你，你也從黑暗面看我，我們人類永遠的合不起來，大家都分離了，這樣子非常之危險。有些人好懷疑人，看到這個人是扒兒手的樣子，左一個辦法防備，右一個辦法防備。愈防備愈壞，你防備我，不把我當人，我就不做人。人有向善的一面，也有向惡的一面。假使我們對一個人，統統是從向善的方面看他，覺得他這個人很好，他自然就很好。比方，裴度當宰相，有強盜搶東西，他叫人把強盜放掉，他說：「這個人母老家貧，他有他一片孝心。」這個強盜聽到裴相爺這兩句話，以後再也不做強盜了，所以人要發揮他向善的那一面。假使

我們用一個人管財政金融，我們大大方方的交給他，或許這個人有邪念，可是你大大方方的交給他，他邪志消滅了，所以用明不能從黑暗的那一面。這是第一個用明之道。第二個，用明之道要推己及人，比方，太陽自身是光明的，太陽所過的地方都是光明的，它把萬物都弄得很光明，然後整個的宇宙成了光明的宇宙，我們用明也是如此，我們自己是光明的，是聰明的，也要使令我們接觸的社會，大家都光明，大家都聰明，這樣才能把社會推進到好的方面。

　　第三，〈離〉卦的主象是火，火是炎上，這個卦內、外都是火，火上加火，性情非常的燥烈，而且明而又明，屬高明的性能，《尚書‧洪範》有這二句話：「沉潛剛克，高明柔克。」「高明」就要「柔克」，我們對待自己是如此，對待旁人也是如此，我們自己的個性是高明的，是燥烈的，而且對於外頭看得清楚，我們就千萬要以柔道自己來涵養自己。對人亦復如此，假使我們對待那個很高明，很燥烈，很聰明的人，我們怎麼辦呢？我們要拿柔順的態度去和他相處，假使你不拿柔順的態度去和他相處，你拿剛的態度，一處，就崩掉了。「沉潛剛克」，所以〈坎〉卦裡面講「剛中」、「維心亨」。〈坎〉卦是個「沉潛」之體，「沉潛」就要「剛克」。「維心亨」的「心」字就是指陽剛之氣，處〈坎〉卦，陽剛之氣要始終通暢，不能陷下去了，所以講「維心亨」。我們的個性假使是很沉潛的，動作很慢，勇氣不夠，想得到，做不到，想得多，做得少，我們就要拿「剛決」來修養自己，要不然，一直柔下去，你這一生到老，毫無作為。對人亦復如此，你如果對待沉潛的人，這種人個性很緩慢，看得透，做不來，軟弱無力，魄力不夠，對這種人要「剛克」，你就用剛硬的態度對他，會處理得好；如果你也是柔的，兩個柔到一起，就不行。

我們學〈離〉卦第三個卦義，就是〈離〉卦本來高明，要用柔道來調劑它。

貳、彖辭（即卦辭）

〈離〉：利貞，亨。畜牝牛，吉。

　　〈離〉卦是二、五為主爻，二、五居中得正，有「貞」之象。〈離〉卦是坤陰入於乾陽之中，乾、坤兩個交錯的，乾、坤交錯，所以「亨」。「離，利貞，亨」的意思就是說這個〈離〉為火，火要用之於正，火不用之於正，火就自焚了，那焚燒起來，還得了嗎？〈離〉卦的主象是火，它的作用是明，明也要用到正道上，不是用到邪的地方，也不是察察之明。有些人專門揭人家瘡疤，這個很不好，因為這個人過去有瘡疤，也許現在重新做人了呢，你把他過去瘡疤一揭，他永遠做不了人，因此我們要存忠厚之道，用明宜乎正，不是那個察察之明，專門從黑暗面來揭人家瘡疤的，這樣才「利貞，亨」。〈離〉如果用到正的方面才能亨，才能通暢。

　　第二句：「畜牝牛，吉。」「畜」字是從什麼地方來的呢？〈離〉通〈坎〉，〈坎〉中四爻有〈頤〉的體象，頤者畜養。〈離〉經過四次的變化，成了〈大畜〉，也是有「畜」之象。〈離〉的上爻下來到初爻的底下，就成〈兌〉；〈兌〉的五爻往而之上爻，上爻來而之五爻，兩個交換，就成〈睽〉；〈睽〉的上爻下來到初爻的底下，就成〈需〉；〈需〉的五爻往而之上爻，上爻來而之五爻，兩個交換，就成〈大畜〉。「牛」是怎麼來的？〈離〉卦是以二、五坤陰為主，坤為「牛」；離中虛，離是大腹，所以叫「牝牛」，卦象是從

這兒來的。「畜牝牛」是什麼意思？「牝牛」是柔順而能夠容物，這個〈離〉卦，是炎上的，燥熱的，它本來在後天代表乾陽的，一定要柔順、虛而有容，來調劑它；如果不是柔順、不是有容，它一直炎上下去啊！它自己就自焚了，因此在〈離〉卦的時候，應當是「畜牝牛，吉」，以這個柔順而有容的態度處理，才能夠吉。

參、爻辭

初九：履錯然，敬之，无咎。

初九是震卦，震為足，又為行，腳在走，有「履」之象。〈離〉卦是〈乾〉卦的後身，它是炎上的，向外跑的，初爻的應爻是四爻，初爻是陽，四爻也是陽，兩個剛爻相遇，是敵應，就是不能應。二爻是陰，初爻和二爻可以得到陰、陽相應。「履錯然」，就是說初爻往上走，遇「二」吧，它有「四」，應「四」吧，又是敵應，在二、四之間交錯住了。「敬」字從哪兒來的呢？我們過去講〈履〉卦，履者禮也，禮以「敬」為主，所以講「敬」。意思是什麼？〈離〉卦就是很明快的現象，處〈離〉之始，要很恭敬，要有節制，如果處〈離〉卦之始，很明快的，一直往上跑，一直往上跑，就要出毛病，很恭敬就沒有毛病，這是初爻。

六二：黃離，元吉。

「黃」字從哪兒來的呢？從〈坤〉卦來的，〈坤〉卦第五爻：「黃裳，元吉。」坤為土，土是「黃」，是中和之象，所以「黃離」就表示我們處在這個明快炎上的〈離〉卦，要有法子中和，拿什麼

中和呢？要拿坤陰來中和它，所謂「高明柔克」，恰好這個六二是坤陰，有中和的性能，所以講「黃離」。「元吉」就是大吉，這個「元」字，是因爲坤陰的二、五之「元」到著乾陽裡頭來了，有「坤元」之象，所以叫做「元」。這兩爻都很普通，第三爻要特別注意了。

九三：日昃之離，不鼓缶而歌，則大耋之嗟，凶。

荀爽《九家易》講離爲日，初爻爲日出，二爻爲日中，三爻爲日昃，所以講「日昃之離」。同時，按照這個卦象也是如此，三、四、五互成兌，兌爲西方，三爻居內體的離卦，在兌卦的下面，就是日入西方，所以講「日昃之離」。「不鼓缶而歌」，這個「缶」是瓦器，〈離〉卦就是坤陰到了乾體裡面，變成〈離〉卦的主爻，坤爲土，是個瓦器，同時，離中虛，瓦器而中虛，就是「缶」。「鼓」從哪兒來的呢？〈離〉通〈坎〉，〈坎〉三爻居艮，艮爲手，手擊缶，就是「鼓」的意思。「歌」從哪兒來的？三、四、五互成兌，兌爲口，〈離〉通〈坎〉，〈坎〉二、三、四互成震，震爲聲，口有聲音，就是「歌」。「大耋之嗟」，「大」者，三是陽爻居陽位，陽爲「大」。九十日耋，八十日耄，三爻居內卦的離體，內卦的離體是兩個陽、一個陰，〈乾〉卦每一爻的策數是卅六，〈坤〉卦每一爻的策數是廿四，兩個陽的策數是七十二，加一個陰的策數廿四，合計九十六，取其成數，就是九十，九十，大耋之年，故日「耋」。「嗟」是哭的聲音，三、四、五互兌，兌爲口，〈離〉通〈坎〉，〈坎〉二、三、四互成震，震爲聲；〈離〉通〈坎〉，坎爲水，離爲目，目流淚而口有聲音，「嗟」之象也。

意思是什麼？火的光明有連續性，不能間斷的，不能今天光明了，明天就不光明了。宇宙有一天不光明，那宇宙就完了。三爻居內外之間，火上加火，非常之燥，五爻又是日昃之離，太陽已經落山的那個光明，已經昏暗了。在人生的過程中間，就要防備這一點，防備自己過分的燥熱而又昏暗，因爲過分的燥熱而又昏暗，情緒就失掉平衡，情緒失掉平衡，就「不鼓缶而歌，則大耋之嗟」。不是鼓瓦器而歌，就是想起自己遲暮之年，太陽已經落到西山了，於是嗟嘆，忽而快樂，忽而悲哀。高明的人，發展到某一個時期，昏瞶了，會發生喜怒無常之狀況，這個非常的危險，所以它特別指示「凶」，這個是我的解釋。另外《漢上易傳》裡頭的說法，「昧者不知變，不鼓缶而歌，則大耋近死，戚嗟憂之，不安於死，則凶」，這個與我的解釋有點切近，但是它把「不鼓缶」作一個段落，「歌」作一個段落，我解釋「不鼓缶而歌」是貫到底下，不是「鼓缶而歌」，表示快樂，就是「大耋之嗟」，表示遲暮的悲哀，表示情緒極不穩定。在高齡的環境當中，最怕的就是昏暗而情緒不穩定，那就會招致很大的凶事。

九四：突如其來如，焚如，死如，棄如。

突，竈突也，離中虛，故有竈突之象。同時，九四是居於外卦，有竈門裡火往煙囪炎上的那個現象，所以講「突如」。「來」，《易經》對於這個「來」字，有二個不同的解釋，一個是往來之「來」，〈泰〉卦裡「小往大來」，〈否〉卦裡「大往小來」，那個「來」，指卦氣而言。一個是普通之「來」，〈需〉卦上六「有不速之客三人來」，這個「來」，是指底下三爻往上跑，不是易例的來，是普通的「來」。現在「突如其來如」的「來」，也和「有不速之客

三人來」那個「來」字是一樣的用意。火性是炎上的，四爻是在內離之上，內體的那個離火往上衝，所以講「突如其來如」，這是第一句。「焚如」，四爻恰好是在內、外兩離之間，裡頭是火，外頭又是火，它在火的中間，無所逃避，所以有「焚如」之象。

「死如」，因為〈離〉通〈坎〉，〈坎〉卦中爻有〈大過〉體象，大過是什麼呢？大過是個棺材，有「死」象，「死如」就取這個旁通卦象。同時，在本卦裡頭，四爻在內、外兩火之間，無所逃避，結果被焚燒，被焚燒以後，就變成種子了，死了，所以講「死如」。

「棄如」，棄從去，去，逆子也，古有焚刑，焚刑是專門燒逆子的，逆子燒掉以後，不序昭穆，就是說沒有他容身之地。中國古來是宗族主義，人死了，家裡有家譜，老子、兒子、孫子序下去，有昭、有穆，這個不肖之子，不序昭穆，他沒有老子，也沒有兒子，根本就是他一個孤凋凋的，燒掉以後，就把他棄掉，骨灰都不要，往年對於不肖之罪，處得最重，沒有那個罪比這個罪重，所以「棄如」就是四爻有逆子的狀態。為什麼四爻有逆子的情態呢？這個要講納甲了，在中國五行上講木生火，兒女孝親，法什麼呢？法木火。木生火，火是木的兒子，夏天火氣向上，就孕育出來百木，所以夏天百木都茂盛，火的熱力把他生出來了。木生火，火化育木，這是「孝」。所以往年孝親何法呢？法木火。因為火等於是兒子，木等於是娘老子，那麼木生火來養木，但是火一盛，木就焚掉了，那就是逆子了，所以火不能太盛，火太盛，木就燒掉了，那就成了逆子，逆子就把他棄掉，這是《九家易》的解釋。

第二個解釋是虞翻的解釋，因為火是炎上的，四爻居內、外兩離之間，裡面是火，往上衝，四爻本身又是火，往上衝，四爻往上，就

居五，四居五，五就下來。就是說一個陽氣化衝到陰氣化裡面去了，這個陰氣化爲陽氣化一感，這個陰氣化敵不過陽氣化，就收縮了，於是陽氣化就居陰氣化裡面，於是陰氣化沒有地方跑，就跑到陽氣化的空間裡面。四爻是陽，這個陽就是火，火往上跑，五爻是陰，陰就往下降，火往上跑，就是火力向上，陰往下降，就是灰燼下降，灰燼下降，就是「棄如」，這一爻卦象的源頭是如此。

　　意義是什麼呢？意義很重要，我們學〈離〉卦，就是三、四兩爻最要注意，三、四兩爻在〈離〉中都是不好的。〈離〉卦主象是火，火有兩個作用，一個作用是照明的，另一個作用是熱能。一個作用是「照明」，使得天下都光明了，可是三爻：「日昃之離，不鼓缶而歌，則大耋之嗟。」三爻變成日昃之離，它不能「照明」了，它「昏暗」了，三爻在昏暗的時候，內在的是非標準沒有了，一會子唱歌，一會子悲泣，哀樂無常。四爻火應當發揮「熱能」的，可是它「突如其來如，焚如，死如，棄如」，它這個「熱能」變成「燥烈之氣」了，我們就拿做工夫來講吧，修道的，就是修那個陽剛之氣，打太極拳的，就是煉那個丹田之氣，陽剛之氣是什麼？丹田之氣是什麼？就是裡頭生熱能，熱能一充沛，人就有精神，就有動力，所以孔子曰：「不撤薑食。」生薑是什麼呢？生薑是助長熱能的，人頭腦子想東西或寫東西滯住了，吃點生薑，頭腦子馬上可以用，生薑有這個效用。四爻這個火，它不往熱能上走了。就像修道，修著「走火入魔」了，它這個「火」，不助長「熱能」，它變成「魔」了。也像人生病發燒一樣，發燒是內在肝臟、心臟的熱能守不住了，往外跑，橫衝直撞，就變成發燒，如果反火歸心，熱能收縮在裡面，那外頭就清涼，所以醫生醫病，就是把熱能收回去。四爻「熱能」不正常的發展，變成

「發燒」了，變成「走火入魔」了。拿國家來講，陽剛之氣，不是正常的發展了，變成互相殘殺鬥爭了，所以講「突如其來如，焚如，死如，棄如」。所以〈離〉是用「火」的，用「熱能」的，用「光明」的，「光明」要照到正當的方面，「熱能」要走到正當的途徑。「光明」不去照明，「熱能」亂七八糟瞎放，就變成焚傷，就變成燥烈之氣，變成發狂，所以醫書上說：「陽不守陽，就使得人發狂。」所以最後是「焚如，死如，棄如」，這兩爻就告訴我們這個路線，這個意境。

六五：出涕沱若，戚嗟若，吉。

「出涕」的象是從哪兒來的？〈離〉通〈坎〉，〈坎〉五爻和二爻居應位，應位互成震，震爲「出」。五爻伏坎水，離爲目，眼睛出水，就是流淚，所以講「出涕」。「沱若」是水不斷的流的樣子，坎水有河川之象，不斷的流，所以有「沱若」之象。「戚嗟若」，戚是悲哀，五伏坎，坎爲心，爲加憂，心加憂，「戚」之象。「嗟」字呢，五互兌，兌爲口，五伏坎，〈坎〉五應位互震，震爲聲，口裡有聲音，而且憂愁，「嗟」之象，這一爻象的源頭是如此。意思是什麼？「高明柔克」，這一句是我們解釋〈離〉卦的中心。〈離〉卦是表示一切動作、一切看法都很明快爽利的那種人，對於這種人，要以柔，你以剛對待他，不行的。這種人本身自己修養呢，也要拿柔來修養，如果再剛了呢，就偏於燥烈，就不行了。這個五爻是個陰，是個柔的，但是五爻雖是陰而不當位，不像二爻當位，五爻固然是「吉」，但是要「出涕沱若，戚嗟若」才「吉」，這個「出涕沱若，戚嗟若」就表示它看到自己在三爻「觀察」不正當，四爻「熱能」失

常軌，因為在這二個節目之後，所以五爻就自反了，因為在這個情況之下，所以五爻就以柔自養了，於是乎戒慎恐懼、慄慄危懼的，才可以吉，這是第五爻。

上九：王用出征，有嘉折首，獲匪其醜，无咎。

「王用出征」不是「王出征」。「王」指五爻而言，「王用出征」，是「五爻」這個「五」用「上九」出征。離為戈兵、甲冑，有「出征」之象。五爻是坤，坤為「用」。「王」為什麼用「上九」出征？因為五雖居王位，但它是「陰」，陰柔無力，必須用「陽」，表示這個人心衰了、膽子小，一定要有好的導師，「上九」是「陽」，是它很有力量的導師，來啟發它，於是乎它才可以發動一切的作法。王用上九出征，就是「陰」一定要藉著「陽」，它才可以「發動」。這個道理很簡單，比方說，一個國家人口很多，但是有時候被人口少的國家欺負，那什麼道理？就是說人口雖多，但是「陰」啦！沒有那個「陽」摻在裡頭發動啊！人口雖多，沒有用。「陰」要「陽」來發動，「陽」就是有組織、有計畫、有動力、有思想、有種種的能力，這些東西就是「上九」，要用這些東西，才能夠出征。

「有嘉折首」，這個「嘉」字什麼意思呢？〈文言〉上講：「亨者，嘉之會也。」「嘉」的會合就通。「嘉」就是在這個整個的宇宙次序裡面，有這個機緣，那就是「嘉」。比如說，我們今天想要什麼東西，剛剛好那個地方就擺著那個東西等你去拿。宇宙中間本來就是整個的一個大秩序，每一件東西都有固定的安排的，那個東西和那個東西會合，有固定的安排的。安排得很好，就是「嘉」。「折首」，「首」是什麼？乾為「首」，同時，上九這一爻居一卦之終，

有「首」象。「折」是什麼？上與三相應，三、四、五互成兌，兌爲毀折，故曰「折」。「折首」就是把這個首毀掉，「首」者就是「罪魁」，「有嘉折首」就是有「好的機緣」，把這個「罪魁」，給「毀折」掉了。

「獲匪其醜」，獲，有虜獲。醜者，類也。我們剛剛講四爻是「焚如，死如，棄如」，四爻是逆子，上爻所斬獲的，就是四爻。上爻把這個四爻消滅了，而這四爻不是上九那一類的。「无咎」，沒有毛病。總而言之，〈離〉卦是用柔的，所最忌諱的就是三、四兩爻，一個是觀察不清，一個是衝動失掉準據。

肆、彖傳

彖曰：離，麗也。日月麗乎天，百穀草木麗乎地。重明以麗乎正，乃化成天下。柔麗乎中正，故亨。是以畜牝牛吉也。

「離，麗也」，我們在體象裡解釋過，所謂「麗」，就是「附麗」，這個卦是陽附麗於陰，火如果裡頭沒有個實在的東西，這個火燃不了的，所以一定要有陰。這個乾陽的動能，如果沒有附著一個東西，它發揮不出來。光是空洞的純陽，自己空自鼓舞，表現不出它的跡象出來。它一定要附著在一個實體的東西上，附之於花，附之於人，附之於馬，附之於魚，中國佛家講六道輪迴，就是從這兒出來的。因爲宇宙間的動能，是不會永遠根絕的，今天這個陽能附在這個地方，明天附在那個地方。比方我們人身上有一股子陽能，可是我們

死了，這個身體涵養不了這個陽能，這個陽能就離開身體，飄渺於太空中間，這個陽能飄渺於太空中間，它就要找地方，找著落啊！或者它鑽到草窠裡去了，做草的動力，他就生草；或者它鑽到花裡，做花的動力，它就開花；或者它鑽到昆蟲裡，它就發展昆蟲的動力。所以所謂「輪迴」就指我們陽能可以分散到這個地方，可以分散到那個地方。人死了，這個陽能飄渺於太空之間，不能夠久遠的，它一定要找個地方的。在《易經》的道理，有沒有「神」呢？有「神」，修持的人，無論是道家也好，佛家也好，都是要「定心」，所謂「盡其心者，知其性，知其性，則知天矣」（《孟子·盡心上》），心一定，性就定了。性一定，他死的時候，陽能就脫殼而出，在太空中飄渺，它可以凝聚不散。雖是凝聚不散，到最後還是要分散。所以佛家講：「如來佛也要墮劫的。」「佛」還是一種靈能，能夠不消散的那個靈能，可是不消散，有個時間性，它不是永遠不消散，到最後還是要消散，「消散」就是「墮劫」。人死了，如果陽不分散而很有道理，那就是「神」。「鬼」、「神」只是一點點的差別，「鬼」沒有道理、自然的，雨打風吹，一會就死掉，不能永遠的存在。鬼也有壽命的，鬼那個陽能，「新鬼大，故鬼小」（《左傳·文公二年》），剛剛死的那個陽能團大，慢慢的，過久了，那個陽能團子消耗了，愈過愈小，「新鬼大，故鬼小」就是這個道理，各種書上，都有這種記載。

「日月麗乎天，百穀草木麗乎地」，這個卦通〈坎〉，坎為月，離為日。這個卦是〈遯〉卦來的，一變，就變成天雷〈无妄〉；再變，就變成風火〈家人〉；三變，就變成〈離〉。從這個卦變來看，它有日月往來之象，在變為風火〈家人〉的時候，於是乎坎上來了，離就下來了，月上日下，所以有日月往來之象。卦本乾體，坤陰

二、五兩爻，鑽到〈乾〉卦裡頭去了，就變成〈離〉，所以本體是〈乾〉，乾爲天。在卦變上看，有「日月往來」之象，乾爲「天」，所以「日月麗乎天」。「百穀草木麗乎地」，這個卦通〈坎〉，〈坎〉卦二、三、四互成震，震爲「稼穡」；同時，〈離〉卦的本體二、三、四互成巽，巽爲「草木」；〈離〉卦是坤陰鑽到〈乾〉裡面，它是用坤陰的，坤陰是「地」，所以「百穀草木麗乎地」，這是兩句的卦象。孔子講「日月麗乎天，百穀草木麗乎地」，是解釋這個「麗」字。意思就是說上至於天，下至於地，都有「麗」的象。在天呢，「日月麗乎天」；在地呢，「百穀草木麗乎地」。孔子舉這二個例子，是指示二個作用。「日月麗乎天」，是照明也，「百穀草木麗乎地」，是發生也，推動也。離爲火，它要使普天之下，整個都變成光明，這是它第一個作用。

　　第二個，它推動，使令天下萬物化生，開物成務，〈離〉卦就這二個作用，所以以「日月麗乎天，百穀草木麗乎地」來解釋這個「麗」字。陰陽有互相附麗的作用，上麗乎天，下麗乎地，根據這些個現象歸納起來，所以「重明以麗乎正，乃化成天下」。所謂「重明」，天一生水，地二生火，天六成水，地七成火，這「火」在「水」的後面生成。「重明」就是說剛剛才開始，只是這個地方發生一點熱力，於是慢慢演進，那個地方也發生熱力，再慢慢演進，這個地方也發生熱力，整個的演進，整個的太空都發生熱力的，這就是「重明」。「重明」不是一定限定就是兩個離卦，我們不能這麼拘泥。「重明」取象是兩個離卦的明，但是意義就是普天之下整個都光明了。「重明以麗乎正」，整個的光明要附麗到「正」的方面。「正」是什麼意思？現在也許是地球生病了，所以地球生的人，氣魄

都不夠。氣魄不夠，因此看人看事都從黑暗面，看到一個人，這個人靠不住，他可能當小偷，用人的人，對於人都是這樣想法。因爲有這樣想法，因此用的這個人，再加一個人監視他，監視的人怕靠不住，再加一個監視監視的人，監視監視的人又怕靠不住，再加一個監視監視監視的人，一層套一層，這樣子用人，把人都變成小人了。這樣子，人一受監視，好！你懷疑我不好，我索性就不好。人有兩面的，有存道性的，你挾住他道性發展，他就做好人；有存魔性的，你觸動他的魔性，他就做壞人。人可以做壞人，可以做好人，在乎我們在上執教的人啓發，我從光明正面來啓發他，普天之下，都是好人；我從黑暗面防止他，普天之下，都是壞人，所以「重明以麗乎正」。「太陽」熏化萬物，作育萬物，就是毒蛇猛獸，也熏化它，他不把它看成毒蛇猛獸，因爲毒蛇猛獸還有毒蛇猛獸的用處啊！所以「重明以麗乎正，乃化成天下」。「化成天下」的象從哪兒來的？因爲這個卦以坤爲用，坤爲地，地在天下，所以坤爲天下。「化」是乾陽包了坤，乾陽開化坤陰，所以講「化」。卦象是如此。「重明以麗乎正，乃化成天下」，那個「乃」字，孔子特別重視。「重明以麗乎正」是條件，「化成天下」是結果。如果你是「重明以麗乎正」，你可以「化成天下」；如果你不是「重明以麗乎正」，你就不能夠「化成天下」。

「柔麗乎中正，故亨」，「柔」指二、五兩個陰爻而講，二、五兩個都是居中的，二爻不僅是居中，而且得正，所以講「柔麗乎中正」，這是卦象。意義是什麼？比方我們講火柴，那個火柴頭和那個細細的火柴棒，配合得非常之恰當，假使你用這麼大的木棒子，放在火柴頭的火裡頭，燃燒得了燃燒不了？所以要配合恰當，所謂「中正」，就是在時間上、在空間上配合得非常恰當。「柔」當然有很多

種，我們部下對於長者當然要恭敬，鞠躬如也，不錯，不過我覺得有多少部下對於長官，近乎諂媚，這就「柔不麗乎中正」。我常常看到一個朋友給他長官開汽車門，我覺得這個不必，他車門有他司機的開，這就「柔不麗乎中正」。「柔麗乎中正」，那個火柴棒那麼細細的，配那個火柴頭子，於是乎一擦，它就燃燒了，所以就「通」得了，所以講「柔麗乎中正，故亨」。「亨」的卦象從哪兒來？坤陰二、五到著乾體之中，於是乾坤相交，乾坤相交，所以就「亨」。根據前面的道理，「是以畜牝牛，吉」，「牝」是虛而有容，「牛」是陰性的東西，同時，「牛」是土，牛叫的聲音是宮音，宮音是很寬的那個音，腸胃是屬土的，吃牛肉是補腸胃的，中國的醫藥和這個陰陽五行的道理是一貫的，通的。〈離〉卦是火，火生土，這個「牛」是「土」，同時，離為大腹，「牝牛」，牛是母的，母的是大肚子，虛而有容，所以「畜牝牛，吉」，這是卦象。「畜牝牛，吉」表示一方面要柔順、順著火的勢子，一方面要虛而有容，才吉。因為〈離〉卦是高明的卦，處在高明的位置，一定要柔順。周公輔成王的時候，天下內外的重任，都在他一手掌握之中，可是他對所有的人，都非常客氣，非常柔順，「一握髮、三吐哺」，任何人來了，他在洗頭，他把頭髮握起來待客，決不慢客；吃飯的時候，客來了，他把飯吐掉，去接待客，一會子，客來了，他又把飯吐掉，如此，吃一頓飯要吐三次。所以這樣的精神，天下人民都為他所化了，「畜牝牛，吉」就是這個意思。

伍、大小象傳

象曰：明兩作，離。大人以繼明照于四方。

〈坎〉卦叫「水洊至」，水再到了；〈離〉卦叫「明兩作」，明兩次作。孔子用字，〈坎〉卦用「至」字，〈離〉卦用「作」字，那是為什麼？「至」者到也，水就下，流到這個地方；「作」者興也，火炎上，興起來了。「水洊至」取象於內、外兩個坎，在宇宙剛剛開始的時候，太空之中，這個地方有一點滋潤之氣，於是由這一點影響那一點，也有滋潤之氣，整個太空之中都蘊藏著滋潤之氣；「明兩作」取象於內、外二個離，在宇宙剛剛開始的時候，太空之中，這個地方蘊藏著熱力了，整個太空之中都蘊藏著熱力，不一定就是兩個，普天之下都光明了。「水洊至」、「明兩作」的現象也猶之於人在娘胎裡長細胞，人在娘胎裡長細胞，不是一陣長的，開始才長那麼一點，於是慢慢的，這個地方也長了，那個地方也長了，長了無數萬萬的細胞，宇宙間的這個滋潤之氣，或這個熱力，亦復如此。我們佈卦有六爻，也是這個道理，這個佈法，就告訴我們整個太空之中，這兒有滋潤之氣，那兒有滋潤之氣，整個太空都有滋潤之氣了，「水洊至」就代表這個境界；整個太空之中，這兒有熱力，那兒有熱力，整個太空都滿布著有熱力，「明兩作」就代表這個境界。

「大人以繼明照于四方」，「大人」者，因為卦本乾體，乾為大人，〈乾〉九二：「見龍在田，利見大人。」九五：「飛龍在天，利見大人。」〈離〉卦二、五伏乾，所以有「大人」之象。孔子在六十四卦〈大象〉裡頭，只有〈離〉卦稱之為「大人」，其他的，就是「先王」、「帝」、「君子」、「后」，只有〈離〉卦是以「德

操」爲重，所以講「大人」。「大人以繼明照于四方」，這一句話，一個是「繼」字，一個是「照」字，一個是「四方」，這三個字要特別注意。「四方」者是取象於坤，坤爲方，坤數在「洛書」上是四、二、八、六，坤是逆數的，起於「四」。「四」是雙數，所以坤爲方，坤又起於「四」，所以講「四方」。「照」者是取象於離，離爲日，有「照」之象。意義是什麼？「繼明」者是時間性的，「四方」者是空間性的，中間這個「照」字是貫徹時間與空間的。「繼明」就是要不斷的明，不能是「日昃之離」，一會就昏暗了，「明兩作」在這兒也明，在那兒也明，普天之下都明，所以在時間上要不斷的明，不能說先明白了，以後就糊塗了。「四方」者就是無微不至，無處不到，這個光明到達整個的地方。太陽出來了，那個地方不亮？到處都光明了。這個「照」字呢？就是說「火」的本身要光明，它所承受的都光明，發之者明，受之者亦明。我們看太陽，太陽自己本身是光明，太陽所及的地方，每一個東西都光明了。因此「大學之道，在明明德，在親民」（《禮記・大學》），明這個明德，不僅是我自己要明，使令天下的人都要明。發之者明，受之者也明。光要自己光明，那不夠，使天下的人都跟著我一塊光明。「明兩作，大人以繼明照于四方」，就是大人法〈離〉卦「明兩作」之象，要不斷的明。我們現在好多人以爲自己光明就夠，其實自己光明還不夠，要拿出聖賢的作法，自己光明還不夠，要跟自己在一塊的也光明，整個的要光明。

初九象曰：履錯之敬，以辟咎也。

　　爲什麼「履錯然，敬之，无咎」呢？「以辟咎也」。「辟咎」就是「迴避咎」。初爻的應位是四爻，四爻是「突如其來如，焚如，死如，棄如」最壞的一個段落。離明是個盛明之世，處這個盛明之世的

開始，要特別的謹慎，爲什麼要謹慎呢？要避免四爻這個毛病，要不然，四爻的毛病就來了。

六二象曰：黃離，元吉，得中道也。

爲什麼講「黃離，元吉」呢？「得中道也」。這個卦六爻，就是以二爻最好。二爻「居中得道」，「中」者是得到好處，乾爲道，居中得到乾道，就是說它居中能夠把乾陽吸引得非常之好，乾陽剛剛來開化它，兩個配合得非常恰當。〈離〉卦是以陰麗陽的，這個陽要靠著陰。就是人的精神要靠著身體，那麼身體要好。這個二爻就是很好的身體，能夠把這個陽都吸引住了。

九三象曰：日昃之離，何可久也？

〈繫辭〉上說乾「可大」、「可久」，所以乾爲久，這是久字的象。九三這個乾和應爻這個乾，兩個是敵應，過剛，因此他爆炸了，所以「何可久也」。那麼這一句的意思就是太陽下山的光明，怎麼能夠維持得很久呢？

九四象曰：突如其來如，无所容也。

四爻：「突如其來如，焚如，死如，棄如。」什麼意思呢？「无所容也」。因爲四爻前頭是離，後頭也是離，它是在眾火之間，無所隱身，無所逃，所以講「無所容也」。火的作用，一個是照明，一個是發動的熱能。四爻是發動的熱能，這個發動的熱能，它走偏差了，流於燥烈了。火烈了，就自焚，無所容身，所以講「無所容也」。

六五象曰：六五之吉，離王公也。

六五這一爻爲什麼吉呢？「離王公也」。這個「王公」並不是「王」，假使是「王」的話，他只說「離王也」。「王公」簡單地講，就是「王公大人」的「王公」。因爲六五這一爻是附著上九，上九：「王用出征。」這一爻藉上九之陽來協調自己，因此它附麗於上九這一爻，上九這一爻是「上皇」的位置，「上皇」並不是「王」，所以稱之爲「王公」而不是「王」，「王」是五爻，五爻附麗著上爻，所以「離王公也」。

上九象曰：王用出征，以正邦也。

上九爻辭：「王用出征，有嘉折首，獲匪其醜，无咎。」這一爻辭怎麼說法呢？「以正邦也」。因爲這一卦是坤陰爲用，坤陰鑽到乾體裡面，發生離明的作用。也等於這個鎢絲鑽到這個電流裡面，才發生作用。用在坤陰，坤爲邦，所以講「邦」。王爲什麼要出征？「以正邦也」，安定這個邦國。這是〈離〉卦的大體。

總而言之，〈離〉卦六爻都是以「柔順」爲正。初爻講「敬之」，要敬，敬是柔和的；二爻講「黃離」，黃者也是柔和的；五爻講「出涕沱若，戚嗟若」，也是柔和的；上爻講「獲匪其醜」，也是柔和的，都是能夠把火的炎上之性消滅了。只有三、四兩爻太剛，三爻淪於昏暗，四爻流於燥烈。我們在離明的時候，在人來講是居於顯達的時候，大家都看到你。大家都看到你，你就要柔順。你不能夠趾高氣揚，你一趾高氣揚，你就完了。要以柔順爲正，要忌諱三爻照明不清，觀察不清，要忌諱四爻流於燥烈。

第三十一卦

咸卦

周鼎珩講　陳永銓記錄

咸

艮兌
下上

── 此係〈兌〉宮三世卦，消息五月，旁通〈損〉，反對〈恆〉。

　　我們已經講完《易經》的上經三十個卦，在這三十個卦之中，只
有〈乾〉卦、〈坤〉卦、〈坎〉卦、〈離〉卦、〈頤〉卦、〈大過〉
卦等六個卦是「不反對」的，例如〈乾〉卦正看是〈乾〉，倒過來看
還是〈乾〉，可以說是獨立的卦。至於其餘的二十四個卦，都是「有
反對」的，例如〈屯〉卦的反對卦是〈蒙〉卦，〈蒙〉卦的反對卦是
〈屯〉卦，互相反對的卦，彼此的本質沒有改變，所以反對的二個卦
可以視同一個卦，這樣來看上經的三十個卦，若把不反對而各自獨立
的六個卦，加上互相反對的十二個卦，實際上只有十八個卦。

　　現在我們開始講下經，在下經的三十四個卦之中，只有〈小

過〉卦與〈中孚〉卦這二個卦是「不反對」的，例如〈小過〉卦正看是〈小過〉，倒過來看還是〈小過〉，所以是獨立的卦。至於其餘的三十二個卦，都是「有反對」的，例如〈咸〉卦的反對卦是〈恆〉卦，〈恆〉卦的反對卦是〈咸〉卦。前面說過，互相反對的卦，彼此的本質沒有改變，所以反對的二個卦可以視同一個卦，這樣來看下經的三十二個卦，若把不反對而各自獨立的二個卦，加上互相反對的十六個卦，實際上也是只有十八個卦。

北宋的著名學者邵康節，我們曾經講解過他寫的《皇極經世》，而在〈觀物吟〉這首詩中，他把剛才我們提到的上經十八個卦與下經十八個卦，統稱爲「三十六宮都是春」。這首詩的全文是：「耳目聰明男兒身，洪鈞賦予不爲貧；因探月窟方知物，未躡天根豈識人？乾遇巽時觀月窟，地逢雷處看天根；天根月窟常來往，三十六宮都是春。」歷來學者對這首詩有很多的詮釋，我們就不再多說。

壹、總說

佈卦的次序

〈咸〉卦是下經的第一個卦，〈離〉卦是上經的最後一卦，〈咸〉卦雖然是佈在〈離〉卦之後，但是其間並無先後的次序關係。因爲上經是講氣化發展的經過情形，〈乾〉、〈坤〉是先天的純陽純陰，〈坎〉、〈離〉是後天的陰陽水火，從乾陽坤陰發展到坎水離火，氣化本身的發展已經到達成熟的地步，所以上經始於〈乾〉、〈坤〉而終於〈坎〉、〈離〉。我們看〈序卦傳〉在上經的一開頭說：「有天地，然後萬物生焉。」而在下經的一開頭又說：「有天

地，然後有萬物。」因爲下經是講天地由氣化而形化之後，陰陽交感化生萬物的情況，所以〈序卦傳〉接著說：「有萬物，然後有男女；有男女，然後有夫婦。」由此可見人類有男女，動物有雌雄，正是萬物化生之始。

從卦序來看，下經是從〈咸〉卦、〈恆〉卦男女夫婦交感化生開始，直到最後階段是〈既濟〉六爻皆正，保合太和，各正性命的境界，這時萬物各類的發展都各得其正了，魚在水游，鳥在天飛，草是草，木是木。因爲〈咸〉卦的初六與九四易位，則變成〈既濟〉卦，所以從〈咸〉卦可以隱約看見〈既濟〉卦的情狀。我們前面提到，〈乾〉、〈坤〉代表上經氣化之首，〈咸〉、〈恆〉代表下經形化之首，所以〈咸〉卦不是承接〈離〉卦的，而是自成下經的體系，但是先儒有畫蛇添足、穿鑿附會者，硬是要說：「離者麗也，麗必有感，故繼之以〈咸〉。」這種說法是不足取的。

成卦的體例

通常，我們會把〈咸〉卦與〈恆〉卦合起來看。〈咸〉卦的內體是艮卦，艮爲少男，外體是兌卦，兌爲少女，這個〈咸〉卦的內艮之少男、外兌之少女，也就是〈序卦傳〉：「有萬物，然後有男女」所稱之「男女」。再來看〈恆〉卦的內體是巽卦，巽爲長女，外體是震卦，震爲長男，這個〈恆〉卦的外震之長男、內巽之長女，也就是〈序卦傳：「有男女，然後有夫婦」所稱之「夫婦」。我們看《禮記・昏義》、《儀禮・士昏禮》記載古代婚姻的六種禮節：納采、問名、納吉、納徵、請期、親迎，男方這樣厚禮娶親的過程，就是〈咸〉卦的內艮外兌，男下於女，那是少男少女婚配的情狀。而在

完婚成家之後，則是男正位乎外而主外，女正位乎內而主內，就是〈恆〉卦的外體震為長男，內體巽為長女，男居女上，這才是夫婦之道。閩南語稱丈夫為頭家，可說是最古雅的稱謂。

　　〈說卦傳〉：「天地定位，山澤通氣，雷風相薄，水火不相射。」指出先天八卦之乾坤、艮兌、震巽、坎離兩兩對待，所謂「先天對待，所以明其體」，這是宇宙在結構上的最高法則。〈咸〉卦的卦體為艮山居下而兌澤居上，澤低而居高，山高而居低，正是「山澤通氣」的體象。人身一小天地，地球一大天地，同樣有突出與凹陷的部位，例如人身的穴位，不在突出之處，即在凹陷之處，如同地球的穴位，不在高山即在深澤，這些都是通氣的孔道。山澤不但通氣，而且兌澤本居下，其在〈咸〉卦則居上，代表陰氣上升，艮山本居上，其在〈咸〉卦則居下，代表陽氣下降，這樣陰陽二氣相通而發生的感應，是感之至者，謂之咸。

　　〈咸〉卦與〈恆〉卦都是三陰三陽的卦，根據卦變，〈咸〉卦來自〈否〉卦，〈恆〉卦則來自〈泰〉卦。〈否〉卦上九之陽爻下來居三，六三之陰爻上去居上，三上易位則成〈咸〉卦。上九下居三是乾來交坤，六三上居上是坤往交乾，於是〈否〉之內卦就變成艮為少男，外卦就變成兌為少女，而〈咸〉卦就是以少男少女來說明陰陽交感的現象。因為陰陽在幼嫩時期情感力最強，少男少女既純潔又多情，彼此的感應最為親密深切，所以古今中外都有少男少女為愛殉情的事蹟，像是梁山伯與祝英臺，但是上了年紀的人都會覺得這樣的舉動很幼稚可笑。

　　我們看《易經》六十四卦的卦體，乾卦連體而位在坤體之內者，只有〈咸〉卦與〈恆〉卦，〈咸〉卦是三四五互乾，〈恆〉卦是

二三四互乾，這二個卦雖然是坤體之內伏有乾卦，但是都還保持坤體原來獨立的作用，那就是「坤主靜」。在〈咸〉卦與〈恆〉卦的卦辭都強調「利貞」，就是要保持靜態。〈咸〉卦的初六、六二、九三都蠢蠢欲動，一動就感得不深，到了九四，一靜就能感得深。同樣的。坤卦連體而位在乾體之內者，只有〈損〉卦與〈益〉卦，〈損〉卦是三四五互坤，〈益〉卦是二三四互坤，這二個卦雖然是乾體之內伏有坤卦，但是都還保持乾體原來獨立的作用，那就是「乾主動」，所以在〈損〉卦與〈益〉卦的卦辭都強調「利有攸往」，就是要保持動態。

立卦的意義

孔子在〈咸〉卦〈象傳〉開宗明義說：「咸，感也。」又在〈說卦傳〉提到「咸，速也。」可見孔子解釋〈咸〉卦特別強調感應之迅速。歷代先儒解釋〈咸〉卦，大多說「咸是无心之感，感之至也」、「无心之感則无所不感」。所謂「无心之感」，是說這樣的感應不是有意的，也不是人為的，而是自然而然、天命使然的。所謂「无所不感」，是說這樣的感應不是片面的，而是全面的，不是一時偶發的，而是永久的。咸又為皆感，皆感就是无所不感。〈咸〉卦卦體是內艮外兌，艮的取象是山，其意義則是穩定，兌的取象是澤，其意義則是和悅，由此可見〈咸〉卦的感應是既和悅又穩定，這樣的感應當然是迅速而無所不至。

在〈繫辭上傳〉中，孔子說：「《易》无思也，无為也，寂然不動，感而遂通天下之故。」在〈繫辭下傳〉中，孔子又說：「天下何思何慮？天下同歸而殊途，一致而百慮，天下何思何慮？日往則月

來，月往則日來，日月相推而明生焉。寒往則暑來，暑往則寒來，寒暑相推而歲成焉。」這二段話都跟〈咸〉卦的无心之感有關，值得我們細細品味。現在我要講的是《老子》第十六章「致虛極，守靜篤」。空虛與寧靜正是感應的源頭，儒釋道三家講求明心見性、修心養性，因爲心靈在眞空的境界，智慧自然昇華，當年六祖慧能跟著五祖弘忍，整天砍柴打坐，雖不識字，竟能通悟《大藏經》，就像在空谷中喊話會有回音一般，感而遂通。

　　感應之所以能夠感而遂通，除了虛與靜的境界之外，還需要具備正確與穩固的條件，這就是〈咸〉卦卦辭所稱的「利貞」。感應就像人身心電波的發射與接收，相吸則和悅而爲正應，所謂投緣或一見鍾情，相斥則厭惡而爲敵應，彼此扞格不入。此外，和悅的感應還要像艮山一樣的穩固而止於至善。我們看中國歷代皇帝都有「封禪」「郊祀」之舉，現在大家都視爲迷信。其實「封禪」「郊祀」是一種心靈的統治儀式，在上位者以眞誠的心靈敬拜天地，爲民生社稷祈福，老百姓接收到這股強烈的心靈電波而受感動，自然萬民咸服。《老子・第十七章》說：「太上，不知有之；其次，親之譽之。」咸就是親之，使天下百姓都認爲統治者親民愛民，樂意接受其統治。至若統治者好用兵刑而民生凋敝，則人民「畏之侮之」，那就根本談不上感應。

貳、彖辭（一稱卦辭）

〈咸〉：亨，利貞，取女吉。

　　〈乾〉卦的卦辭是「元亨利貞」，〈咸〉卦卦辭只有「亨利

貞」而沒有「元」，這是什麼道理？因爲〈乾〉卦是上經先天氣化之始，既創始又博大，所以稱「元」；〈咸〉卦則已進入下經後天形化階段，形化來自氣化，所以〈咸〉卦不能稱「元」。「咸，亨」是指〈咸〉卦自〈否〉卦來，〈否〉卦上九下而居三，是乾下交坤，〈否〉卦六三上而居上，是坤上交乾，乾陽坤陰二氣相交而二情相感，所以亨通。

「利貞」是宜乎正確地固守其位的意思，在《易經》六十四卦中，六爻皆相應的有：〈泰〉、〈否〉、〈咸〉、〈恆〉、〈損〉、〈益〉、〈既濟〉、〈未濟〉等八個卦，但是相應未必是正應，例如〈咸〉卦的二爻與五爻、三爻與上爻是陰陽得位而爲正應，初爻與四爻則是不得位而應，初爻是陰爻居陽位，四爻是陽爻居陰位，初六與九四宜乎變正，那就成了〈既濟〉大定。例如人與人之間的心靈電波要在發射與接收的正確位置，才能彼此感應，但是感應也有深淺之分，眞正感應得深切的，一定是正確穩固的。

〈咸〉之卦體是內艮外兌，艮爲手又爲求，以手求之，有「取」之象，兌爲少女，有「女」之象，所以卦辭稱「取女」。爲什麼「取女」則「吉」？因爲男婚女嫁則陰陽交感，所以娶妻吉祥。古代男子三十歲而娶，女子二十歲而嫁，三十加二十等於五十，正好是〈繫辭上傳〉占卦籌策所稱「大衍之數」；另據〈說卦傳〉「參天兩地而倚數」，陽數三，陰數二，各加上成數爲十，也是男子三十而女子二十。再者，根據「揲蓍成卦」的說法，「女法蓍」：女子以二乘七等於十四（月信始來），以七乘七等於四十九（月信斷），所以生殖期間約三十五年；「男法卦」：男子以二乘八等於十六（陽精始生），以八乘八等於六十四（陽精竭），所以生殖期間約四十八年。

可見男女的生殖年齡相差約爲十年，因此古代男子三十歲而娶，女子二十歲而嫁。

參、爻辭

初六：咸其拇。

〈說卦傳〉：「乾爲首，坤爲腹，震爲足，巽爲股，坎爲耳，離爲目，艮爲手，兌爲口。」這是根據八卦的特性，來對應我們的身體部位，所謂「近取諸身」是也。〈咸〉卦的爻辭，初六「咸其拇」，是因爲初六居〈咸〉卦之最下，所以對應我們的腳指，上六「咸其輔頰舌」，則是因爲上六居〈咸〉卦之最上，所以對應我們的臉部，這也是「近取諸身」而取象，其餘各爻依此類推。

爲什麼周公繫爻辭要用我們身體的六個部位來對應〈咸〉卦的六爻呢？因爲「咸，感也」，感應之道可以意會，卻很難言傳，所以文王的卦辭說「取女吉」，是以男婚女嫁來解釋陰陽交感，這樣才方便理解；周公的爻辭則以人體相應的部位來解釋六爻的不同感應，所以初爻爲拇，二爻爲腓，三爻爲股，四爻爲心，五爻爲脢，上爻爲頰舌，由下而上，感應各不相同。

拇是腳的大拇指，初爻居〈咸〉卦最下的位置，有足之象，所以稱「拇」。初六在〈咸〉卦感應剛剛開始，這時的感應非常輕微，甚至根本談不上感應，就像我們的腳趾比較沒有痛感一般，所以說「咸其拇」。我們在前面談卦辭時提到，〈咸〉卦六爻皆相應，二爻與五爻、三爻與上爻是陰陽得位而爲正應，但是初爻是陰爻居陽位，四爻

是陽爻居陰位，不是正應就比較沒有感應，所以初六爻辭沒有「吉凶悔吝」。不過，感應是日漸產生的，這時還是要慎之於始。

六二：咸其腓，凶，居吉。

「腓」是指小腿，俗稱小腿肚，是小腿後面筋肉突出的部分。我們身體要行動時，是從小腿先動，所以小腿是最善動也最躁動的。我們在解說卦辭時特別強調「利貞」，也就是說感應需要具備正確與穩固的條件，因為感應的條件是正確穩定，感應的源頭是空虛寧靜，偏偏六二之腓最為躁動，這樣一時的情感衝動，一廂情願的片面感應，當然會招「凶」。

六二位處內體艮卦之中，艮為門闕又為止，有「居」之象。六二本是陰爻居陰位，居中得正，何以招凶？因為六二與九五雖為正應，但在內卦艮止的大環境之下，六二卻躁動而上求九五之感應，違反正確與穩固的感應原則，因而招凶。那又為什麼「居吉」？若能止於其所，稍安勿躁，等待適當的感應時機，則能轉凶為吉。

九三：咸其股，執其隨，往吝。

股就是大腿，九三位在六二之上，六二既為小腿的位置，那麼九三就是大腿的位置，所以說「咸其股」。執是取象於內體之艮，三居艮為手，有「執」之象。「隨」是跟隨時尚潮流，一味迎合他人的意思，而不是自有主見。六三雖然陽爻居陽位，又與上六為正應，況且〈咸〉卦是由〈否〉卦三爻與上爻易位而來，照理說二者的感應是很密切的，然而因為九三居內體艮止之上，以至於止而不前，反過來貪圖六二之陰，這樣九三與上六的感應自然淡薄許多，即使勉強往上

感應，也會施展不開，所以說「往吝」。

　　一個卦有六個爻，各爻因其所居的位置不同，彼此之間便發生應、比、乘、承的關係。〈咸〉卦的九三，其與上六正相應，又與六二相比鄰，彼此之間的感應如何取捨？九三爻辭「執其隨，往吝」，意思是隨著二爻而疏遠上爻。執其隨的重點在「執」字，究竟是自我堅持或是受到夾持？我們從人類腿部的結構來看，大腿與小腿在膝蓋部位緊密相連，就像〈遯〉卦六二爻辭「執之用黃牛之革」，這個「執」字是綑綁的意思，所以三爻的大腿必然要隨著二爻的小腿而行動，「執其隨」就是無法自作主張而人云亦云，這樣沒有主宰的感應就不是交感。

九四：貞吉，悔亡。憧憧往來，朋從爾思。

　　九四是〈咸〉卦的主爻，奇怪的是〈咸〉卦六爻只有九四的爻辭沒有「咸」字，歷代先儒認為：不言咸者，乃咸之至也。此外，周公在爻辭中具體指出人體相應的部位，初爻為拇，二爻為腓，三爻為股，五爻為脢，上爻為頰舌，唯獨四爻位在三爻大腿與與五爻背肉之間，分明是心臟的位置，卻不說「咸其心」，莫非：雖不言心，而心在「思」中。例如楊時《易說》認為：「有心以感物，則其應必狹矣，唯忘心而待物之感，故能无所不應。」這是〈咸〉卦九四爻辭特別的地方，在此先做說明。

　　「貞吉」就是卦辭的「利貞」，都是宜乎正確地固守其位的意思。「悔亡」是不會懊悔的意思，吉凶悔吝是《易經》常見的斷辭，悔字最早出現在〈乾〉卦上九「亢龍有悔」，是指乾陽的發展過於高亢，反而損害其自身的存在，以致產生懊悔；回過頭來看〈咸〉卦

九四，若能貞正地固守其位，就不會受損而悔恨，所以說「悔亡」。
反之，若是「憧憧往來」，心思不定而顧此失彼，那就「有悔」。

　　為什麼先儒大多認為「憧憧往來」是心思不定而「有悔」呢？
因為他們把「憧憧」解釋為心思不定的樣子。易例：卦氣向上走為
「往」，卦氣向下走為「來」。先儒認為：九四與初六為正應，向下
應初是為來；九四又受到上六花言巧語的吸引，向上應上是為往；
因此九四在初六與上六之間難以取捨而心思不定，所以說「憧憧往
來」。

　　九四居外體兌卦而兌為朋，「朋」是指九四之同類而言，這不
就是與九四同為陽爻的九三與九五嗎？我們看〈坤〉卦的〈象傳〉：
「西南得朋，乃與類行。」根據後天八卦方位，坤卦位於西南，率領
巽長女、離中女、兌少女，群陰同類聚處，就是「得朋」。同樣的，
〈咸〉卦三四五互乾，三個陽爻構成乾體，也有「朋」之象，可見
三四五既是就近相感，又是同類相感，所謂臭味相投，沆瀣一氣，因
為感應的只是自己的同類，所以說「朋從爾思」。

　　歷來學者大多採用上述的二分法，將九四爻辭分成二段，也就
是把「貞吉悔亡」做正面解釋，而把「憧憧往來，朋從爾思」做負面
解釋。我的師承，卻是另一種說法：「憧憧」是昏暗的意思，九四與
初六、上六相應，上為往，下為來，我感是往，你應是來。〈咸〉卦
的初爻感二爻，二爻感三爻，五爻感上爻，都是就近相感，感得很膚
淺，這是皮相之感，而不是由衷之感，正因為感得很膚淺，被感者也
不一定會有反應。只有九四是由衷之感，所以能夠上下往來，往則感
於上六，來則感於初六，九四所感之初六與上六都距離很遠，但是被
感者都有所反應，這樣的感應是昏暗幽微的由衷之感，所以說「憧憧

往來」。再者，九四與九三、九五是三個陽爻相連成乾體，彼此志趣相同而能夠互相感應，就像〈乾〉卦〈文言傳〉的「同聲相應，同氣相求」，這也是從正面的角度來看「朋從爾思」。

九五：咸其脢，无悔。

無論宋儒或漢儒，大多解釋「脢」為脊背肉。位在背後的背脊肉是我們肉眼無法看見的，「咸其脢」就是感應到看不見的部位，那就「无悔」，沒有什麼傷害或損失。另有一種解釋，「脢」是喉頭，因為五爻承著上爻，五既與上相連，上爻的位置是輔頰舌，那麼五爻的位置就是喉頭；就像二爻的位置是小腿，則三爻的位置當然是大腿，這些都是就近相感。當喉頭有說話的意思，是要靠嘴巴來表達，這樣的感應作用不大，所以只是「无悔」。

上六：咸其輔頰舌。

《周易集解》虞翻曰：「耳目之間稱輔頰，四變為目，坎為耳，兌為口舌，故曰咸其輔頰舌。」他的意思是，九四陽爻變為陰爻，則外卦兌變成坎為耳，三四五互離為目，坎耳與離目之間是腮，也就是「輔頰」。「舌」取象於兌，兌從外為口，從內為舌。輔頰舌都是說話需要用到的地方。「咸其輔頰舌」是指上六是用嘴巴來感應，也就是完全靠著口說好話來吸引別人感應。

我們再從頭來看〈咸〉卦六爻，初爻「咸其拇」，二爻「咸其腓」，三爻「咸其股」，五爻「咸其脢」，上爻「咸其輔頰舌」，都是可以看得見的切近者相感，因為一般人只能感應其切近可見者。唯獨九四除了與九三、九五是三個陽爻相連成乾體，彼此志趣相投而

能切近相感，是「朋從爾思」之外，九四在昏暗幽微之中，還能往感於上六，來感於初六，這樣的感應是「憧憧往來」的由衷之感，所以九四爻辭雖然沒有「咸」字，卻是〈咸〉卦的主爻。

肆、彖傳

彖曰：咸，感也。柔上而剛下，二氣感應以相與，止而說，男下女，是以亨，利貞，取女吉也。天地感而萬物化生，聖人感人心而天下和平。觀其所感，而天地萬物之情可見矣。

「咸，感也」是說「咸」是無心之感，感之至者也，這不是有心去做，而是毫無匠意，不是人爲的。〈咸〉卦來自〈否〉卦，〈否〉卦六三陰爻往上，上九陽爻下來，那麼天地〈否〉就變成澤山〈咸〉，陽剛陰柔，所以說「柔上而剛下」。此外，〈咸〉卦外體兌爲柔，內體艮爲剛，同樣有「柔上而剛下」之體象。〈否〉卦外體乾爲天，乾卦上九陽爻下而居三，是天氣下降；〈否〉卦內體坤爲地，坤卦六三陰爻上而居上，是地氣上升；天氣下降，地氣上升，於是二氣相交相親，所以說「二氣感應以相與」。以上是解釋卦象。

「止而悅」是指〈咸〉卦內體艮爲止，外體兌爲悅，合起來看是有「止而悅」的體象。「止」並非是不行動，而是穩定而恰當地止於其所，所謂「止於至善」，凡是一物能夠止於其所，其內在的結構必定很妥當。兌爲八月卦，八月正是禾苗收成的時節，所以「悅」是慶祝豐收的喜悅，是發自內在、由衷而發的喜悅，是費盡辛苦而功成名

就時的那種喜悅，而不是陪笑臉、說好話，以討人喜歡爲悅樂。

　　「男下女」是指〈咸〉卦內體艮爲少男，外體兌爲少女，所以〈咸〉卦有男下女的體象。〈咸〉卦自〈否〉卦來，〈否〉卦是上乾下坤，乾陽本就在上，在〈否〉卦又居外體，陽氣更向上走；坤陰本就在下，在〈否〉卦又居內體，陰氣更向下走，於是陰陽二氣越拉越遠，永遠不會相交。現在變成〈咸〉卦，內體爲艮，艮爲止爲少男，外體爲兌，兌爲悅爲少女，既然是「止而悅」「男下女」，陰陽二氣自然相交而亨通，這樣當然是正確而能夠穩定的，所以說「是以亨利貞」。以上是解釋卦義。

　　「天地感而萬物化生」就是〈繫辭下傳〉所說：「天地絪縕，萬物化醇。男女構精，萬物化生。」這句話含有三個意義，一是乾陽鑽入坤體，而在坤體內發生作用；二是〈否〉卦之六三上去居上，上九下來居三，就變成〈咸〉卦，有天地二氣相交而氤氳之象；三是乾陽入坤體而被坤體包住，乾陽有開物的作用，坤陰有生物的作用，天地二氣相感，萬物就能化生。因爲天地之氣融融，春雨如膏滋潤大地，萬物得到這樣的氣化滋養，才能和諧的成長。

　　「聖人感人心而天下和平」是說聖人效法「天地感而萬物化生」的道理，用來感化人心，人心能夠感動，那就天下和平了。〈咸〉卦是三四五這三爻互成乾體，乾爲「聖人」，〈咸〉卦具有「止而悅」「男下女」的體象，陰陽二氣非常和諧，〈咸〉卦初六與九四相應，若初與四易位，則二三四互坎爲水又爲平，因此有「和平」之象。「和」是指二種物質混在一起而化生成另外一種物質，融成一體而失去各自原本之性質就是和，例如水乳交融乃和之象。「平」是說在二物尚未和成一體的時候，我是我，你是你，我高你

低，你多我少，彼此之間還有高低多少的差別競爭，難免因比較而起爭執；一但交融成另一種他物，失去了你我，這樣就沒有你與我之間的爭執，自然就和平了。

「觀其所感，而天地萬物之情可見矣」，其中「觀」與「見」是取象於〈咸〉卦九四陽爻變爲陰爻，則三四五互離爲目，目可以觀可以見。因爲聖人之感人心，要看他感應的程度有多深？再看他感應的範圍有多廣？同時還要看他是怎樣去感應？以心靈感應來統治天下的聖人，天天念茲在茲的是老百姓與國家社會的福祉，是將心靈付託給天下百姓而無我，其用心之專之誠，已經跟天下百姓融成一體，那麼天下沒有不和平的道理。《中庸》說：「惟天下至誠，爲能盡其性；能盡其性，則能盡人之性；能盡人之性，則能盡物之性；能盡物之性，則可以贊天地之化育；可以贊天地之化育，則可以與天地參矣。」也是這個道理。《老子·第十七章》說：「太上，不知有之；其次，親之譽之。」就是指心靈統治者而言，至若統治者好用兵刑而民生凋敝，則人民「畏之侮之」，那就根本談不上感應。

伍、大小象傳

象曰：山上有澤，咸。君子以虛受人。

「山上有澤」就是〈咸〉卦的體象，澤本低窪而居山上，山本高聳而居澤下，這是〈咸〉卦的特徵。我們講過〈謙〉卦，謙是坤地在上而艮山在下，山本高出地面，卻反居於地之下，這就是謙虛的象徵。自然界的澤是比地面更爲低下，山在地下已經是謙，〈咸〉卦更是山位在澤下，那是既謙且虛，虛乃能容，進而能感，一個人的器量

空虛，才能夠容納他人，所以一謙虛了，就能發揮感應作用。這就像佛家所說的「戒定慧」，能戒則能定，能定則生慧，所以心一虛就能發揮感應作用。

「君子以虛受人」，是說君子法〈咸〉卦山上有澤，既謙且虛，在政治方面，統治者對待人民要謙虛，在商業上，店家對待顧客也要謙虛，千萬不能拿自己的情緒去施加於人。我們看人際關係，多年的朋友交情，會因為一時鬧情緒，就讓彼此的關係毀於一旦，懂得山上有澤而以虛受人的君子，絕對不會讓自己走到這步田地。我們看周公主持朝政時，接待來客，經常是一握髮三吐哺，那麼不僅僅是有識之士對周公讚譽有加，就連無知無識的販夫走卒，也都異口同聲地說他好話，這就是以虛受人的功效。

初六象曰：咸其拇，志在外也。

因為初六與九四相應，初六以陰爻居陽位，九四以陽爻居陰位，都不當位，若初爻與四爻互易其位，則四爻變陽為陰，固然當位，但是這樣三四五與四五上都變成互坎，坎為志，但這個坎是在外體，所以說「志在外也」。雖然初六志在與外體的九四相應，但是初六還沒有主動感應的能力，就像拇指只能在原地動，卻不能付諸行動，可說是心有餘而力不足。

六二象曰：雖凶居吉，順不害也。

六二是小腿的部位，最為躁動而又善動，由於行為衝動，在內體為艮止的大環境下，招「凶」是必然的。因為〈咸〉卦需要虛靜才能感應，躁動則反其道而行，所以談不上感應，就像一個人在跑步的時

候，是無法思考的。但六二以陰爻居陰位，是居中得正，若能止於其所，改變原本躁動的本性，則能轉凶為吉，所以說「居吉」。〈咸〉卦來自〈否〉卦，二爻居〈否〉卦坤體之中，坤為害，而今〈否〉卦變為〈咸〉卦，則內體坤為害就變成艮為止，害象不見了就不能為害。「順不害也」意思是，若能順應艮止而虛靜自居，則合乎咸道，這樣就不會受到損害。

九三象曰：咸其股，亦不處也。志在隨人，所執下也。

初爻咸其拇，雖然志在外，想動卻動不了；二爻咸其腓，最為躁動，卻還不是動的時機；三爻咸其股，亦不處也，是不安於其位，也是想動。〈咸〉卦二三四互巽為處，但若三爻隨著初爻與二爻往外行動，那麼互巽的體象就不見了，所以說「不處也」。「志在隨人」有三種說法，第一種說法是虞翻認為：三爻隨二，三爻所隨者，是其底下的二爻，志在於二，故「所執下也」；第二種說法是認三爻隨上，因為三上相應，三動而隨上；第三種說法認為三爻隨四，大腿是跟著心動而行動。無論是隨二或隨上或隨四，大腿都是跟著別人動，一味迎合他人，而毫無主見，這樣的感應過於卑下，因此說「所執下也」。

九四象曰：貞吉悔亡，未感害也；憧憧往來，未光大也。

「貞吉悔亡」簡單說就是穩定安詳則吉，也就沒有懊惱，「未感害也」就是不會感到身受其害。六二〈小象〉「順不害也」，九四〈小象〉「未感害也」，二者都有「害」字，因為易例：二爻與四爻有同功之妙。六二之害取象於〈咸〉卦自〈否〉卦來，二爻居〈否〉

卦坤體之中，坤爲害；九四之「害」取象於〈咸〉卦的初爻至五爻有
〈遯〉卦體象，也就是初二三互艮爲山，三四五互乾爲天，合起來看
就是天山〈遯〉。〈遯〉卦有子弒其父之象，所以稱之爲「害」。

因爲〈遯〉卦內體艮爲子而外體乾爲父，從〈遯〉卦作爲十二消
息卦來看，底下二個陰爻逐漸往上，終將消掉上頭四個陽爻，所以說
有子弒其父之象，這時君子要遠小人，以免身受其害。還好〈咸〉卦
雖然有〈遯〉卦體象，但是〈咸〉卦有利貞之德，能夠正確穩定，就
不會變成〈遯〉卦，所以說「未感害也」，意思是只要貞吉，就沒有
什麼能夠妨害你的所感。

「憧憧」一般認爲是心思不定的樣子，我的師承則認爲是昏暗的
樣子，這樣對於爻辭與〈小象〉的解釋有就有所不同。九四向下應初
是爲來，向上應上是爲往，四與初上都距離很遠卻能有感應，那是由
衷之感；四與三五是三個陽爻相連成乾體，彼此志趣相同而能夠互相
感應，那是切近之感。九四憧憧往來而所感者多，但是還有六二沒有
在感應之中，所以沒有到光大的地步。再就象而言，因爲離火爲光，
乾天爲大，若九四下而應初，則三四五的乾體變成離，固然有了離火
之光，卻少了乾天之大，所以說「未光大也」。

九五象曰：咸其脢，志末也。

這個〈小象〉有二種解釋，漢儒說「志末也」，宋儒說「志未
也」。《周易集解》：「案末猶上也，四感於初，三隨其二，五比於
上，故咸其脢，吉。末者，謂五志感於上也。」〈咸〉卦二爻至上爻
有〈大過〉卦體象，二三四互巽爲風，四五上互兌爲澤，就成了〈大
過〉卦。〈大過・象〉曰：「棟橈，本末弱也。」本是指初爻，末是

指上爻。〈咸〉卦有〈大過〉體象，「志末」也是指上爻，意思是五爻志在感應上爻。至於「志未也」，是說九五與六二爲正應，卻因爲與上六相比鄰而就近相感，於是捨六二而就上六，所以原本九五下應六二的志向沒有實現。

上六象曰：咸其輔頰舌，滕口說也。

虞翻曰：「耳目之間稱輔頰。」也就是臉部腮的位置。上六居兌爲口，口內爲「舌」，輔頰舌都是說話需要用到的地方。「咸其輔頰舌」是指上六是用嘴巴來感應，也就是完全靠著口說好話來吸引別人感應。「滕」通騰，是興作的意思，上六感應到口舌之間，就是興作言語。兌爲口又爲悅，有口悅之象，嘴巴表現得很甜，好話說盡。人之相感，大多是感其靠得最近的，所以感得不深，像是五爻與上爻是喉頭與嘴巴之感，因相近而感，可說是感不由衷，例如古代皇帝與太監是相近而相感，所以皇帝愛聽太監的話，這樣的感應只有壞處，沒有好處。

第三十二卦

恆卦

周鼎珩講　鄭振墉記錄

恆

巽下　震上

—— 此係〈震〉宮三世卦，消息七月，旁通〈益〉，反對〈咸〉。

壹、總說

佈卦的次序

　　現在接著報告〈恆〉卦，昨天因為沒有午睡，所以身體差一點，今天有點氣弱。這個〈恆〉卦是接著〈咸〉卦之後，為什麼呢？因為宇宙間一切萬物化生，就靠陰陽兩氣，按著時機化生，但陰陽兩氣之能夠化生萬物，它第一步一定要陰陽兩氣交感，假使陰陽兩氣不交感，不接頭，就無從化生起，所以陰陽兩氣要達成化生萬物的目的，第一就要交感，而且交感之情，必須很專，〈咸〉卦就代表這個現象。〈咸〉卦是以少男、少女非常真切的感情，來形容宇宙間一切

陰陽兩氣的交感。

　　但只是雙方面交感之情非常眞切，尙不足以擔負化生萬物的功能，因爲交感假使是偶而發動的，或者不是永久，就難竟全功。以這類現象來說，有很多少男少女，在最初雙方交感很眞切，心意堅定，甚至以死誓之，可是相處不久，兩個人就起勃谿，甚至鬧到最後仳離。這種情形很多，所以只是兩情交感眞切，還不能盡化生萬物的功能，更要兩情交感之後，能夠持之以恆，久而不散，要這樣，才能有化生萬物的功能，所以在〈序卦傳〉裡講：「夫婦之道，不可以不久也，故受之以〈恆〉。」

　　孔子就以人類夫婦之道，來形容陰陽兩氣。以人類夫婦之道來講，應當要久；假使夫婦在少男、少女的時候，當時需要很切，情感只是一時衝動，到以後兩人感到不適合，雙方卻不願意對方，這就不是夫婦之道。所以夫婦之道，不可以不久，〈恆〉卦之恆就是代表久的，因此在〈咸〉卦以後，繼之以〈恆〉。這爲什麼呢？因爲陰陽兩氣，在結合之始，當然兩方面要有交感之情，有交感之情，才能啓發開端，啓發化生契機，但化生契機已經啓發了，就不是交感之情所能竟其功，另外還需要有持久之道，所以在人類夫婦之間，少男、少女交感是發乎情，到後一個階段，如持家之業，就要止乎禮，不是完全以少年時期的感情就可以維持久遠的，到後來，雙方年紀大了，就應以道義責任爲主，來維持夫婦之間的關係。這在〈恆〉卦，就表示這種意義。

　　〈恆〉卦是以震、巽兩體成卦，震是長男，巽是長女，它以長男、長女成卦，就不像〈咸〉卦以少男、少女成卦。少男、少女成卦，是講交感之情的，長男、長女成卦，是講持家之道的。少男、少

女構成〈咸〉卦，是男下於女，在成為配偶之前，當然是男下於女，男方低頭娶媳婦，女方抬頭嫁女兒。中國在過去，六禮成婚，在六禮過程中，都是男方低聲下氣，到女方去請示，納采、問名、納吉、納徵、請期、親迎，最後請期，到女方來，卑躬屈膝，請示小姐何時于歸，選定于歸日期，然後男的帶轎馬去迎親。這是中國過去古典所謂六禮，成婚中間，處處都是男方低聲下氣，向女方求的，所以稱求婚，男下於女。這是成婚之前，既經成婚以後成家了，那就不然，所謂「女正位乎內，男正位乎外」，震為長男，巽為長女，即夫婦「門外男主之，門內女主之，然後家可齊」。

講到夫婦，陰陽兩氣交感化生，其中間之過程，是先有交感，而後有持久之道，故〈恆〉卦就接著〈咸〉卦之後來佈卦，這卦之次序是如此。

成卦的體例

〈恆〉卦體象，與〈咸〉卦不同之處，即〈咸〉卦是表示陰陽結合之開端，故卦體是少男、少女，而且男下於女，其重點在於交感之情。而〈恆〉卦是講立家之分際，卦體為長男、長女，而且「女正位乎內，男正位乎外」，其重點是在持久之道，要有常態入常情。恆是久，〈恆〉卦之所以能持久，因為長男、長女婚配成家，重點已不是發乎情，而是止乎禮了。尤其「門以外男主之，門以內女主之」，這是什麼道理呢？「門以外男主之」，是講震，震是代表陽的，是乾元交坤，由乾元為之主宰；「門以內女主之」，是講巽，巽是代表陰的，坤元交乾，由坤元為之主宰。因此這兩個都是乾元、坤元之發用。「門以外男主之」，乾是陽，陽之性能是向外奔放擴散，男是

屬於陽的，應當向外去創造，故「門以外男主之」；「門以內女主之」，坤是陰，陰的性能是向內收斂的，女是屬於陰的，要保持向內收斂之道，所以「門以內女主之」，這是講陰陽性能。再就人類男女身體構造而言，男的多半是肩膀寬，下半身狹；女的則相反，下半身寬，肩膀狹。什麼道理呢？因男的是以離為主，身體構造是肝陽在上為之主宰，氣往外衝；女的是以腎陰為主，因為女的負有生育責任，生育是靠坎宮，坎為水，所以臀部一定要特別發達，才能發揮其天賦的功用。從男女身體構造上來看，肩寬表示離陽向前衝，適宜於做發散性的工作；坎水下行，表示向內收斂，故女的多半做收斂性的工作。而〈恆〉卦之卦象，以震、巽成卦，即表示男之所以正位乎外，女之所以正位乎內，都是本著陰陽原有性能，作合理的分工，家道才能持久。

可是話又說回來，就現在社會情況與世界趨勢而言，是男女平權，雖然男女都在社會上做事，但裡面仍可以看出陰陽之別。譬如男人衣服上有個小洞，自己往往不易發覺，但經太太一看即可發現，所以女的眼光比較能夠看到細微的地方，男的不會觀察得那麼細微，這是男的短處。可是女的亦有個短處，就是向外開創的勇氣總是要差一點，因為她肩膀狹，肝陽發揮的力量不夠，向外衝的能力就比較差。但亦有例外，極少數的女性有男性化傾向，亦可以往外衝。一般女性的向外衝勁總是比男的小，所以我國以前「門以外男主之，門以內女主之」，道理就在此，這是〈恆〉卦的第一個體象。

第二個體象，〈恆〉卦以卦變講，是從〈泰〉卦變來的，〈泰〉初九上而居四，六四下而居初，即〈泰〉初九、六四互換位置，就變成〈恆〉卦，所以象傳講：「剛上而柔下」，初九上去即

「剛上」，六四下來即「柔下」。初九上去外卦變震，震為剛，亦是「剛上」，六四下來，內卦變巽，巽為柔，亦是「柔下」，故有「剛上而柔下」之象。卦之上下即是內外，其分際非常嚴明。外卦原係坤卦，是由乾元交坤；內卦原係乾卦，是由坤元交乾，此乾元、坤元，相互往來，構成長男、長女之象。因為乾元交坤，構成長男，坤元交乾，構成長女，長男、長女，在陰陽氣化中，已距離乾元、坤元很遠，由乾元與坤元互相往來，便成長男之陽與長女之陰，其陰陽氣化，已經相當成熟。在乾元、坤元之時，尚屬先天境界，由先天之乾元、坤元，變成長男、長女成熟之陰陽，中間要經過漫長的一段途程，才能使陰陽氣化到了成熟階段。既經成熟，就可穩定，能穩定才能保持常態，能保持常態就能久，這是〈恆〉卦的第二個體象。

第三，外卦是震，震取象為雷。內卦是巽，巽取象為風。雷與風，其氣是相通的。為什麼呢？因外卦是一陽為兩陰所包，故其氣化是聚；內卦是一陰入兩陽之內，兩陽浮於外，故其氣化是散。何以會形成為雷？因陽氣化聚集一處而成熱能，外為陰霾之氣化，熱能欲向外衝，陰氣流愈向內，互相衝擊，最後陽氣突破陰氣之包圍，所發出的聲音，就是雷。至於「散則為風」，乃陰入兩陽之內，兩陽在外浮蕩而成風。故陽氣化在外散開則成風，在內聚集則成雷，事實上就是氣化集中與分散的兩種情況，雷與風就是這種情形。宇宙間化育萬物，就靠這氣化之一散一聚。以人來說，人在緊張時，氣就會聚起來。有些人不太願意做運用思想的工作，尤其現在學生們，如果叫他們作一篇文章，他們痛苦得很，覺得很吃力；但在電影街上溜達，就覺得很輕鬆。什麼道理呢？就是氣化集散的問題。集中氣化在身體裡面，是一個很費氣力的事；但在街上散步，氣化鬆散，就不費氣力。

所以將精力集中，思考一個問題，很吃力；但把它放開，則覺得很輕鬆。可是人類生活以及內在的氣脈，只是鬆散，亦是不行的，鬆散以後，一定要集中，集中到某一個時期，又要鬆散。因此人在呼吸的時候，是一呼、一吸，但在氣脈上來看，則是一上、一下，一聚、一散的。人白天工作，精神集中，晚上休息，精神鬆弛，也是一聚、一散。人類如此，宇宙萬物的化生，都是如此，例如植物生長，經太陽照射，將氣化集中，但照射得厲害了，就有雨水潤澤，枝葉舒展，氣化鬆散。所以宇宙化生萬物，總是有寒、有暑，有往、有來，有晝、有夜，就是這個道理。〈恆〉卦代表宇宙一切化生的常態，有聚、有散，故〈恆〉卦之外卦是雷，內卦是風，外卦雷表示聚，內卦風表示散，一散、一聚才能化生。假使只聚而不散，或只散而不聚，那就死亡了。一切化生常態皆是如此，這是第三個體象。

　　第四，巽卦是乾陽之中，下設一陰；震卦是坤陰之中，下設一陽。此二者所以構成夫婦現象，因兩者原來係互通往來，故〈說卦〉云：「巽卦…其究爲躁卦。」其意即巽卦原本係震卦，震卦，坤陰之終，陽爲之始；巽卦，乾陽之終，陰爲之始，此兩卦乾坤互相往來，於是構成終始之象，終而復始，還而無端，久而不絕，故謂之恆。恆者常也，是一種恆久的常態，但此常態，並非一成不變者，不過要變而不失其常態，這是第四個體象。

　　《易經》中所講，宇宙間沒有不變化的事物，既有變何以講恆、講久、講常呢？因爲在變的中間，有個不變的東西在裡面，那個不變的東西，即是常態。例如種稻子，稻種長到極限之時，就結成稻穗子，這是在變。但這個變，有一定的秩序，有一定的常態，稻種老是到這個時候變成禾苗，禾苗老是到這個階段，結成稻穗子，永遠是

如此，一萬年以前如此，一萬年以後一是如此，這是變的常態。假使稻種不變成禾苗，而結成稻穗子，那就是反常的變化。所以〈恆〉卦是代表常，其變亦是變而不失其常。〈繫辭下〉云：「窮則變，變則通。」所謂窮，就是一個現象到了極限之時，它一定要變的。例如一個人肚子餓了，一定要吃飯，不吃飯不行。又如工作了一天，很疲倦，一定想睡覺，不睡覺不行。這些由疲倦而睡覺，由飢餓而吃飯，都是在變，吃飯是由飢餓變飽，睡覺是由疲勞變成安定，但這種變，期間都有一定的規則，必須飢而後食，倦而後眠，這是常。假使肚子不餓，就吃飯，沒有困倦而去睡覺，那是不窮之變。一定要到了極限之時才能變，「窮則變」，這個變就通了，這就是〈恆〉卦的常態。

其次，〈恆〉卦的常態是「順以動」。剛才所舉例子，說明〈恆〉卦在變化之中，有個常態，但這個常態，究竟是怎樣的一個法則呢？在〈恆〉卦之象中，表明出來的，即是巽為順，震為動。合而言之，即是「順以動」，由順而動，如剛才所說，飢而後食，倦而後眠，就是順以動。順其情勢來動，才能動而有成，逆著情勢動，是不易成功的。中國的曆書，民元以來，表面上採用西曆，其實民間耕種多用舊曆。中國原有之曆書，分為三統，夏統、商統、周統，周統曆書上是正月建子，商統曆書是正月建丑，夏統曆書是正月建寅。自春秋以後，孔子主張「行夏之時，服周之冕」（《論語・衛靈公》），所以秦漢以來，二千餘年所用曆書，皆是正月建寅。現在之農曆，即是正月建寅的夏曆。行夏之時，即是行夏朝曆書。夏曆的好處是曆書中所分二十四個節令，非常準確。如到了立春那一天，就感覺到有春風的味道。到了立秋那一天，就感覺到有秋天的味道。節令與自然氣象，是一致的。所以農民用夏曆來耕作種田，非常方便。因此，夏曆

在中國，沿用二千多年之久。民初以來，雖然偶用西曆，但是很多
人，仍沿用舊曆。日本亦是用夏曆，同時亦用西曆。人民生活、習慣
方面的活動，仍用夏曆；國際貿易、會計年度等，則用西曆。所以逆
著情勢動是不行的，即使可以逆著動，如山崩地裂，亦不能長久。
〈恆〉卦示人要保持常態，行之久遠，必須順以動。

立卦的意義

　　學〈恆〉卦第一個意義，要保持常態。每一個人，就要有個人
生圖案。本著圖案向前走，生活才會過得很安詳。假使每天悽悽惶惶
的，今天於此，明天於彼，那都是人生沒有一個固定的圖案，走到那
裡算那裡，隨波逐流，在社會上混，其生活形態，自然不能保持久
遠。孟子講：「無恆產而有恆心者，惟士為能。若民，則無恆產，因
無恆心。」（《孟子・梁惠王上》）產者生業也，恆產即是經常的生
業，一般人如無固定的生業，就沒有恆心。所謂士，是指有學養之
人，因為有學養，在意識上，有個境界，有個理想，雖然在社會上沒
有有形之恆產，可是在心中有他的恆產，有他的指向與寄託的的地
方，他的生活就很穩定，態度就很安詳，就不會有胡亂而聽，胡亂而
說。故孟子說：「無恆產而有恆心者，惟士為能。」從這句話，可以
看出，假使人生有一個寄託的圖案，那就是可以保持常態，就可以久
遠。譬如孔子、孟子，不論他們在什麼地方住居，生活態度都是安詳
的。《論語・述而》云：「子之燕居，申申如也，夭夭如也。」「申
申如也」，表示容態非常舒適；「夭夭如也」，表示神色非常安靜和
悅。何以能如此呢？因為孔子在意識上有很大的境界，所以在生活情
態上能如此穩定、安詳。但一般人那裡有很高的學養，因此我的看

法，一般人應在自己力量可能之下，要有一個固定的恆業。譬如一個失業的人，天天在街上東張張、西望望，不要半年，臉上氣色馬上會變得形容枯槁，可是一旦有了固定的職業，不要半年，氣色就容光煥發了。從這些實例中，可以看出，一般人在生活上，都須保持常態。保持常態，就要人生有個圖案。所謂人生圖案，有學養的人，當然很容易尋找一個意境來寄託自己的人生，沒有學養的人，就要找一個固定的恆業，來寄託自己的人生。學〈恆〉卦第一要了解這一點。

第二點，剛才講過「順以動」，就是內順而外動。這個意義比第一個點更重要，《長短略》裡面有一個「順動略」，就是這個東西。內順外動，以人體來說，如果內在氣血通順，六脈調和，五臟舒暢，每天飲食起居都很正常，身體健康情形，一天一天進步，外在就可以作有利的動作，就可以任重致遠。人體是如此，國家亦是如此。國家如果內部工作很和順，耕者耕，讀者讀，工是工，商是商，一切都欣欣向榮，蒸蒸日上，社會秩序非常和諧，道不拾遺，夜不閉戶，國內如果到這樣和諧程度，外在自然可以動，一定可以挑得起來，發動國際任何號召，一定可以號召得了。但內在如不順，今天這一派倒那一派，明天那一派倒這一派，明天那一派倒這一派，忽而這麼一個風潮，忽而那麼一個暴動，假定國內情形是這個樣子，外在情形怎麼動得了，等於人之身體，內在臟腑不和，氣脈不順，有氣無力，怎麼動？這是「順以動」由內而外的看法。掉過頭來，由外而內，「順以動」，是外動而內順，譬如有些國家，內部鬧派別，勢將分裂，於是向外發動戰爭，或發動一個對外的抗拒，老百姓的視線，都扭轉到對外了，於是內部分裂即可停止，漸漸團結起來，趨於和順。「兄弟鬩牆，外禦其侮」，所以外在之動，亦可輔助內在之順。這是學〈恆〉

卦的第二個意義。大家應把握住由內在之順而達外在之動，由外在之動而促成內在之順，這二者要互相配合，相輔為用，才能相得益彰。

第三點，剛才說過，恆是常態，常並非一成不變，而是變而不失其常。這個「窮則變，變則通」之變，必已到了極限才變，要尋著一定的軌道去變。宇宙天天在變化，但變化之中，有一個不變的軌道，要把握住這個軌道規則才行。〈恆〉卦之常，全在把握住這個不變的規則。可是現在一般人喜新厭舊，總覺得新的即好，舊的都是壞。中國古人所講新、舊，在〈鼎〉卦中交代得很清楚。新是什麼？這個東西有生機，有作用，有價值，就叫做新。什麼叫做舊呢？這東西已經腐敗，沒有使用價值，就叫做舊。新、舊兩字，不是以時間的標準來劃分，而是以有無使用價值來衡量的。凡是本質已壞的，無使用價值，都叫做舊。湯之盤銘曰：「苟日新，日日新，又日新。」（《禮記‧大學》）是天天要把那個東西整舊如新。如一所房屋，常常修理，使用價值就延長了，等於天天是新的。至於「日日新」，就不是講時間觀念了。以時間分新、舊，何以能日日都新，一萬年亦是日日新，一千年亦是日日新，一百年亦是日日新？天天都是新的，自可以新到萬年、千年，所以日日新就不是時間的說法，而是從使用價值上來說的。就是這個房子常常修理，使它天天都有使用價值，而不是房子住久了就舊，剛落成的就新。剛落成的，如果材料很壞，還是舊，因為沒有使用價值。這是一般人對新、舊二字沒有看得透徹。以好變為新，天天在變，今天變這個花樣，明天變那個花樣，以為這就是新，錯了！變，如剛才所說「窮則變」，這個現象，必已到了極限才變，假使那個現象行得很好，很安詳，為什麼要變？那種變，不是求新，而是毀滅。有的人好變，今天這麼變，明天那麼變，懵懵懂懂，

前因後果沒有搞明白，變了以後，窒礙難行，於是再變，再窒礙難行，再變，幾變之後，把生機都毀滅了。所以這種好變，不是求新，而是毀滅。〈恆〉卦第三個意義，即是〈恆〉卦的變，要變而不失其常，而且要按變化規則來變，不是閉門造車任意去變。

貳、彖辭（即卦辭）

〈恆〉：亨，无咎，利貞，利有攸往。

　　〈恆〉卦與〈咸〉卦，前面的彖辭，都差不多，〈咸〉是「亨利貞」，〈恆〉亦是「亨利貞」，都沒有元，因為從〈咸〉、〈恆〉開始，已經是由氣化到形化，到了形化時候，就不是乾元、坤元時代，而是由先天到後天，所以就沒有「元」。

　　〈恆〉有如何亨呢？〈恆〉，剛才說過是從〈泰〉卦來的，〈泰〉卦初九上而居四，六四下而居初，成〈恆〉。〈泰〉卦初、四易位，就是乾、坤互相往來，陰、陽兩氣交接，陽氣下降，陰氣上升，兩氣通暢，故構成「亨」，亨者通也。

　　「无咎」，原係普通斷辭，其含義，就是沒有可譴責之處，亦沒有毛病。「无咎」兩字，通常要分兩面來看，一方面〈恆〉自身是通暢的，沒有毛病的；一方面是人對此卦沒有可批評之處，便稱「无咎」。那「无咎」又是如何來的？因為乾、坤往來，乾元居坤，坤元居乾，兩元互相對換，一點毛病都沒有，卦之現象，非常吉祥，沒有什麼可以批評的，故「无咎」。但後面加二個字，「利貞」，這個很重要。「无咎」是很輕鬆的，「利貞」則是要著重去看。「貞」是什

麼？「貞」者正也、固也。就是正確、穩固。亦即上面所說的常態，恆者常也，要不失其常。但如何保持常態呢？第一，一切思維要很正確，毫無偏差。第二，一切思維要很安詳，穩定，這樣才能保持常態。要「利貞」，宜乎正確穩定。再講「貞」字從什麼意義來的呢？因〈恆〉之旁通卦是〈益〉，〈恆〉卦變成〈益〉卦，從初爻變起，經過六個階段。初變爲〈大壯〉，二變爲〈豐〉，三變爲〈震〉，四變爲〈復〉，五變爲〈屯〉，六變爲〈益〉。〈恆〉卦初、四、二、五各爻，皆位置不正，變成〈益〉卦後皆正，故謂「利貞」。「利有攸往」，就是由〈恆〉卦變成〈益〉卦，一直往前變正了，即是「利有攸往」，這是「利貞」字象源頭。

「利有攸往」，什麼意思呢？即是象傳中所說「終則有始」。一個現象走至極點了，再重新開始，從新開始又走到極點了，又重新開始，即是「終則有始」。終則有始即是「利有攸往」現象。物之使用所以能久，就因爲「終則有始」。譬如一幢房子使用價值快要完了，馬上修理，修理以後，又用至將要損壞之時，於是再修理，這樣終則有始，這房子幾乎永遠存在，所以「利有攸往」，就是「終則有始」那樣的發展。「終則有始」，一方面從卦變上看，一方面從它本身雷風上來看。內卦巽爲風是散，外卦震爲雷是聚。一聚一散，散極了，於是聚；聚極了，又散，就是「終則有始」，由於反覆不停的「終則有始」，所以「利有攸往」。在這種情況下，應該向前發展。

參、爻辭

初六：浚恆，貞凶，无攸利。

「浚恆」，「浚」者，深也。〈乾〉卦初九云：「潛龍勿用。」〈小象〉：「潛龍勿用，陽在下也。」到九四爻辭則云：「或躍在淵。」四爻與初爻是相應的。「或躍在淵」，是說在淵裡面跳起來，那個「淵」，就是指初爻，初爻有淵之象。〈恆〉卦初六亦同，初爻在地之下，所以有「浚」之象。「貞凶」，「貞」是穩定之意，初爻不正而在地下，如經常穩定在地下深處，那就是「凶」。其含義，初六是發端之始，在現象才開始之時，就求深，那怎麼行？如學《易經》，剛開始，就想學卦變，如何學得到？以做學問來說，剛才開始，就想做大聖賢，那怎麼做的到？所以剛開始，就深下去，就穩定在深的地方，這樣的態度，當然是「凶」。

這就表示恆者常也，常態是一切事情要由淺入深，由小而大，由卑而高。一切事情都有階段，都有程序，這是常態。在發端伊始就要求深，豈非顛倒錯亂違反常態？故「貞凶，無攸利」，沒有什麼好處。

九二：悔亡。

周公未寫爻辭，「悔亡」二字，是斷辭。亦未說明為何悔亡之原因。普通爻辭如「初六：浚恆，貞凶」，「浚恆」，違反常態，當然就凶。九二直接講悔亡，未說明原因，這是特例。因九二雖不正而居中，又與五爻正應。中者中也，如射箭射中雀屏，恰中靶心，抓癢

恰好抓到癢處，是中。做菜不老不嫩，恰到火候，是中。中字，就是
這個意思。〈恆〉到二爻，以陽爻居陰位，不剛不柔，恰到是處，是
「見龍在田，利見大人」的味道。其含義即〈恆〉卦是常態，要能維
持常態，事情必須合情合理，恰到好處，九二居中，就是恰到好處，
所以「悔亡」，沒有壞處。

九三：不恆其德，或承之羞，貞吝。

九三如何「不恆其德」？有二種說法，其一是《九家易》中所
說：九三想下來就初之陰，為二陽所隔。上去就五之陰，又為四所
隔，因此上下無定，不恆其德。「或承之羞」呢？三與上正應，如直
接承上爻，就有羞吝之處，此中原因，《九家易》未作解釋。現在我
補充一下，九三上去，上爻下來，即成〈未濟〉，六爻皆不正，整個
亂了，所以三、上易位，如承上去，就會羞吝施展不開，不知所措，
所以「或承之羞」。「貞吝」，如這樣做法，那就「吝」。

此爻含義，即〈恆〉卦到了三爻，是極其好動之爻，〈乾〉卦
九三：「君子終日乾乾，夕惕若厲，无咎。」終日乾乾，一天到晚
動。〈恆〉卦雖不禁止變化，但要變而不失其常，九三好動過甚，或
上或下，莫知所措，在〈恆〉卦講求常態之境界中，是不容許這樣
的，所以「不恆其德」；如不能保持常態，那就「或承之羞」。同時
三爻為巽最高之爻，居巽之極，巽為進退，為不果，有不定狀態，亦
有「不恆其德」之象。

一般人忘了〈恆〉卦需保持常態的定律，在發端時就想求深，
而造成貞凶現象。第一階段搞錯了，到了第二階段，因已經嚐過痛
苦，知道悔改，所以悔亡。但到第三階段，又躁進，又進退不果，而

不恆其德，爲此即「或承之羞」。舉例言之，如滿清時錢謙益、洪承疇等，原係明朝舊臣，後降滿清，投降當時，滿清對他們很好，到乾隆接位後，修清史，把這些人列入〈貳臣傳〉。所謂貳臣，就是投降變節之臣。這就是不恆其德。雖然他們有所承受，但被列入〈貳臣傳〉，予以羞辱，這就是「或承之羞」，「貞」是穩定，如果穩定到這種程度，那是羞吝。

九四：田无禽。

在易例中，二、四同功，三、五同功。九四：「田无禽。」「田」是什麼？記得講〈乾〉卦時，〈乾〉之九二，是「見龍在田，利見大人」。依易例說：下兩爻是地，上兩爻是天，中間兩爻是人。底下兩爻，初在地下，二在地面，地面是田地，故二爻有「田」之象。二、四同功，四爻與初爻相應，內卦巽初爻代表巽。四與內體巽相應，巽爲雉，有「禽」之象。二、五相應，四爻不得位，因此禽爲五所有，四爻享受不了，故謂「田无禽」。

其含義，即恆固然要守常態，但有些人辛苦一生，最後還是衣食不周，毫無所獲，他不是不努力，亦不是不恆，他很有常態，努力不懈，怎麼沒有個結果呢？常常有人懷疑這個道理。四爻就是指這一個問題。「田无禽」，就常態來說，固然是守恆，有常態，可是常態不得其所，就不是那個味道。比喻來說，像我研究《易經》，在很小時就開始了，今年七十四歲還在研究，還沒有研究出一個結果來，沒有結果，是因在現在這個時候；如果倒回去二、三百年，在那時候，孳孳不倦地研究，從小一直研究到七十四歲，我想結果不會這樣子的。這是什麼道理，使你所努力的、你所守住的那個常態沒有收穫？

照孔子的解釋是：「久非其位」，即不得其位，在那個時間、在那個空間，你守住的那個常態，等於零。又譬如婦女的道德，在過去一、二百年以前，假使有一個貞節婦女，朝廷要給她豎立牌坊的、鄉里要給她榮譽的，大家都尊敬她；可是現在呢，假使有一個婦女丈夫死了，她在家裡守節，人家都會罵她傻瓜。這就是「久非其位」。我們常常看到有人辛辛苦苦，天天在那裡孳孳不倦地做，做到最後，毫無結果，「田无禽」，問題就在「久非其位」。

六五：恆其德貞，婦人吉，夫子凶。

第五爻何以「婦人吉」呢？因爲五與二相應，二居巽，巽爲長女，有婦人之象。同時，五係陰爻，以陰守位，亦有坤德，「黃裳元吉」，坤之德也。坤德即婦人之德，故有婦人之象。「夫子」，六五在爻上講，是坤德，在卦上講，居於外體震，震爲夫，震又爲乾之長子，故有夫子之象。同時，此卦與風雷〈益〉旁通，五爻與〈益〉內卦震二爻相應，震爲夫，亦有夫子之象。而且五爻是代表外體，二爻是代表內體，二、五相應，等於內外相應。可是內體在〈恆〉爲巽，在〈益〉爲震，〈恆〉終究要變成〈益〉，於是巽變震，巽之陰爻，就變成震之陽爻初九，此初爻之陽即是乾元，乾元者一也。故〈小象〉上講「從一而終」。巽卦變成震，於是巽之長婦就歸於長男，亦是從一而終。

其含義：六五係以柔順爲德，坤之德也。坤德是以柔順爲常的。「貞」，即穩定，如穩定在柔順的常德之上，「婦人」則「吉」，「夫子」則「凶」。這裡所謂婦人、夫子，不一定指男女，而是用來代表陰陽的。就是說處在陰體的時候，以柔順爲德，就吉；

處在陽的時候，如以柔順爲德，就凶。總括其含義，五爻與二爻相應，二爻是「悔亡」，是久於其中，所以五爻就能「恆其貞德」。九二能久，六五就能恆。九二是以剛居柔，恰到好處。六五以柔居剛，如所處是個陰體環境，那就吉；假使所處環境是個開朗、發動指使環境，而仍以柔順爲德，那就凶。故六五這一爻的吉凶是要看環境而定，不像九二悔亡，雖不吉，但沒有凶。

上六：震恆，凶。

「震」者，動也，上六何以動呢？因上六居外體震卦之極，「震」爲雷，雷是動，動之極也。六爻又居一卦之終，而動之甚劇，就是說這個現象，到這個階段，有快要收場之意，還動之甚劇。凡是一個現象，到快要收場之時，應該要安詳渡過，如果仍盲動不已，當然是不好的。譬如人到老年，應該很安詳的，如果還要奔波不已，當然是不好的。恆，是要有常態，既要常，就不能動盪不已，故謂「震恆，凶」。

綜合以上〈恆〉卦六爻之中，有幾爻是值得注意的。初爻是指在發端時，就不能「浚恆」。浚恆就是求深，居恆之始，一般常態，是要由淺入深。一個現象才開始，馬上就要求深，豈非違反常態？浚恆，所以是不好的。這是值得我們注意的，做任何事，治學亦好，治國亦好，自己開張事業亦好，總是要由淺入深才好。第二爻「悔亡」，就是說以剛居柔，剛柔相濟，沒有什麼壞處。第三爻「不恆其德，或承之羞」，是說假使自己不恆其德，失去常態，縱或有所承受，即使有所得，亦是羞吝的，不好的。第四爻是「田无禽」，即自己不失常態，孳孳不倦的做，可是到後來毫無成就，毫無所獲。這一

爻是告訴我們「田无禽」，守常態是對的，但所守之常態，不得其時，不得其位，則「无禽」；守常態必須得時、得位，才有「禽」。第五爻「恆其德貞」，處陰體環境時，以柔順爲德，在那裡守成是可以的。假使想開創，發動指使，那就不應該以柔爲常德。最上一爻「震恆凶」，居一卦之終，恆到了最後，當然應該安詳渡過，可是有些人因未獲結果，在失掉常態以後，每有盲動狀態，盲動就是震恆，震恆到最後是凶的。

肆、彖傳

彖曰：恆，久也。剛上而柔下，雷風相與，巽而動，剛柔皆應，恆。恆，亨，无咎，利貞，久於其道也。天地之道，恆久而不已也。利有攸往，終則有始也。日月得天，而能久照；四時變化，而能久成；聖人久於其道，而天下化成。觀其所恆，而天地萬物之情可見矣。

「彖曰：恆，久也。剛上而柔下，雷風相與，巽而動，剛柔皆應，恆。恆，亨，无咎，利貞，久於其道也。」恆是久。何以能久呢？因爲「剛上而柔下」。「剛上而柔下」，這是解釋卦象。〈恆〉是從〈泰〉卦來的，〈泰〉初九剛上而居四，六四柔下而居初，而成〈恆〉卦，故謂「剛上而柔下」，剛上而柔下，即是尊卑有序。就卦義言，〈咸〉卦是講情，〈恆〉卦是講義。以情而言，就要感，〈咸〉以少男、少女成卦。少男、少女，一有接觸，就交感很深，所以〈咸〉卦言情。〈恆〉卦在陰陽交感之後，就變成義。義者，事之

宜也。一件事做得恰當，應該做的，就合乎義；不應該做的，就不去做，亦合乎義。〈恆〉是講義的，故〈恆〉講尊卑有序。「剛上而柔下」，剛上居尊，柔下居卑，就是尊卑有序。在陰陽交感之後，化生萬物，就要分尊卑、有秩序，能尊卑有序才能久。無論社會團體或動物，凡屬合成之組織，其中皆是尊卑有序。以家庭言，家中必有家長，家長之下有家屬，家屬對日常生活支配，總要聽家長的話，這便是尊卑有序。治理國家，更要尊卑有序，才能維持長久，所以「恆，久也」，何以能久？就是因為「剛上而柔下」。

「雷風相與」，外卦震為雷，內卦巽為風，故雷風相與。與者親也，雷風如何相親呢？因為風與雷源頭是一致的，僅是陰陽的變化不同而已，聚則為雷，散則為風。風的力量很大，力量是何處來的？就是從陽氣發散的力量來的，所以巽卦陽在外散開就變成風。震卦陽在內聚集，就變成雷，雷可變成風，風亦可變成雷，故「雷風相與」。「雷風相與」，在〈說卦〉中講得很多，此處從略。

「巽而動」，雷風相與，是順著動。內卦是巽，巽者順也；外卦是震，震為動。順而動，是順著情勢來動。宇宙現象，都是順著情勢動的。就是地震山崩，從局部的現象而言，亦是順著情勢動的。地震，就是地抽筋，西洋所稱地震帶，就是地內氣脈抽筋，地就會動。人體亦如一小天地，人體筋絡抽動，那個部位的肉就會顫動發抖，為什麼會這樣子呢？因為那個地方有毛病，非抽不可，它也是順著情勢動。所以好的方面，固然是順著情勢動，即使有不好的現象發生，也是順著情勢動的。

「剛柔皆應，恆」，〈恆〉卦內外六爻，剛柔皆應。初與四應、二與五應、三與上應、六爻都應。雖然其中有不當位者，但是都

應。應是什麼呢？如以男女談戀愛，結婚為例，一見鍾情，那即是應。男的見到女的，覺得這個女的很可愛，非她不娶；女的見到男的，覺得這個男的亦很可愛，非他不嫁，那就是應。人與人之間，有相應的，有不相應的，不僅是男女，即使男與男的，女與女的，亦復如此。「酒逢知己千杯少，話不投機半句多」，為什麼？因為人與人之間，彼此電波呼號相同的，能夠相需相成的，兩人便相見恨晚，覺得很有趣味；假使兩者電波是互相排斥的，兩人一見就討厭，那就是應與不應的關係。〈恆〉卦，六爻皆應，就是內外皆應，才能保持久遠，所以「剛柔皆應，恆」。

「恆亨，无咎，利貞」，這幾個字是卦辭。孔子解釋，為什麼恆能亨？為什麼利貞？為什麼无咎？因為「久於其道也」。那是怎麼講法呢？剛才我們講過，〈恆〉是與〈益〉旁通的，亦是互相往來的。因為〈恆〉是從〈泰〉卦來的，〈泰〉卦又與〈否〉卦互相往來。〈恆〉卦經六個階段之變，而成〈益〉卦。〈恆〉變至第三階段，內體由巽變成震，巽為長女，震為長男，長男，有夫之象，長女，有妻之象，即有夫妻之象，也就是陰陽會合之象，陰陽會合就通了，所以說「恆亨，无咎」，沒有毛病。又巽長女之陰，終究要有所歸，歸於這個陽，即「女有歸」。「女有歸」，就是女子的情緒、身心、生活有所寄託，陰託於陽，陽始能開化，故稱「女有歸」。女既有歸，陰有所寄託，因之陰陽會合，而「恆亨，无咎」。「利貞」，是宜乎穩定，既經長男、長女會合，當然就要穩定，穩定就要講義。長男、長女，不同於少男、少女完全講情，而是講義的，所以要貞，要正確穩定，故「久於其道也」。道者，即是陰陽會合之道，久者，乃取象於〈恆〉。

　　「天地之道，恆久而不已也。利有攸往，終則有始也。日月得天，而能久照，四時變化，而能久成，聖人久於其道，而天下化成。」天地之道是什麼？按〈恆〉卦自〈泰〉卦而來，〈泰〉外卦是地，內卦是天。過去有一位誤解《易經》的人，指〈泰〉卦原是☰☰，而是被印書的人印錯而成☷☰；並謂〈泰〉卦自應天在上、地在下，如地在上而天在下，豈非反常？如何能泰？持此說法，實有未妥，其不知此卦☷☰所以稱泰，乃天氣下降，地氣上騰。天原居於上，現居於下，即表示天氣下降；地本居於下，現居於上，即表示地氣上騰。天氣下降，地氣上騰，所以兩氣相交，陰陽結合，斯之為泰。〈泰〉就表示這個現象，而非地球跑去天空之意。

　　「天地之道」何以「恆久而不已也」？因〈泰〉與〈否〉有往來，〈泰〉變成〈恆〉，〈恆〉與〈益〉亦有往來；亦即〈泰〉與〈否〉週而復始，〈恆〉與〈益〉亦週而復始。週而復始，即是久於其道，永遠沒有完之象徵。這是卦象。以天地運行之狀況言之，天地運行，亦有其一定之規則，有一定之軌道。地球繞太陽走，太陽之繞北極星走，都是永遠如此，永遠不變，所以「恆久而不已也」。再就天地陰陽兩氣來說，所謂天地，不過是陰陽兩氣，陰陽兩氣分析其本質，無非是陰陽消息，就是此消彼長，此長彼消，陽消則陰長，陰消則陽長，此消彼長，此長彼消，恆久來回，所以「恆久而不已也」。以上從天地運行、天地陰陽兩氣消息，可以看出天地之道，是「恆久而不已也」。不過話又說回來，這是孔子贊《易》，「恆久而不已也」，只是贊，真正以太陽系來說，太陽黑子在逐漸增加，所以太陽還是有終止的一天。可是人生即使能活百年，從整個宇宙來看，亦是太短，感覺不出黑子的變化，事實上黑子是在不斷擴大，等到黑子擴

大滿過太陽面一半以上，地球就會分化，因為太陽已吸收不住這些行星，這些行星就要分化，變成掃帚星，掃帚星即是死亡的星球，脫離其行星系統，失去其維繫能量，於是星球固體之物質，在空中不斷分化，看起來有個長尾巴，那個尾巴，就是球體分化出來的固體物，所以地球亦必然有地老天荒的時候。至於這個講「恆久而不已也」，是就整個宇宙太空而言的。整個宇宙太空，則是說這個太陽死了，那個太陽出來了；這個行星完了，那個行星起來了。亦如社會上的人一樣，那個人死了，另外一個人出生了，只要在地球化育期間之內，人類是永遠不絕的，所以講天地之道，「恆久而不已也」。

　　第三句話「利有攸往，終則有始也」，這個「終則有始」是很難的。《詩經·大雅·蕩》上講：「靡不有初，鮮克有終。」一般人做事，都有個最初開始，但是最後有很好結果的不多。譬如夫妻結婚，最初都是結婚，都有相同的開始，可是最後到了兒女成行、夫妻偕老之時，還是相看兩不厭，情感彌篤那就很少。所以從開始而最後有終的，已經是難，到了終結之後又開始，更難。為什麼「利有攸往」能永遠向前發展呢？就是因為「終則有始也」。這個現象到了最後，又有一個開始，如地球轉完這一元十二萬九千六百年之後，第二元又開始，第二元走完了，第三元又開始，永遠是不停止的，所以「利有攸往，終則有始也」。

　　「日月得天，而能久照；四時變化，而能久成」，這兩句話是根據「天地之道，恆久而不已也」來的。第一句話「日月得天而能久照」，是講天道，第二句話「四時變化而能久成」是講地道。「日月得天」，由〈恆〉變成〈益〉之間，第一階段變成〈大壯〉，內卦成乾，乾為天。第二階段變成〈豐〉，內卦為離，離為日。變至第三

階段〈震〉，三四五互坎，坎爲月。這〈恆〉卦原本是〈泰〉卦，〈泰〉有乾天，此乾天在〈恆〉卦則移至中間，移至中間再變，內卦三爻之中，有日、有月，故「日月得天」，天地之道，是恆久而不已的。日月能得到天道常態，所以能久照。「四時變化」是因爲能得到地道常態。地球上所以有春夏秋冬、東南西北之分，是因爲有地球座標，根據地球座標，才產生東南西北方位；有地球座標，於是才感覺到春夏秋冬四時。這四時變化，完全由於地道而成的。離開地球以後，在太空中間虛無飄渺，根本感覺不到四時。前面講久照，後面講久成。什麼意思呢？「日月得天而能久照」，「久照」是講光，光是陽發揮的作用，因爲日月得天是陽，陽才能發揮久照作用，故云「久照」。「四時變化而能久成」，「久成」即是「坤作成物」，坤陰才能作成萬物。四時變化，春生、夏長、秋收、冬藏，萬物才能永遠成就。

「四時變化而能久成」，爲什麼講「四時」呢？因爲〈恆〉二變內卦成離，離爲夏。三變後三四五互坎，坎爲月。本卦外卦爲震，震爲春。三、四、五互兌，兌爲秋，有春、夏、秋、冬，故稱「四時」。何謂「變化」？虞翻說春夏爲「變」，秋冬爲「化」。因地球與人相似，亦有呼吸，春夏向外呼氣，秋冬向內吸氣。夏天夜靜，仰視天空，覺星斗密布，距地較近，此即因地球向外呼出濃烈之氣，瀰漫天空，影響視線所致；然秋冬之際，地球向內吸氣，空中濃烈之氣，吸回地內，天空潔淨清明，故有天高氣爽之感。再從河塘、溪溝有水之處，可以體會出來，春夏水往外漲，秋冬水多乾涸，海到秋冬水位下降，春夏則潮往上漲。水降是地球吸進去，水漲是地球又將水噴出來。從這裡看，所以春夏是「變」，爲什麼「變」呢？因爲內部

有濃烈之氣往外發射，於是萬物都在「變」，由小而大，由大而壯。秋冬是「化」，爲什麼「化」呢？因爲地球向內吸氣，於是萬物歸根，樹葉枯落，樹根內慢慢滋潤化生，故秋冬是「化」。因爲有四時之變化，萬物才能久存，如一個果子熟了落下，明年果子又生，生生不息，故謂之「久成」。「四時變化而能久成」，「成」者是指物的形質而言；「日月得天而能久照」，「照」者是指開化的能量而言。

　　孔子贊《易》總是把宇宙發展的法則，引作人類生活的規範。中國與西方不同之點，西方所說的是本體論、認識論等等，由哲學而講哲學，由天體而講天體。中國講天體，講宇宙發展，總是歸結到人生來講，爲什麼要講宇宙發展？是爲了人類生活而講的；假使離開人類的生活講宇宙法則，則沒有意義。所以孔子凡是講到宇宙法則，都歸結到人生社會上來，故最後說：「聖人久於其道，而天下化成。」聖人如何能「久於其道」呢？這可從初六來看，「浚恆，貞凶」，開始時就講深，是不行的，而是要由淺入深，持之以恆，久於其道，才能化成。宇宙化生萬物，要經過春夏秋冬，才能把萬物變化過來；聖人治理天下，也要經過一段相當的時間，才能把天下人民化育過來，故聖人要「久於其道」，亦即久於天地之道。天地之道即「日月得天，而能久照；四時變化，而能久成」，「久照」是講化，是發揮其能量；「久成」是成就其形質。聖人使天下每一個人，都能發揮其能量，鼓舞其精神，不斷地經營、成就其事業，所以「天下化成」。「天下」二字，〈恆〉自〈泰〉來，〈泰〉有「天下」之象，〈泰〉內卦是乾，乾爲「天」，外卦是坤，坤爲「下」。

　　「觀其所恆，而天地萬物之情可見矣。」這一句話，與〈咸〉卦象傳末一句一樣。「觀其所恆」，是說天地萬物如此複雜，如能觀其

所信守的常態，天地萬物之情即可見之矣。這句話是總括來說的。將其化開來說，「觀其所恆」之「觀」，〈恆〉初變〈大壯〉，二變內卦是離，離為目，有觀察之象。「恆」是取象於〈恆〉卦。「天地」二字，〈恆〉自〈泰〉來，〈泰〉有「天地」。〈泰〉卦中有坤，坤為「眾」，坤為「物」，〈泰〉有「萬物」之象。「見」字，是從內卦離來的，這是分析其卦象。至其含義，就是觀察一個人所信守的常態如何，這個人的胸襟天地多大，就可以看出來了。這句話裡面，包括的意義很多，從宇宙到人生，皆可適用。如「天地萬物之情」，在宇宙而言，即是天地萬物；在人生而言，就是胸襟、事業。天地即是胸襟有多大，萬物即是事業有多少。假使其所守常態是不夠的或渺小的、或裡面有缺陷的，那胸襟一定是不夠的。胸襟如果夠，其所守的常態一定很好，很完整；胸襟不夠，他所創造的事業，亦就有限，故謂「萬物之情可見矣」。〈咸〉卦要觀其所咸（無心之感），這個卦要觀其所恆。對於宇宙，固然要觀其所恆；對於每一個人，亦要觀其所恆；對於國家社會，亦要觀其所恆，一個國家或社會，觀其所信守的常態如何，它的前途有多大，事業有多廣，就可以知道了。

伍、大小象傳

象曰：雷風恆。君子以立不易方。

「雷風恆」，剛才說過，凝之於內的就是聚，施之於外的就是散。把陽氣凝之於內，聚集起來，就變成雷。施之於外，發散到外面去，就變成風。人生過程，無非是一張一弛，一會兒把精神毅力集中起來，一會兒把精神毅力放開；這一張一弛的道理，如果能夠把握

到應該發之於外的就發之於外，應該凝之於內的就凝之於內，這就是恆，也就是得到了〈恆〉卦的常態，所以「雷風恆」。雷是變化無常，風亦是散發無常，雷風雖是變化無常，但是變化無常之中，有個不變的東西在。為什麼會發散為風，裡面有個道理，為什麼會凝聚為雷，裡面也有個道理。這個道理，是永遠不變，故謂「雷風恆」。

「君子以立不易方」，「君子」是講〈乾〉卦，〈恆〉自〈泰〉來，泰內體是乾，有「君子」之象。「立不易方」，三國・東吳・虞翻說：「乾為立，坤為方。」〈坤〉二爻：「直方大，不習无不利。」故坤為「方」；至於為什麼乾為「立」？清・李道平《周易集解纂疏》說：「乾以立天下之大本為立。」所以乾為「立」。「易方」之「易」，是改變之意，雷風固然變化，但在變化之中，有個不變的東西在裡面支持著，故君子法這個不變之象，「立不易方」，守住自己的立場，將之穩定，永遠不變換方針。這四個字，是根據三爻來的，〈恆〉卦六爻之中，只有三爻得正，上爻固然得位，但已是卦末，而三爻爻辭：「不恆其得，或承之羞。」就是要守住常態，不能改變，一變就變成未濟，所以君子要取象三爻「立不易方」，不管如何變化，都要守住立場，不能改變方向。

初六象曰：浚恆之凶，始求深也。

初爻居卦之始，所以講「始」。初爻在〈乾〉卦為「潛龍勿用」，四爻是「或躍在淵」，四爻與初爻相應，淵者，指初爻而言，故浚恆有淵深之象。為什麼「浚恆」是「凶」呢？「始求深也」。一開始就求深，當然是凶。不管做什麼事，一開始就求深，怎麼能深入？二人初見面，就想訂深交，如何訂法？是不可能的事。剛剛開始

學《易》，就要求卦之變法，那怎麼求的了？所以「始求深也」，當然是「凶」。

九二象曰：九二悔亡，能久中也。

二爻沒有爻辭，只有斷辭。九二為什麼「悔亡」呢？「能久中也」。二爻居中，在〈乾〉卦是「見龍在田，利見大人」，〈乾〉九五：「飛龍在天，利見大人。」為什麼這兩個爻有「利見大人」句子，其他各爻沒有呢？表示這兩個陽，可以發用。「利見大人」，就可以發揮作用。其他三爻：「君子終日乾乾，夕惕若厲。」四爻：「或躍在淵。」都不行，都還不能發用。至於〈恆〉卦九二，因為以陽居陰，能久於其中，陽居陰位，如何「能久中」？孔子的解釋，陽居陽位，常常會發揮過度，就以九五來說，九五是陽居陽位，九五那個陽，是聖天子在上的陽，就是有權勢，可以發揮指使的那種陽，那種陽固然發揮力量很大，但能不能持久呢？還是問題。九二呢？「見龍在田，利見大人」，那個陽權位不高，可是有德操，是在下而有德操的人，能夠影響社會，它雖然無權位，可是其德操、學養、人格能夠影響一般社會。這一種陽，能久於其中，不管政治如何變化，他的德操、學養、人格總是存在，是消滅不了的，故能久於其中。「中」者，是恰到好處，恰到好處，即可以持久，故九二「悔亡」。

九三象曰：不恆其德，无所容也。

按荀爽解釋這一爻說：「與初同象，欲據初，隔二；與五為兌，欲說之，隔四。」意思是三爻初，隔了二，三爻五，又隔了四，故上下不得其爻，這是荀爽的解釋。這種解釋是否妥當，是個問題。

這須要更進一步，有物理、化學的證明，證明一個東西的現象裡面位置的變化，這是很深的。不過，普通在卦象上看，三爻「不恆其德」，為什麼「无所容也」？因為三爻如果「不恆其德」，就與上爻相應，變成火水〈未濟〉，六爻皆錯，整個亂了，當然就「无所容」了，這是「不恆其德，无所容也」的卦象。至其含義，一個人如果沒有德操，就沒有常態、恆情，其心即無安頓之處，心無所止，心裡空空洞洞，飄飄蕩蕩，染於蒼者蒼，染於黃者黃，不知道將心放在那裡好，故「不恆其德」，就「无所容」了。

九四象曰：久非其位，安得禽也？

九四固然能恆，但「久非其位」，為什麼「久非其位」呢？因九四是陽居陰位。九四與九二不同，九二是陽居陰位得中，九四則不得中，所以「久非其位」。「安得禽也」，爻辭講「田无禽」，「田」是田野，「无禽」即打獵打不到禽獸，「久非其位」，固然自己保有常態，可是不合時宜，不為時勢所需要，所以即使守住那個常態，結果仍無所獲，等於打獵打不到東西，故「久非其位，安得禽也」。

六五象曰：婦人貞吉，從一而終也。夫子制義，從婦凶也。

六五與九二相應，六五代表外卦，九二代表內卦，內外相應。內卦是婦，「婦人貞吉」，就是〈恆〉卦終究要變成〈益〉卦，〈恆〉之內巽變成震，巽之陰爻，即變成震之陽爻，陽為陰所得，故謂「從一而終」。「一」者即指震之初爻，這是小象之象。其含義：凡是有形體的東西，製成形體之後，即不能改變。譬如塑膠杯，做成以後，

就是杯子，只能「從一而終」，名實一致，不能同時再變成其他物體。「從一而終」，後人以倫理觀點來解釋，說是婦人之德，這是優生學，使下一代比較好，亦有道理。

「夫子制義，從婦凶也」，夫子即丈夫，「制義」二字的源頭，三、四、五互兌，兌為金、為制。五行裡面，木主仁，金主義，水主智，火主禮，土主信。兌為金，金主義，故謂「制義」。「制義」即制之以義也。就是任何事情，都以義來裁斷。應該做就做，不應該做就不做，這叫制之以義。夫子之陽，要制之以義。就是這個陽，要開化這個東西，它有一定的性能，到達某一種程度，就發展花木。到達某一種程度，就發展花草、樹木，這些樹木花草，都是按照一定的性能去發展的，那就是「制之以義」。以人事道理來講，丈夫是開化的，「從婦凶也」，制義而聽婦人的話，那就凶了。因為陽要不斷的發展，它不能順從陰體，受其侷限，固定在一個地方，而失去陽的本性，所以說「夫子制義，從婦凶也」。

上六象曰：震恆在上，大无功也。

上六居終之極，而又在動。《易經》中講各爻之動，都是指陽，動則生陽，靜則生陰。上是陰，一動則生陽，陽者「大」。何以「无功」？因三、五同功，五多功，五與二相應，五已變成陽，上爻居卦之末，無所應，孤懸於外，雖是動而成陽，亦絕無功績之望，故「大无功也」。

第三十三卦

遯卦

周鼎珩講　陳素素記錄

遯

艮乾
下上

—— 此係〈乾〉宮二世，消息六月，旁通〈臨〉，反對〈大壯〉。

壹、總說

佈卦的次序

　　〈遯〉卦接到〈恆〉卦後面，什麼理由呢？因爲宇宙萬有都是從陰陽二氣化生來的，這陰陽二氣，陰長陽就消，陽長陰就消，陰陽二氣有消有長。宇宙萬有的源頭陰陽二氣既是有消有長，陰陽二氣所構成的萬有現象，也就跟著有消有長。所以萬有現象中間，有盈有虧，有盈的時候，就有虧的時候；有屈有伸，有向外伸展的時候，就有向內收縮的時候，不管是自然現象或者人事現象，都不外乎這個法則的支配。

那麼按照這個法則來看，任何現象決不能夠永久保持它原來的狀態。這個現象的構成，原來是幾斤幾兩重，一直到後來，還是幾斤幾兩重，沒有這個可能的，中間總有變化的，到後來一定是衰退的。就拿我們人來講，我們從小一直長大，大而壯，壯而老，老而衰，總歸是變的，總歸不能夠永久保持他原來的狀態的，所以〈序卦傳〉上講：「恆者，久也。物不可以久居其所，故受之以〈遯〉。」

遯者是一種衰退的現象，漢儒鄭康成根據《說文》解釋「遯，逃也」，逃就是逃避，逃避就是向內收縮，向內收縮就退化了，減退了，所以孔子在〈序卦傳〉上講：「遯者，退也。」這個在一個具體現象中間，表現得很清楚，比方一株花、或者一棵樹，乃至於一切具體的東西，最後必然呈現衰退的狀態，與它原有的狀態，總有差別。具體的現象如此，不具體的現象，也是如此，任何人事社會構成的現象總是有起有伏的，就拿夫妻的愛情來講吧，中間總是有起有伏的，在最初，愛得不得了，到最後，就「發乎情，止乎義」，只是維持夫妻的關係而已。我們拿中國歷史來講，每一個朝代，在開國的時候，總是規模宏具，經過幾十年、幾百年以後，漸漸地衰退，而不是他祖先原來開國的規模。周朝的德性，非常的深厚，然而到了八百年以後，也就完了。一個政體和一個物體是一樣的，不能歷久不壞的。所以從這些現象，就可以說明「物不可以久居其所，故受之以〈遯〉」。

宇宙萬有在最初既然都是規模宏具，最後都是衰退，宇宙最後不是沒有了嗎？不然，宇宙萬有在最初規模宏具，到最後逐漸衰退，這是就每一個個體現象而言，宇宙整體的現象則不然，它是和人類社會一樣，此死彼生，這一個死了，那一個生了，宇宙整體的現象是

這一個星球滅亡了，那一個星球產生了。我們看天空有那個掃帚星，掃帚星是什麼星？就是死亡的星球，死亡的星球，它失掉軌道了，於是乎在空中就飛，飛著後頭一條尾巴很大，那個尾巴是什麼東西呢？就是那個星球裡頭的石頭土壤在空中分化了，在空中構成一條尾巴，那就是死的星球。可是我們十年以前，看到這個掃帚星，十年以後，又看到這個掃帚星，它不是已經死亡了，怎麼十年後還是看到呢？各位先生曉得，人類死亡和那個螞蟻死亡就不同。螞蟻死亡，只要萬分之一秒的時間，很快；人類死亡，可能要死亡個二、三天，除非是那個心臟病，速死速滅的，否則人類死亡總要相當的時間。星球比人類不知大多少，所以拿地球的時間來看，一個星球死亡，總要地球上幾萬年，所以十年前看到那個掃帚星，十年後又看到那個掃帚星，因為地球角度是變的，今天看到掃帚星是這麼走，十年後，角度一變，又對正這個地方，又是這麼走，事實上，它還是那一個現象，由於我們地球和掃帚星的位置的縱錯，於是發生前後十年、二十年、三十年不同的時間上的觀察。所以就宇宙整體而論，是這個星球死亡了，那個星球產生了，宇宙整體始終是生生不滅的，至於「物不可以久居其所」，是指每一個個體現象而言，每一個個體現象在宇宙萬有中存在，有一個時間，歷久了以後就衰退，所以在〈恆〉卦之後就繼之以〈遯〉，這是卦序。

成卦的體例

　　第一，這個〈遯〉卦是從〈姤〉卦來的，我們知道卦氣是由底下往上升的，底下是基礎，外卦是發展，固然這個〈姤〉卦是個〈乾〉卦的底子，可是一個陰佔住了〈乾〉卦的基礎。就樹木來講，內卦好

像是根荄，外卦好像是枝葉；就國家社會來講，內卦好像是政府，外卦好像是社會。〈姤〉卦這個初爻的陰，固然是基礎，但是初爻還不當位，還不能代表內卦。如果〈姤〉卦這個初爻的陰升到二爻，二爻就能代表內卦，為什麼呢？我們曉得〈坤〉卦的二爻：「直方大，不習无不利。」〈乾〉卦的二爻：「見龍在田，利見大人。」凡是到了二爻以後，他內在的基礎，就歸它掌握。陰長到二爻，內卦就被陰所掌握住了；陽長到二爻，內卦就被陽所掌握住了。現在這個〈姤〉卦初爻的陰升到二爻，於是把整個內在的基礎掌握住了。這個卦旁通〈臨〉卦，〈臨〉卦是二陽浸長，陽掌握它內在的基礎了，現在〈遯〉卦是二陰浸長，陰掌握它內在的基礎了，就是這個形勢。我們曉得陰長則陽消，因此二陰浸長，外頭這個乾陽之體就慄慄危懼，而時時刻刻有被二陰浸蝕的可能，非常的危險，那怎麼辦呢？乾陽要保持它自己，於是它就往後退，往後退就變成遯的現象，遯者，逃避也，它為什麼要逃避？怕陰傷害啊！我們人遇到寒冷的天氣，全身的熱能就往回收縮，準備和外頭那個寒冷對抗，這往回一收縮，身上就發抖，身上發抖就是抵不住那個寒冷的陰，寒冷的時候，就是這個樣子，那就是遯的現象。我們人在廿、卅歲，手指很纖細，四十、五十歲以後，手指就壯起來了，胳子、脖子也壯起來了，尤其女太太們最顯。這個百骸壯起來，就表示陰盛了；可是相反的，一切的動作、精神、活力，就漸漸的舒緩了，減退了，不夠了。就「陽」來講，這就是遯的現象，陽被陰所迫而漸漸地減退。樹木也是如此，樹木到春天、夏天，發枝子、發葉子；發得過分以後，一聲交秋，它那個樹木本身一切的能量，逐漸地減退，逐漸地收縮到根荄。就「陽」來講，就是遯的現象。這是第一個體象。

第二，就卦的體象來看，更明顯了。乾爲人，乾爲遠；艮爲山、艮爲門；二、三、四互成巽，巽爲入、巽爲伏。把這些象合起來看，「人很遠的入居於山而伏處不動」，那不就是遯？這是第二個體象。

第三，外卦是乾，乾爲天；內卦是艮，艮爲山，所以〈遯〉是以乾天、艮山來組成卦。我們曉得「積陽爲天，積陰爲地」（《黃帝內經・素問・陰陽應象大論》），陰由地面往上升就變成山，在我們人類的感覺上，山上去了，好像山高於天了，簡直把天都可以戳破了。事實上，「積陽爲天」，那個陽空而無內，大而無外，它愈積得厚，裡頭愈空，愈積得厚，外頭愈大。「山」不管它怎麼高，拿「天」來看，距離還遠得很呢。這個形勢是如此，所以就「天」而論，它變成遯的現象，「山」再高，還是見不到「天」，好像「天」在逃避的樣子，這是第三個體象。

第四，易例：外卦有內外主從之分，內卦爲主，外卦爲從，因爲卦氣是由下而上的，內卦可以影響外卦，如果內卦的基礎不好，外卦很難有好的發展。如同這個樹，它的根荄培植得厚，樹葉子、枝幹才能夠發展得好；如同這個人，在基礎創造得好，他的事業才能夠發展，一樣的有內外主從之分，所以外卦每每的受內卦的影響。同時，在《易經》裡，陽是代表君子，陰是代表小人，陰爲什麼代表小人呢？因爲陰是收斂的，它只是一個個的成就，它不能發揮到別的地方去，它的一舉一動都是爲自己的利益，所以陰代表小人。陽則不然，它可以周流六虛、變動不居，它是一種能力，能發揮到別的地方去，它的一舉一動都是以社會大眾爲目標的，所以陽代表君子。這個〈遯〉卦，二陰同居內體，正在方興未艾的時候，高頭這個乾陽，慄

慄危懼，有點不安於位，乾陽不安於位，就漸漸退縮，所以稱之為遯。拿人事社會來講，內卦等於發縱指使的政府，外卦等於一般社會的生活。現在這個〈遯〉卦，內卦發縱指使的政府已經被二陰盤據了，這就表示小人當道，小人當道，君子就要受害了，所以君子非逃不可，不逃不得了。在大陸上，共產黨起來了，我們非逃不可，不逃，他非殺了你不可，逃了，還可以保持這一條命，這是第四個體象。

立卦的意義

〈遯〉卦的卦體，是顯示小人當權，小人當權，君子必須要逃避，不逃避就要受到傷害。因為君子、小人不同道，小人是為著他自己的利益，不是為著國家社會，君子則不然，君子是為著國家社會，眼光是注重整個的。君子、小人既不同道，小人做些事情不能見人，他看到君子這個做法，自己就不安，所以非除掉君子不可，因此君子在小人當權的時候，非逃避不可，不逃避就要受到傷害。但是怎樣逃避法呢？第一個逃避要遠，什麼道理呢？因為這個小人關起門來，天天就想害人，今天殺這個，明天除那個，假使你還在他頭腦子有印象，你也是在他殺傷名單裡的，他一定要把你除掉，所以我們要逃避宵小，一定要逃避得很遠，使令你在他頭腦子沒有印象，已經忘記你了，傷害的名單裡頭沒有你的存在了，這樣子逃避得愈遠愈好。但是在為環境所迫，不能夠逃避得很遠，怎麼辦？我們看有些人被宵小殘害了，為什麼呢？因為他是非感太重，他看小人在弄權，心裡就忿忿不平，悻悻然作色，「那個是什麼東西！這個是什麼玩意！」好！這樣一來，你就和那個宵小結怨了，他就要想法暗害你。所以我們假

使不能逃避得很遠，還要常常和宵小有接觸的機會的時候，那就要慎重我們的態度。第一個，不要結怨於宵小，要和他虛與委蛇的應付，宵小不對了，千萬不要勃然變色，嚴辭譴責，這樣宵小非殺你不可，無損於小人而有害於自己。第二個，要嚴整自己的言行，自己一切的言行，要檢點得非常的到堂，使令小人想害我，而沒有機會，沒有嫌隙。

歷史上很多忠臣被殺，就是對於宵小應付得不對，我們同鄉前輩左忠毅公上了好多奏摺，彈劾魏忠賢，結果反爲魏忠賢所害，受了炮烙之刑，好苦，所以我們就是要揭破小人，要看自己有力量沒有，自己沒有力量，犯不著這樣做，總要保全自己。各位先生！你一定要懷疑這個說法，你這樣逃避宵小，你這個人豈不是太消極了嗎？你有是非感，你不拿出來，你不是太消極了嗎？不然，這絕對不是消極。因爲我們知道國家社會的正氣就在一般的正人君子身上，如果宵小已經當權了，外頭這個乾陽已經被他消滅了，這個正人君子的正氣就沒有了，這個社會上一團漆黑，那就很久很久的才能夠翻得了身，甚至於翻不了身，因此我們當君子的這些人，就要保持自己的安全，保持自己的安全，就是爲著國家社會保持一股子的正氣。因爲我們知道這個〈遯〉卦有幾個出路，第一個，就是宵小往上生長，於是乎把乾陽剝掉，變成天地〈否〉，天地閉，賢人隱。這個時候，子弒其父，臣弒其君，無是無非，無黑無白的，社會上完全沒有一點軌道，非常危險。假使我們君子自己保全自己，不爲他傷害，屹然獨立，那〈遯〉卦就不會變成〈否〉卦。不會變成〈否〉卦，就會怎麼樣呢？那個〈遯〉卦就有兩條出路，第一個出路，就是上爻下來，初爻上去，變成澤火〈革〉；第二個出路，就是二爻上去，五爻下來，變成火風

〈鼎〉。鼎是鼎新，革是革故，所以君子逃避小人的傷害，不是單純的消極，這是爲社會國家保持一點正氣，社會國家的正氣保持住了，這個卦體就不至於變成天地〈否〉，而變成澤火〈革〉，或者火風〈鼎〉，等到局勢已經變成澤火〈革〉、火風〈鼎〉的現象，君子可以出而問世了，這是我們學〈遯〉卦的第一個意義。

　　第二個，我們剛才講過，這個卦體，內在是代表發縱指使的政府，外在是代表一切的社會活動。乾陽居外，乾陽是君子，就表示君子不在政府之內，而散盪在一般的社會上，散盪在社會上的君子，尤其是中國，自來最重大的課題，就是自身的生計問題，過去有些先生們常常爲五斗米折腰，因爲他母老家貧，沒有辦法，只好在政府裡屈身做個小官。因此在這個〈遯〉卦的時代，如果一般君子散盪在社會上，第一個很重要的問題，就是自身的生計問題。這個在明末七子、清初的時候，一般人都注意這個問題。爲什麼呢？那時候，滿清入關，一般的讀書人，不出仕於滿清，既不出仕於滿清，自己要能站得住，自己要能站得住，就要自己有生活，所以顏李學派，六藝教育而外，每一個學生學一個生產的技術，學裁縫也可以，學水泥匠也可以，學木匠也可以，總要學一門生存的手藝，到必要的時候，自己可以生活下去，政府壓迫不了你。在前十幾年，政府發創一個「一人一技運動」，這是根據顏李學派的那個辦法來的。〈遯〉卦是個最危險的時候，例如現在在共產黨之內，要是有是非感的人，自己不能夠生產，怎麼存在？〈遯〉卦在幾千年前就知道這個現象，它就告訴你，在宵小當權，君子散盪於社會的時候，不僅是要自己的精神的存在，還應該有生計來顧慮到自己的存在，因爲〈乾〉卦本身就是精神，除了精神的存在，還要自己生活的存在，是學〈遯〉卦的第二個意義。

貳、彖辭（即卦辭）

〈遯〉：亨。小，利貞。

我們記得過去講〈蒙〉卦：「蒙，亨。」「蒙，亨」是「一蒙就亨」，「遯，亨」是「一遯就亨」，為什麼「遯，亨」？因為這個卦，第一個可能就是二陰再上升，變成了〈否〉卦，在〈否〉卦的時候，臣弒其君，子弒其父，社會壞到極點了。如果是在〈遯〉還沒有成〈否〉的時候，能夠逃避掉，一逃避掉了，就能夠保存住了，能夠保存住了，就不會成〈否〉，而成了〈鼎〉、〈革〉，既成了〈鼎〉、〈革〉，君子可以出而問世，於是乎就通，所以「遯，亨」。我們曉得「殷有三仁焉」—微子、箕子、比干。比干沒有逃避，就被商紂王剖心而死。箕子逃到朝鮮，微子也逃掉了。箕子、微子的做法，就是「遯，亨」。比如說，當年共匪控制了大陸，我們能夠逃出來，就通了；不逃，在那兒活不下去，就通不了，所以「遯，亨」。

其次，「小，利貞」，怎麼叫做「小，利貞」呢？易例是陽大陰小，「小」是指這個陰爻，「利貞」是宜乎正確的穩定住。陰已經發展到第二爻，把內在的要津已經盤據住了，形勢非常之旺盛，一直可以通到上面去，在這個時候，「小，利貞」，這個二陰宜乎正確地穩定住，不能再讓它上去了，再上去，就變成天地〈否〉，那就是一點的是非沒有，整個的社會就黑暗了，卦象的來源是如此。「小，利貞」的意思是什麼呢？假使在小人當權的時候，你能夠逃避掉就通了，萬一你不能夠逃到很遠，你必須要在這個場合周旋生活呢？那你就「小，利貞」。這個「小」，有二個意思，第一個，「小」者是

陰，「陰」是對陽講的，陽是主動的，陰是被動的，第二個，「小」是對大的講的，就是說在這個宵小當權的時候，宜乎做小事，做小官，正確穩定於被動的地位上，十足的恭順，他怎麼講，你就怎麼做，就和孔子「會計當而已矣」、「牛羊茁壯，長而已矣」（《孟子·萬章下》），把牛羊養好了，帳算好了，就得了，其他事不要管。

參、爻辭

初六：遯尾，厲，勿用有攸往。

「尾」字從哪兒來呢？易例：「上為首，初為尾」，「上為首」在什麼地方看呢？〈乾〉卦最後講：「用九，見群龍无首，吉。」那個「首」指什麼呢？指「上九」，上九「亢龍有悔」，陽發展到上九，於是乎它就跌下來了，就有懊惱了，就有損傷了，所以周公說：「用九，見群龍无首，吉。」意思就是〈乾〉卦六條龍，不要看到「上九」，因此「上為首」。「初為尾」，所以「遯尾」就是〈遯〉卦的尾巴。這「厲」從哪兒來呢？初、四相應，初、四易位，四、三、二互成坎，坎為疾、又為險難，故曰厲。厲者，危險。「勿用有攸往」，「往」，易例：自下往上走，就謂之「往」，「勿用有攸往」，就是說初爻上去就變成坎，就有危險了，你不能夠往上發展，往上發展就變成險難，這是爻辭的卦象。意思是什麼呢？意思可以分二方面說，一方面，就是說你居遯要在外，你不能居於遯的核心裡面，因為遯是宵小當權，有險難，有傷害，你要居於外頭，跑得很遠，才不會受到傷害，你跑到遯尾，跑到傷害的核心裡面去，那不

很危險嗎？所以「遯尾，厲」，這是一個。第二個，初爻這個陰很危險，爲什麼危險呢？因爲它可以發展到二爻來掌握內在的中心，來傷害一切的措施，來紊亂綱紀，所以危險。這個意思就是警戒我們，在宵小剛要有當權的跡象的時候，馬上就把他捺住，把他穩定住，不要他再發展了，再發展，他掌握了內體的中心就不好了，這是第一爻。

六二：執之用黃牛之革，莫之勝說。

第二爻講得更明白了，六二：「執之用黃牛之革，莫之勝說。」二爻居艮，艮爲手，二、三、四互成巽，巽爲繩，手拿了繩子，是「執」之象也。二爲坤爻，坤爲「用」。坤爲后土，其色黃，坤又爲牛，所以講「黃牛」；二爻爲離爻，離也是「黃牛」。革者皮膚，生皮曰皮，熟皮曰革。艮爲膚，有「革」象。「莫之勝說」，是個斷辭，勝者勝任之勝，亦解爲能，說通脫，脫是解脫。以上是象，意思是什麼？這個陰已經發展到二爻來掌握內在的中樞了，很危險，這個小人已經盤據內在的中樞了，很危險，要把他抓住，用什麼把他抓住呢？用「黃牛之革」，因爲「黃牛之革」束縛得最牢固了，「莫之勝說」，使令他解脫不了，這一爻爻辭口氣非常之重，這就是說凡是我們遇到一個局面，宵小盤據要津，我們要想法子救，什麼法子呢？就是用最牢固的東西把他束縛起來，使他解脫不了，使令他不要再往上發展，這是第二爻。

九三：係遯，有疾厲。畜臣妾，吉。

二、三、四互巽，巽爲繩，有「係」之象，同時三又是居艮，艮爲手，用手拿繩子，把他扣起來，所以有「係」之象。三變爲坤，坤

為「有」。初、四易位，則三爻居坎，坎為疾病，坎為危險，有「疾厲」之象。畜者畜養，坤為養，有畜之象。三爻乘之於坤體之上，坤為臣。二、五易位，則三、四、五互成兌，兌為妾，三爻居艮，艮伏兌，兌為妾，這是象。意思是什麼呢？三爻和初、二兩爻當權的宵小很接近，你想清者清，濁者濁，不同流合污，辦不到，非要拉到你一塊，被這些群小羈縻住了，擺脫不了，逃不掉，為什麼逃不掉呢？「有疾厲」，裡頭有毛病，有危險，在這個時候，怎麼辦呢？它指示一條路，就是「畜臣妾，吉」，養這個「臣妾」怎麼養法呢？臣妾是小人，我們曉得「唯女子與小人為難養也，近之則不遜，遠之則怨」（《論語‧陽貨》），臣妾就是這樣子的，你太近了，他不恭敬你，他侮辱你，你遠了，他又怨恨你，和他們在一塊，要不遠不近，拿那個「畜臣妾」的態度和他相處則「吉」。那個意思就是說不可以當大任，你不要以為接近他，他來羈縻你，你就來創造一番，那個創造不得的，你就拿「畜臣妾」的態度來應付他就「吉」。明末，在南京，馬士英和阮大鋮他們組織的那個弘光的朝廷，東林黨人並不認同，史可法雖也不以為然，卻只有與他們虛與委蛇，因為接近當權的小人，即使想要疏遠，還是有所牽掛，所以只能和顏悅色相處，那就是九三：「係遯，有疾厲。畜臣妾，吉。」

九四：好遯，君子吉，小人否。

「好」生於「陽」，好就是興趣，「陽」旺的人，興趣就濃厚。小孩子興趣非常之濃厚，見到什麼東西都喜歡，所以「好」生於「陽」。九四不當位，九四應當居初，現在不居初而居四，四是屬於外卦，就表示「遯」了。拿人事現象來講，內卦是表示朝廷中樞的統

治範圍，外卦是一般社會，現在它不居內而居外，是「遯」的現象。「好遯」就是表示脫離這些朝廷的爵位，根據自己所好的，自己遯掉了。只有君子這種人，他頭腦子有組織的，有體系的，才能夠決然而去，所以「君子吉」。小人依戀爵祿，當然不能夠決然而去，所以「小人否」，這是第四爻。

九五：嘉遯，貞吉。

　　講卦象，這一卦是最清爽的，初爻、二爻是造成遯的因素。到了三爻，三爻是陽，他就開始遯，但是他接近中樞的政府，為爵祿所羈縻了，遯不出去，所以「係遯」。到了四爻，他與內在脫離了，就遯出去了，所以「好遯」。九五：「嘉遯，貞吉」，〈乾・文言〉：「乾始能以美利利天下。」所以乾為美，美就是「嘉」。五爻居中得正，有「貞」的象徵。象是這麼來的，意思呢？二爻和五爻是相應的，二爻是當權的小人，五爻是君子，五爻遯到外頭去了，可是二爻還很看得起他，請他來幫忙，於是他就拿他君子的正道來影響小人。那麼這個什麼意思呢？武則天用狄仁傑就是這個意思。武則天是小人當權，狄仁傑雖是和當權的小人相應，但是他可以藉小人而行其君子之道。武則天的私生活，狄仁傑不過問，但武則天一切的動作關乎國家大事的，要依狄仁傑的，比方武則天要把皇位傳給自己侄子武三思，狄仁傑當庭力爭，執意不肯，於是立中宗而罷武三思，狄仁傑穩定了唐朝的體制，功勞非常之大；如果不是狄仁傑當宰相的話，在武則天那個時代，綱紀大亂，這就是「嘉遯」，遯得最美的。「貞吉」，要有這種機會的遯，你要穩定地把握住就吉。所以我們在亂世，如果有機會過問國家的政事，只要當道的聽你的話，還是可以做的，那就是「嘉遯」的道理。

上九：肥遯，无不利。

　　「肥」是什麼呢？乾爲盈，坤爲虧，所以稱之爲「肥」，「肥」是什麼意思？肥是豐滿的象徵，象是從這兒來的。「肥遯」就是遯得很豐滿，什麼叫遯得很豐滿呢？三爻「係遯」，受爵祿榮譽的牽累，心裡掛礙重重，不能決然引去。四爻「好遯」，固然可以根據所好的來遯，但是究竟四爻和初爻還有相應的地方，多少還有點顧盼之情。五爻「嘉遯」，固然是遯得最美，可是它和二爻相應，和當權小人來往有情，內在的情緒上不能夠那麼乾乾淨淨，灑灑脫脫的。只有上爻居於應外，內無所應，二爻影響不了它，初爻更影響不了它，於是乎它可以遯得很豐滿，愛怎麼辦，怎麼辦，毫無牽掛，這是「肥遯」，「无不利」，沒有個不好的。

　　在六十四卦卦象裡面，這一卦卦象最清楚，最好看。裡頭這個二爻代表當權的小人，外頭這個四爻代表避難的君子。愈接近內在愈不好遯，愈在外頭愈遯得愉快。四爻已經居於外卦了，所以「好遯」；五爻呢，更外了，所以「嘉遯」；到了上爻，毫無牽掛了，所以「肥遯」。

肆、象傳

　　象曰：遯亨，遯而亨也。剛當位而應，與時行也。小利貞，浸而長也。遯之時義大矣哉！

　　第一句「遯亨，遯而亨也」，這個卦第一條路，就是變成〈否〉，〈否〉就閉塞不通，〈遯〉才能夠保全自己，保全自己，就

不能變成〈否〉，不能變成〈否〉，才能夠通，一變成〈否〉，就不通了，這是象。至於意思呢？在宵小當權，沒有是非的狀況之下，你想維護君子之道，自己守正不阿的，很困難，你清廉，人家要貪汙，你一個人清廉，一缸水是渾的，你一碗水怎麼清廉得了呢？假使你清廉，影響小人發財之道，他們就恨你，就想法子害你。中國歷史上像這種情況非常之多，因為君子總是直道而行，小人是彎彎曲曲的，你直道而行，他就把你記下來，想法子陷害你，在這一個情況下，你一遯就亨了，所以孔子解釋「遯亨」是「遯而亨也」。你一跑掉，你就通暢；你不跑掉，你就受害，不但是君子之道不能保全，自身性命都不保，所以「遯而亨也」。

　　第二句「剛當位而應，與時行也」，這一句裡頭內容很多，「剛當位而應」，這是指什麼呢？指的是五爻「嘉遯」，五爻是以陽居陽，居中得正，而且居的是君位，和二爻相應，所以講「當位而應」。這個二、五兩爻相應的情況，五爻的力量大，居君位，二爻有隨從五爻之勢。換一句話說，二、五相應是陰來承陽，而不是陽來就陰。這一點很要緊，雖是武則天宵小當權，可是狄仁傑當宰相，可以主持天下大政，狄仁傑雖是與小人有顧盼之情，但是不失其君子之道。武則天是聽狄仁傑的話，不是狄仁傑貪圖爵位，屈身伺候武則天。也和那個呂后聽周勃的話，可是周勃並不聽呂后的話一樣。所以「剛當位而應」，就是他自己不失其中正之道，那個「時」、那個「位」，恰到好處，並不因為相應，而喪失自己的時位。「與時行也」，艮為「時」，〈艮〉卦〈象傳〉講：「時止則止，時行則行。」所以艮為時，艮成始而成終，有時的現象。這個卦和旁通的〈臨〉卦，互相成就一個象，所以有「與」象。旁通的〈臨〉卦二、

三、四互震，震爲行，這是象。意思是什麼？時是時機，「與時行也」，就是說我們有那個時機能夠在當權的小人照顧之下，來發揮自己的中正大道，我們就做，假使沒有那個時機，就不做，並不是我們一定要委屈自己來求得衣祿，這是「與時行也」。第一句是解釋卦辭「遯亨」，這一句是講「遯」爲什麼「亨」呢？「剛當位而應，與時行也」，所以「亨」。

　　第三句「小利貞，浸而長也」，這一句話就是解釋卦辭「小利貞」的，爲什麼「小利貞」呢？因爲「浸而長也」。易例：「陽大陰小」，坤陰是代表小人，內卦是代表政府權力機構，這個〈遯〉卦內在的二陰又是內卦之主，這就表示小人已經掌握住政府權力機構的中心，在這個時候，這個二陰宜乎穩定，我們曉得卦氣是由底下往上走的，它本來是〈乾〉卦，第一個陰爻破壞了乾，於是往上浸長，長成第二個陰，陰到了二，陰的勢力就非常大了，〈坤〉卦的二爻：「直方大，不習无不利。」所以這兩個陰往上浸長的形象，非常明顯，如果再往上浸長，就變成否，天地閉，賢人隱了。因此孔子解釋爲什麼「小利貞」呢？因爲陰爻到了二爻「浸而長也」，由下往上長，有一直剝陽的危險，所以「小利貞」。

　　第四句「遯之時義大矣哉」，這是總說。艮是成始而成終的，有時的象。這個卦是以坤陰消乾的，坤爲義。這個卦本來是乾卦，乾爲大。這個象是如此。意思是什麼？在遯的時候，要特別注意它的時應該不應該，那個時候可以遯了就遯，可以行了就行，遯並不是拂袖而去，就不管了，不是這個意思，遯是爲著保住自己的性命，爲著保全自己的陽剛正氣，不爲宵小所殘害，不是爲了自己消遙自在，所以身體固然在山林伏處之中，可是心思還在邦國，還要給國家顧慮那

一頭對、那一頭不對，能夠做，還是做一點，這就是「遯之時義大矣哉」。舉個例子來說，姜太公本來在商紂王那兒做官，後來他看商紂無道，於是遯逃，遇周文王，而輔助周武王伐紂。漢高祖入關的時候，有商山四皓避秦亂，隱居起來，漢高祖請不來的，後來漢高祖要立戚夫人的兒子趙王如意，廢原來的太子，呂后就問張良，張良講你最好高車厚祿去把商山四皓請來，四皓請來了以後，孝惠帝去看父親，後頭跟著四皓，當時漢高祖正和戚夫人並坐吃酒，他說：「我欲易之，彼四人輔之，羽翼已成，難動矣。」（《史記·留侯世家》）這樣子，孝惠帝的位置成功了，所以商山四皓是避秦而用於漢，姜太公是避殷而用於周。所以遯不僅僅是消極的，像巢父、許由那樣子遯，他裡頭還是有「時義」的，所以「遯之時義大矣哉」。

伍、大小象傳

象曰：天下有山，遯。君子以遠小人，不惡而嚴。

「天下有山，遯」，外卦是乾，乾為天，內卦是艮，艮為山，所以「天下有山」，這是卦象。「天下有山」怎麼就「遯」呢？比方東嶽泰山、西嶽華山，我們從人類的視覺上看那個山那麼高，好像要把天戳破了，可是等到我們到了華山的山頂上，天還高得很呢！天還不曉得在哪兒？山愈高而天愈遠，山比小人，天比君子，小人雖是想害君子，小人到了頂上，還看不到君子，這是遯的現象，所以「天下有山，遯」。

「君子以遠小人，不惡而嚴」，乾為君子，坤為小人。這個卦坤陰的力量大，乾陽的力量小，坤陰的力量往上長，乾陽的力量往後

退，是坤陰消乾之象，乾陽要保持自己，只有和坤陰距離遠，才可以脫離坤陰，否則坤陰就把乾陽消滅完了，所以君子就法這個象，和小人要距離遠。和小人距離遠，很難啊！這個「遠」，不是計算路程的這個遠，幾千幾萬里叫做遠，這個「遠」不是作這個解釋，這個「遠」是在精神上說的，不是在路程遠近上說的，所以「君子以遠小人」就是君子和小人精神上保持距離。精神上保持距離是什麼意思呢？我們人與人之間如何的保持距離呢？人與人之間，即使是夫妻，也不能夠「狎玩」。所謂「夫妻相敬如賓」，夫妻怎麼相敬如賓呢？就是不狎玩，狎玩則瀆，瀆就是蠻不在乎，蠻不在乎，就我不尊重你，你不尊重我，於是乎言語之間就會彼此侵害。「狎玩」這二個字，在人與人之間，是最壞的一個東西，所以我們人與人之間要保持距離，千萬避免狎玩，即使是夫妻兩個最接近的，也不能夠太狎玩。現在這個年紀輕的，接受西方談戀愛的方式，西方男的和女的走路吊著膀子，甚至在大眾之間親嘴、擁抱，那熱得不得了，不可以頃刻相離。我們曉得人的感情有一定的數量的，你把這個熱情盡量的發洩，發洩得二、三年之後，沒有感情了，就冰冷的了。西方人不懂這個道理，所以常常離婚。我們中國舊式的夫妻，先生在前面，太太跟在後面，兩個說話，臉還紅呢，好像陌生人一樣，到了七十、八十、九十，還有夫妻齊眉到底，感情愈老愈篤，相看兩不厭，因為他的感情是蘊藏的。所以我們和小人精神上要保持距離，不能和小人好到刎頸之交，無話不談，這樣子，你要受他的害。我們不做官可以，但是我們不能夠不和官場往來，有的時候，請吃飯，總還要來往的，所以這個「遠」字裡頭要下功夫，這是第一個講「遠」字。

第二個：「不惡而嚴」。「乾陽生喜，坤陰生惡」，這二句話裡頭有個道理，我們看到很多的人不走運，總是倒霉，為什麼倒霉呢？

有一個道理，我們人類的面孔，有春天的面孔、有秋天的面孔。假使一個人愁眉苦臉，如喪考妣的那個味道，那是秋天的面孔，社會上的人一看到他，就和他拒絕來往，也和銀行退票一樣，人家不曉得他心裡搞什麼鬼，不敢和他來往，他的社會就一天一天的縮小，他永遠打不開社會。機關用人，決不願意用一個愁眉苦臉，一天到晚唉聲歎氣的人，看到多討厭呢，是不是？有些人不了解這個道理，他自己不愉快的事情，老是擺在臉上，當然人生不如意者十之八九，哪一個人說是從頭到老，各方面都是很暢快的，很如意的？沒有，宇宙間很少這樣的。可是不如意的事情，擺在臉上，也沒有辦法，社會也不會救濟他，是不是？徒徒地把社會驅逐乾淨，所以「坤陰生惡」。假使一個人嘻笑顏開的，那是春天的面孔，大家都高興和他兩個在一塊來往。我們看小孩子，小孩子是純陽，陽氣非常之旺，所以小孩子的生活興趣最濃厚，他在水裡可以跳半天，砂子裡頭也可以玩半天，他看到什麼東西都有興趣。我們再看廿、卅歲年紀輕的人，看電影，或者有什麼溜冰團來了，買黃牛票也要去看一看。我們七十歲以上的人，你代我買票，你送我二百塊錢，我也懶得去看，什麼道理呢？我沒有那麼大的興趣了，我陽不夠了，乾陽才生喜啊！因此各位先生，你想改變你的生活，你想改變你的環境，你就天天在那兒生「陽」，把那個陽氣搞得很旺了，於是乎面孔就是春天，生活興趣就像小孩子一樣，包管你社會一天一天地展開，所以「乾陽生喜」。我講這些話，就是解釋「不惡而嚴」。

　　有些人是非感太重，看見那個小人弄權，或者做事做得不到，就要罵：「啊！這些人搞什麼玩意兒！」這一罵是自己的是非感的作用發揮，這一罵不要緊，可是這些小人記在心裡，他二天就要害你，中國歷史上這種事故太多太多，我們桐城左光斗上奏章彈劾魏忠賢，

魏忠賢知道了，就弄到他上囚車，左光斗上囚車，就在我那個村莊裡，還不到十里路，一直到現在還有個紀念，那眞是冤獄，冤得不得了，跑到北京去，就用炮烙之刑，那個肉啊！都一塊一塊的脫掉了，這個魏忠賢害左光斗害到這樣子厲害，因爲左光斗是非感太重，沒有把「不惡而嚴」這一句話讀得太熟。所以我們對待小人不要「惡」，不要和他結怨，不要看到小人的動作，我們就生出討厭的象徵。這個很要點涵養，假定我們在政府做官，有一個小人和我們同僚的，那我們要在會議上談笑自如，看他弄權不表現顏色，很不容易。假使有一個法官在那受賄賂，你和他兩個往來自如的，毫不表現看不起的顏色，不高興的氣象，很不容易。我過去就辦不到，我看到那個小人有點不對的地方，馬上就暴躁起來了，這個態度好不好呢？壞！於事無補，於己有害，那個小人一看到你暴躁，你討厭他，他就彎彎曲曲的來害你，我被人家害過好多。所以你不能夠拿那個討厭的面孔對待小人，君子可以得罪，小人得罪不得，這是「不惡」。對待小人，不表現討厭的面孔出來，但是你和他兩個很好嗎？不然，自己很嚴肅的。我雖是對於你不高興的態度不表現出來，但是我自己保持我自己的一言一行都是很嚴肅的，使令你無隙可乘，這是「嚴」。這「嚴」字的象哪兒來的？乾爲嚴，乾怎麼爲嚴呢？乾在八卦的方位是居於西北之交，西北那個地方，氣候很凜冽的，所以叫嚴。嚴者，就是自己很嚴肅、不驕傲。說話，每一句話都沒有毛病；做事，每一件事都沒有空隙，都彌補得非常的周到，使令小人無隙可乘。所以「不惡」是使令小人不因爲生怨而恨我，「嚴」是使令小人無隙可乘，無法子害我。總而言之，孔子在〈大象〉上交代，君子處在遯的時候，對待小人要「遠」，如何的遠法？要「不惡而嚴」，這個很重要。

初六象曰：遯尾之厲，不往，何災也？

　　初爲尾，上爲首，初爻是遯之尾，所以講「遯尾」。初、四相
應，於是二、三、四互成坎，坎爲疾、又爲險難，所以講「厲」、
「災」。〈遯〉卦是陰爻當道，初爻這個隱居遯之尾，它正在往上
走，尾隨群陽之後而迫害之，所以「遯尾，厲」。卦氣由內而外謂之
往，由外而內謂之來。初爻往上走，就把群陽消掉了，如果初爻不往
上走，那有什麼災呢？所以「不往，何災也」。其次，初居艮，艮爲
止，從這個象上看，也是叫初爻止住，不能往上走，不往上走，群陽
就不往上消了，就無所謂災了，所以「不往，何災也」。

六二象曰：執用黃牛，固志也。

　　這個「志」字是從哪兒來的呢？初應四，二爻就居坎，坎爲心
志，「固」字從哪兒來的呢？二居中而得正，貞也，貞者，固也，
「固志」二字的卦象從這兒來的。意思是什麼？它爲什麼要拿黃牛皮
綁起來呢？就是穩定它的志向，不許它隨便瞎想，因爲它還有這個野
心，把這個卦氣向上昇的啊！現在使令它內在的主宰把它穩定住，不
許它往上走。其次，二爻和五爻是相應的，二爻應當順著五，二爻不
能去消三，「二爻順五不消三」，是二爻本有的志向。就是武則天是
當權的小人，狄仁傑是當位的君子，武則天聽狄仁傑的措施，這是他
的本志。穩定他的本志，所以講「固志」。

九三象曰：係遯之厲，有疾憊也。畜臣妾吉，不可大事也。

　　先講「係遯之厲」是什麼意思呢？「有疾憊也」。這個三爻被底
下二個陰困住了，比方一個君子也很有正氣，但他爲著食祿的豐厚，

爲著爵位的榮顯，內在心裡有一點負圖的意念，同時母老家貧，不得朝廷的衣祿不足以養家，諸如此類的牽累，同時那些小人對他也還和顏悅色的，他被這些東西困住了，他明曉得朝政日非，不能在裡頭混下去了，再混下去，就不成樣子了，但是他沒法子擺脫，所以「係遯之厲」是「有疾憊也」。初應四，二、三、四互成坎，三是坎中主爻，坎爲心疾，所以講「疾」，坎爲勞卦，所以講「憊」。所謂「有疾憊」，就是剛剛講的那些牽掛。

其次，再講「畜臣妾，吉」是什麼意思呢？「不可大事也」。三爻乘著初、二兩個陰爻，初爲艮之初爻，艮爲少男，是臣也，二爲巽之初爻，巽爲長女，是「妾」也。這個卦與〈大畜〉往來的，怎麼往來呢？內卦往而之外，外卦來而之內，這叫兩易卦，怎麼兩易呢？內卦搬上去，外卦搬下來，於是〈遯〉卦變成〈大畜〉卦，所以有「畜」之象。三爻乘著初、二兩個陰爻，所以講「畜臣妾」。意思就是說我們一個人還沒有飄然遠引之前，很接近當權的小人，我們對待當權的小人，把他當做臣妾畜養，畜養臣妾要好顏好色。我們在家庭用人，無論是男佣人、女佣人，你一定對他好顏好色，這個佣人，才能用得住，假定你對這個佣人擠眉瞪眼的，那這個佣人不會養得住的，馬上就要跑的，所以「畜臣妾，吉」就是在這個情況之下，對於當權的小人把他當作臣妾，和顏悅色的和他相處，「不可大事」，乾爲「大」，不可和小人圖謀大事。

九四象曰：君子好遯，小人否也。

有二個意義，第一個意義，在遯的時候，固然是朝政日非，綱紀大亂，假使四爻不遯，還有些君子在朝廷供驅遣，畫畫策，出出主

意，這個局面不至於馬上就垮，有那幾個君子在那撐住了。假使這些君子都跑掉了，朝廷裡一個通人沒有，一團漆黑，小人一群亂絲子，亂整，很快就要崩潰。君子眞正的走掉了，小人也就完了，不會撑持很久的，所以「君子好遯，小人否也」，這是第一個意義。第二個意義，君子可以好遯，小人不能夠，因爲這個九四與初應，他應當居內當權的，但是他不居內而居外，飄然遠引，對於政府的爵祿榮譽，可以「富貴於我如浮雲」，滿不在乎，不足輕重。小人不然，他就不能飄然遠引，他要居內，小人對於那個爵祿榮耀，看得很重，捨不得，所以「小人否也」。

九五象曰：嘉遯貞吉，以正志也。

六二「固志」是對於六二本身講的，叫它穩固它的志向，不能夠消三成〈否〉，要順五成〈鼎〉，順五是他的志向，這是「固志」。至於「正志」的「志」字和「固志」的「志」字卦象的來源是一樣的。「正志」的意思，就是一方面自己要「正」，同時也要正確二爻的「志」。也就是狄仁傑要拿自己的道理，正確武則天的志氣。從這個〈小象〉上，我們可以看出二爻、五爻兩個關係非常之密切。

上九象曰：肥遯，无不利，无所疑也。

疑者就是有牽掛，有疑惑。上與三居應位，三居巽，巽爲進退，疑惑之象也。但上與三是敵應，根本不應，三爻影響不了它，初爻更影響不了它，它毫無疑慮，毫無牽掛，自己愛怎麼遯，就怎麼遯，所以「肥遯，无不利，无所疑也」。

第三十四卦

大壯卦

周鼎珩講　陳永銓記錄

—— 此係〈坤〉宮四世卦，消息二月，旁通〈觀〉，反對〈遯〉。

壹、總說

佈卦的次序

　　爲什麼在〈遯〉卦之後，接著要談〈大壯〉卦呢？因爲宇宙一切的萬有現象，都是由陰陽這兩樣東西交配而成；但是陰陽除了化生之外，陰陽也是相互消長的，我們稱之爲「陰陽消息」。從陰陽消息的過程來看，〈遯〉卦的卦體是陰消陽，二陰向上長而四陽向後退，故稱之爲遯，遯者，後退也。反過來看，陽息陰到了〈泰〉卦，是外卦三陰而內卦三陽，這時已經是陰陽均衡了；如果〈泰〉卦的內卦三陽再往上浸長，就成了四陽的〈大壯〉卦，所以大壯是進的現象，壯者，陽過盛也。我們看萬有現象，退到相當地步就會由退而變成前

進，所以〈序卦傳〉說：「物不可終遯，故受之以〈大壯〉。」

其次，從〈遯〉卦與〈大壯〉卦的大卦體象來看，所謂「大卦體象」就是把六畫的卦看成三畫的卦，而將初二、三四、五上各視爲一個爻，那麼，〈遯〉卦的大卦體象是艮卦，因爲艮爲止，而形成〈遯〉卦之後退；〈大壯〉卦的大卦體象是震卦，因爲震爲行，而形成〈大壯〉卦的行進。再就文王後天八卦的運行次序來看，「帝出乎震，齊乎巽，相見乎離，致役乎坤，說言乎兌，戰乎乾，勞乎坎，成言乎艮」（〈說卦〉），在「成言乎艮」之後，又繼之以「帝出乎震」，也就是震在艮後，因爲艮卦是〈遯〉卦的大卦體象，而震卦是〈大壯〉卦的大卦體象。由此可見，從後天八卦運行的次序來看，也是〈大壯〉卦接在〈遯〉卦之後。

成卦的體例

〈遯〉卦本爲〈乾〉卦，由坤來消〈乾〉，稱之爲「消卦」，坤消〈乾〉初成〈姤〉卦，坤再消〈乾〉二則成〈遯〉卦；〈大壯〉卦本爲〈坤〉卦，由乾來息〈坤〉，稱之爲「息卦」，乾息〈坤〉初成〈復〉卦，再息〈坤〉二成〈臨〉卦，又息〈坤〉三成〈泰〉卦，〈泰〉卦的內卦三陽外卦三陰，正是陰陽均衡而三陽開泰之時，如再往上息〈坤〉四則成〈大壯〉卦，是爲陽太過於壯之時，陽爲大，大者壯也，所以卦名大壯。陽氣太旺，拿人事來說就是身體內在力量過於旺盛而躍躍欲動，精力過剩而不安於家，這就是大壯的現象。易例：三畫卦的初爻是少之時、二爻是壯之時、三爻是究之時，所謂「究」，就是老。六畫卦則初二是少、三四是壯、五上是究。〈大壯〉卦的三四兩爻都是陽爻，陽爲大，所以稱爲大壯。這時陽剛之氣

已形之於外，表現太強，內在動能已經藏不住了。

　　〈大壯〉卦的外卦震為雷，內卦乾為天，所以〈大象〉說：「雷在天上。」雷從何來？根據地球構造，雷是從第五層之地光體來的。地球的結構，由外而內來看，第一層是地殼，第二層是地函，第三層是地液（石油），第四層是地氣（瓦斯），第五層是地光體（它的物質跟太陽一樣）。西洋所謂的地震帶，在中國稱地脈，中國的堪輿術就是在找地脈，如同人體的經絡，是司感應作用的，人死後如果屍體葬在地脈之上，有變成化石不腐爛的作用。地光體發出太陽光能，順著地脈往外噴出，地有孔穴亦如人有穴道，所以說雷不是外在之物，而是地球內在的東西。自然界的風雷雲雨虹霓，都是從地球內部冒出來的，而不是來自外太空。

　　在《易經》六十四卦之中，提到雷的有十五個卦：水雷〈屯〉卦、雷水〈解〉卦、雷地〈豫〉卦、地雷〈復〉卦、雷風〈恆〉卦、風雷〈益〉卦，澤雷〈隨〉卦、雷澤〈歸妹〉卦、天雷〈无妄〉卦、雷天〈大壯〉卦、山雷〈頤〉卦、雷山〈小過〉卦、火雷〈噬嗑〉卦、雷火〈豐〉卦，洊雷〈震〉卦。在此，我們特別拿〈復〉卦、〈豫〉卦與〈大壯〉卦這三個卦來做個比較。〈復〉卦是「地雷復」，這時的雷還蟄伏於地底下；〈豫〉卦則是「雷出地奮豫」，這時地心熱能所產生的雷已經出現在地面，而有雷的表現，但是雷的功能還沒有發揮到極點；〈大壯〉卦更是「雷在天上」，這時雷的動力極為強大，脫離地面控制而雷屬風行於天上，雷的功能已經發展到最高程度，所以稱為大壯。

　　〈大壯〉之大，是指內體乾卦而言，乾為大，所以稱之為大。但是內在乾陽成體之卦除了〈乾〉卦之外，還有〈需〉卦、〈小畜〉

卦、〈泰〉卦、〈大有〉卦、〈大畜〉卦、〈夬〉卦，爲什麼這些卦都不稱之爲壯呢？卻只有〈大壯〉卦因外卦爲震就稱爲壯呢？這要從陰陽的特性來做說明。易例：「動則生陽，靜則生陰」，陽若不動，何能壯大？必須內在乾陽成體而且外在震動，這樣才能成壯；動則生陽，陽一旺則體壯。陰是跟著陽走的，陽一旺了陰就壯，因爲陽旺才能化陰，中醫主張陰虛則補陽，也是這個道理。〈乾〉卦〈大象〉：「天行健，君子以自強不息。」天要運行才能剛健，君子要不息才能自強，所以乾陽配震動而行健不息，才能成爲大壯。

立卦的意義

　　前面卦體提到〈大壯〉之所以能壯，是因爲〈大壯〉內乾爲剛而外震爲動，所以能成大壯，也就是說陽剛之氣要不斷運行才能壯大，所以〈大壯〉卦的〈象傳〉說：「剛以動，故壯。」我們人體組織的配合，以及腦部神經脈絡的配合，差一點就差得很遠，眞是差之毫釐，失以千里；土匪頭子與帝王天子的身軀是差不多的，聖賢哲人與神經病患也是差那麼一點點，主要差別在於陽剛之氣發展的路線不同。〈大壯〉「剛以動」是要發動，但要如何運行，如何發動呢？這要審察自己陽剛之氣的能量或能耐有多大，自我評估，曉得標準，再決定發揮的方向，審察外在的環境或社會情況，才能曉得應該將自己的陽剛之氣投在哪種事業。

　　「剛以動」固然是壯，陽剛之氣到達極高之境地，相當壯大時，就會按耐不住情緒而躍躍欲動，這樣往往會輕事猛進，於是乎在猛進的半途中就會碰壁而受損傷。〈大壯〉卦旁通〈觀〉卦，我們知道〈觀〉卦是講風教的，而〈觀〉卦的要點是在「順物之情，入物之

深」。這提示我們，無論是天體運行或人類行動，都有一定的規則，不是內在有動力就可以隨便行動，這時要拿〈觀〉卦「順物之情，入物之深」來做為權衡的標準，這才是〈大壯〉的要義。孟子說：「持其志，無暴其氣。」（《孟子・公孫丑上》）把握住自己的志向，不要使令自己的陽剛之氣輕易隨便的暴發出去，也就是說要順物之情，才能入物之深。「剛以動」，乾陽成體固然需要動，但不是血氣之勇的妄動，動也要有動的道理。

先儒像是虞翻就是「以壯為傷」，為何以壯為傷呢？壯大不是一件好事嗎？其實不然。陽剛之氣到了壯大之時，要有正當的途徑去發展，否則非但事情辦不成，還可能有害於己，甚至有傷於人，所以「以壯為傷」。陽氣化是奔放不羈，獨立而不改，周行而不殆的，〈大壯〉卦內在以乾陽成體，外在配以順動的震，所以陽剛之氣任性奔放，如果奔縱太過，氣化本身就會虛弱，這時還繼續不斷向外奔放，本身就要受傷，所以先儒說壯者傷也。孔子在〈雜卦傳〉中進一步提醒我們要「大壯則止」，處在大壯之時，最忌任性向外奔放，要明白物極必反的道理，即時停止輕舉妄動的行為，否則很快就會進到〈明夷〉卦，受到更大的傷害。

〈大壯〉的陽氣向外奔放，固然可以開化坤陰，但若陽氣化太旺太壯，坤陰也會受其傷害。例如太陽光是開化花草樹木的要素，但是陽光太過炙熱，花草樹木反而會枯死。《老子・第三十章》說：「物壯則老，是為不道，不道早已。」物到了壯的階段，再過就老了，道是生生不息的，「不道」則是反乎生生之道，所以不道者早亡。可見得儒釋道三家都一致要求我們，在壯大時要慄慄危懼，不能一味求壯，這時我們要反躬自問，如果自己的本領、經歷、精力都已經到了

壯之境界，就要時時自我警惕，這才是處壯之道。換句話說，此時應該「養壯」，不能「用壯」，千萬不要輕易表現出壯的形勢。總之，不論在養生方面，或是在處事方面，我們都不能用壯，正確的做法是反其道而行，更加努力地修持自己，這樣才能維持長久的大壯。

貳、彖辭（一稱卦辭）

〈大壯〉：利貞。

　　〈大壯〉的卦辭只有四個字，重點在「利貞」。我在解釋〈乾〉卦的卦辭時說過：「一個現象的會合，能通達而流暢，當然就能夠利；利之涵義為宜、為和，意思就是表現得很適宜而又很諧和。」「一個現象的表現，能夠適宜而和諧，當然就能夠貞；貞之涵義為固、為正，意思就是結構得很穩固而又很正確。」〈大壯〉卦是由〈泰〉卦息四而成，〈泰〉卦已經陰陽均衡，再息四則陽太過了，所以稱大壯。但是九四是以陽爻居陰位，其位不正，宜乎貞正。所以虞翻說：「陽息〈泰〉也，壯傷也，大謂四失位，為陰所乘，與五易位，乃得正，故利貞也。」簡單地說，〈大壯〉必須四之五成正位，始為有利。〈大壯〉卦的九四與六五易位，則變成〈需〉卦，〈雜卦傳〉：「需，不進也。」此與「大壯則止」有異曲同工之妙。

　　「大壯利貞」是在講理氣，壯是指「氣」而言，貞則是指「理」而言。宋儒五夫子直到王陽明，他們所講求的學問都是以理氣為中心，例如人們見到不平之事，雖與本人利害無關，卻會按耐不住情緒而忿忿不平，這忿忿不平的「氣」就是從「理」而來，當下血脈奔騰，甚至直打哆嗦，那是「氣」使之然。所以中國古人說「以理帥

氣」，總統蔣公則說「寓理帥氣」。

「大壯利貞」的意思是說，當陽剛之「氣」已經壯大，就要按照「理」的途徑去發展。我們看土匪頭子與皇帝天子之間的差別，即在一個「氣」字，氣所發揮的途徑合乎「理」者，是爲皇帝天子；氣所發揮的途徑不合乎「理」者，則成土匪頭子。可見得陽剛之氣要有理去指揮，而不是憑著血氣之勇蠻幹一番，就能有所成就，這正是「以理帥氣」或「寓理帥氣」的道理。利貞就是說處在大壯之時，宜乎守正而合乎道理，至若剛愎自用、盛氣凌人，持其志而暴其氣者，都不合乎道理。總之，處在大壯之時，要循其合乎道理的途徑去發展，所以卦辭特別強調「大壯利貞」。

參、爻辭

初九：壯于趾，征凶有孚。

初爻在一卦之最下，有腳趾之象；此外，初爻與四爻相應，九四居外體震卦，震爲趾，所以說「壯于趾」。征凶是說往前行進就凶，至於有孚的意義，在這個卦與其他的卦有所不同，這個卦的有孚是說往前行進則其凶無庸置疑，所以爻辭「征凶有孚」是連成一氣作解釋的，其他各卦的「有孚」都是單指坎卦中實爲信實，因而稱孚。由此可見，初爻的有孚之象並非來自坎卦，而是來自乾卦初爻，乾初即爲乾元，乾元乃剛發生的東西，這就是仁，仁就物質現象而言，是爲最初生機居留之所在。在人事社會來說，仁是人類的至情至性，因爲至情至性是很信實的，故曰有孚。就此而論，〈大壯〉初爻的有孚，就是指初九乾元之仁。

〈大壯〉的卦辭強調「利貞」，初九是〈大壯〉的一開始，基礎才剛剛開始茁壯，當然不能往前行進或向外發展，因為這個時候一有行動，基礎就渙散了，所以說「征凶」。換句話說，氣力剛才茁壯，必須涵養自己，不能往外發洩，故應有孚，保持至情至性的信實而加以涵養。例如先儒呂東萊說：「體既壯，能用以自治，克己復禮則吉，若用此勇銳躁進，安能不凶。」（《合訂刪補大易集義粹言》卷三十八）

九二：貞吉。

九二沒有爻辭，只有斷辭「貞吉」。因為九二是以陽爻居陰位，又居內卦乾體之中，這個時候若能以陽居中而守其陰位，就能獲吉。因為在〈乾〉卦的九二，是為「見龍在田，利見大人」，好像應該有所表現了；但是處在〈大壯〉卦九二這個階段，大環境誠如卦辭所說的「利貞」，就算其陽已壯，還是不能向外求表現，必須守正才能獲吉。無論如何，二爻的「貞吉」較之初爻的「征凶」，還是好太多了。總之，到了九二的階段，大壯已有相當程度，外在已經可以看出陽剛之氣壯大的情勢，但是仍要堅守自己的崗位，不要輕易向外發揮。

九三：小人用壯，君子用罔，貞厲，羝羊觸藩，羸其角。

三爻與上爻相應，上六以陰爻居陰位，有「小人」之象；九三以陽爻居陽位，是〈大壯〉最剛勁的爻位，三上相應而互異其位，則上爻下居三爻而有小人「用壯」之象。「小人用壯」的意思是說，〈大壯〉到了第三爻，內卦三陽形成乾體，陽剛之氣已經飽滿，看似可以

用壯，但是就六畫卦的〈大壯〉而言，九三是處內卦與外卦交替的位置，可說是在將成未成之際，可用可不用之時，這個時位極其危險，所以〈乾〉卦九三爻辭「夕惕若」，在晚上還戒慎恐懼，然而〈大壯〉卦的上六小人用九三之壯，卻是無所忌憚，一味藉用九三之剛勁而力求表現。

九三以陽爻居陽位，且居於內體乾卦之上，有「君子」之象；「罔」字根據虞翻的解釋：「二五相應，互巽其位則三變成離，離為罔罟。」罔者不也，是空洞之義，所以「君子用罔」就是君子不用其壯的意思。〈大壯〉九三如同〈乾〉卦九三爻辭說：「君子終日乾乾，夕惕若，厲无咎。」所以也有「厲」之象；「貞厲」的意思是守正思危，雖正亦危。

羝羊就是公羊，易例：「陽公陰母」，〈大壯〉卦的九三是陽爻，三四五互兌，而且〈大壯〉卦本身就有大兌之體象，〈說卦傳〉：「兌為羊。」合起來看是有公羊之象，所以稱「羝羊」。觸藩的藩字，是指外體之震卦而言，震為竹葦，竹葦有藩籬之象。九三居內卦之上，乾陽已壯大而要向外跑，但是被外體震卦的竹葦藩籬擋住去路，於是就用羝羊之角去牴觸，所以稱「羝羊觸藩」。羸其角的角就是首的意思，九三居內卦之首，三與上應，上六居一卦之首，均有角之象；羝羊觸藩的結果是羊角被竹葦藩籬卡住了，扳不回來，所以說「羸其藩」。

在「羝羊觸藩」之際，我們必須自我審察客觀的形勢與主觀的能力，例如中國共產黨的發生是空前的大劫難，這劫難是其來有自的，並非偶然突發的。因為在滿清末年，放縱漢人太過了，稅負太輕了，政府在人民心目中似有若無，但是仍有學者在這種太過於自由的環境

下高喊「不自由，毋寧死」。現在共匪盤據大陸，大家才真正嘗到不自由的苦果，所以宇宙有其自然秩序，任何現象的發生都是有因必有果，有果必有因。

〈大壯〉卦到了九三，乾陽之體已經形成，這時的乾陽已經強壯，於是妄自尊大，輕事猛進，而有「小人用壯」的態勢。就好像日本侵華一般，其在明治維新時期，是乾體漸成，有大壯之勢，但是不知養壯而到處興兵作亂發動侵略，如同羝羊觸藩，用羊角侵犯藩籬，終至國破家亡。日本侵華就是「小人用壯」的結果，若能「君子用罔」，就不會淪落到國破家亡的地步。

我們看〈大壯〉卦的爻辭，從三爻到上爻，都跟羊有關，這是為什麼？因為〈大壯〉的體象為大兌，中爻三四五又互兌，而〈說卦傳〉說「兌為羊」。羊的本性喜好用角觸物，公羊的角更是反生的，用來形容「小人用壯」頗為貼切。拿人事社會現象來說，人的身體或社會環境已經壯大，想要有一番表現，如果前面有障礙阻隔，這時，公羊會用角去觸破障礙，人類則是用力氣來排除障礙，然而乾陽雖然成體，畢竟是位在內卦，能力還是受限，結果非但破除不了障礙，反而徒然消耗力量甚或受傷慘重，所以說「羝羊觸藩，羸其藩」。

九四：貞吉悔亡，藩決不羸，壯于大輿之輹。

凡是一種現象能夠很穩定就是貞，這不是專指爻位而言，九四以剛居柔，以陽爻居陰位，陰陽之間能夠互相調劑，所以稱「貞吉」。但是若就爻位是否當位而言，〈大壯〉九四以陽爻居陰位，是為不當位，難免會有損失或受傷，故有悔之象。進而言之，若四爻上而居五，五爻下而居四，因為五爻以陰居陽，同樣是不當位，互異其位之

後，則四與五各當其位，所以說四爻與五爻有「有孚」之象，彼此相處得非常融洽，四爻本來有悔，上而之五則吉，所以稱「悔亡」。另有一種說法，在筮法上，本卦爲貞，變卦爲悔，例如〈大壯〉本卦爲貞，四上之五，則變成〈需〉卦，所以〈需〉卦爲悔。悔亡就是九四維持以陽居陰，不會再變成〈需〉卦。

藩即藩籬，前面提到〈大壯〉外卦震爲竹葦，竹與葦都可以編成藩籬。在九三是「藩羸其角」，在九四則是「藩決不羸」，爲什麼有這麼大的差別？因爲九三還在內卦，就像〈需〉卦九三：「需于泥，致寇至。」還沒有能力克服外在險難，這時即使用盡力氣想要排除障礙，還是免不了自食「藩羸其角」的惡果。到了九四已經出居外卦，就像〈需〉卦六四：「出自穴。」此時已有能力排除障礙，可以將藩籬破壞掉，羊角不會被卡住了，所以說「藩決不羸」。至於決字是取象於〈夬〉，〈大壯〉初爻至五爻有〈夬〉卦體象，夬者決也。

大輿之輹的取象跟車有關，古代的車輛是用木頭做的，〈大壯〉外卦震爲木，〈泰〉卦息至四則成〈大壯〉，〈泰〉之外卦坤爲輹，〈大壯〉九四一變則外體變坤，坤爲大輿，這是輿與輹取象的由來。車輛是靠軸心木而能行進，車輹之於車，乃利於行也；〈大壯〉九四上居五而六五下居四，則四五兩爻各當其位，九四上居五，有如乾陽入於坤體之中，所以有「壯于大輿之輹」之象。

前面提到〈大壯〉卦的九三自以爲羽毛豐滿，可以向外發展了，事實上九三之時機尚未成熟，就像君子還不到接受任用之時，可是人們往往自不量力，無法審情度勢，稍有一點能力，就按耐不住要大顯身手。當內在能力與外在環境還不能配合之時，就勉強發動，以致造成「藩羸其角」的後果。現在到了九四，外在環境已經適合內在

能力向外發展，此時「藩決不羸」是因為那個藩籬已經不存在了，反而宜乎把握時機大顯身手。

　　乾陽是講內在的本能，九四是講外在的環境，宇宙有其自然秩序，在不宜發展的階段之後，接下來必有宜乎發展的階段，到了宜乎發展之時，就要安定在那個階段，那麼自然能夠貞吉悔亡。這時外在環境的障礙已經排除，不會再造成傷害，有如大輿之輻是有利於行的，輿與輻在易例來說都是指宜乎向前行進。但是把東西裝在車輿之上，必須集中而不能分散，「壯于大輿之輻」就是要集中力量向前行進。

六五：喪羊于易，无悔。

　　〈大壯〉卦的體象為兌，兌為羊，所以〈大壯〉有羊的體象。前面提到九四以陽居陰，其位不正，若四上居五且五下居四，則四爻與五爻各當其位而變成水天〈需〉卦，〈大壯〉變成〈需〉，那麼原本的兌象不見了，就不成其為羊，所以稱之為「喪羊」。喪字取象於坤，〈大壯〉是從〈泰〉卦息來，〈泰〉之外卦坤為喪，因為根據納甲：乾為月望、坤為月虧。月虧就是喪失光明，也有喪之象。先儒虞翻說：「四動成〈泰〉，坤為喪也，坤又為易，四上之五，兌還屬乾，故喪羊于易。」

　　羊的本性是喜好用角觸物，九四既已躍居外卦而藩決不羸，大有勇猛向前行進之氣勢，就像是公羊有好鬥的習性，向著五爻進逼而來。但是六五以陰爻居陽位，陽剛之中帶有陰柔的氣質，表現得非常和善平易，於是就像以柔克剛一般，五爻能夠以平易的氣氛來沖淡四爻激動的情緒，這時九四之公羊想要發揮健壯好鬥的氣燄，也無用武

之地，所以六五「喪羊于易」，終能「无悔」，意思是說這樣子就沒有什麼損失可言。

　　先儒陸績認爲「喪羊于易」應改爲「喪羊于易」，易通場，因爲坤爲土爲域爲疆界，其象爲場。六五代表坤陰之柔，九四則代表乾陽之剛，當九四乾陽向前猛進，遇到六五坤陰「黃裳元吉」光明和善的態度，則陰陽發生化合作用，形成有孚融洽的現象。因爲四五兩爻已經構成融洽和善的氣氛，那麼九四亢進的氣燄也就壯大不起來了，這是喪羊于易的另一種解釋。

上六：羝羊觸藩，不能進，不能遂，无攸利，艱則吉。

　　易例：「遠取諸物，近取諸身」。如果從動物的角度來看卦爻，則上爻爲角，初爻爲尾，這就是「遠取諸物」；如果從人身的角度來看卦爻，則上爻爲首，初爻爲足，這就是「近取諸身」。因爲上爻爲角，所以上六亦有羝羊觸藩之象，上與三應，九三爻辭說「羝羊觸藩，羸其角」，上六爻辭則直接說「不能進，不能遂」，就是羊角被卡住了，以致不能完成其志願而進退不得。

　　〈大壯〉卦的外卦爲震，震旁通巽，巽爲進退爲不果，這是不能進與不能遂的取象源頭。「不能遂」就是不能完成其志願，「无攸利」是說這樣不能進退又不能達成目標，結果沒什麼好處可言。一般人處在大壯階段，最容易躁烈猛進，輕舉妄動，於是造成不能進也不能退的結果，因此周公繫爻辭特別再強調「艱則吉」，提醒我們要艱守本分，不要輕事妄爲，這樣就能逢凶化吉。

　　我們從頭看〈大壯〉卦的內體乾陽三爻，初九征凶，九二貞吉，九三貞厲，都是強調不能進、不能動、不能用，意思是說，處在

大壯之始，如果沒有外在的配合，就不能輕舉妄動。九四則已出到外體，可以採取行動了，但是切忌猛進不已，應該適可而止。九五更是以平易的氣氛，來沖淡用壯的情緒，否則再往上走，就會陷入不能進也不能退而一無是處的困境，最後若能艱難自守，還是可以獲吉。〈大壯〉六爻就是告訴我們處大壯的態度，以及在大壯的各個階段應該如何自處。

肆、彖傳

彖曰：大壯，大者壯也，剛以動，故壯。大壯利貞，大者正也，正大而天地之情可見矣。

易例：「陽大陰小」，所以〈大壯〉之大就是指其內體乾卦而言。乾陽息至〈泰〉，已經是陰陽均衡而天地交泰，若由三陽開泰再往前行進，則乾陽過盛而有壯之象。〈泰〉卦三陰三陽，是陰陽均衡恰到好處，三陽若再息成四陽，則變成〈大壯〉，所謂「大者壯也」，可見九四是〈大壯〉卦的主爻。〈大壯〉的內體是乾卦，乾為剛，外體是震卦，震為動，故有「剛以動」之象。內在有乾陽剛健之氣，外在又能配合震動的環境，這樣子剛以動，才能成其為壯，所以說「故壯」。

剛才說〈大壯〉卦的內卦乾陽有剛健之氣，那麼，要怎樣才能稱為剛健？凡是一種事物，它實實在在的，一點也不虛偽，那就是剛；如果它裡頭有一點空虛，那就是柔。在我們人類來說，所謂剛，就是至情至性，遇見不公平不合理的事，動了真性分而憤憤不平，那就是剛。但是這裡所謂的剛，並不是逞血氣之勇，而是指合情合理，有道

理做基礎而去發動的，這樣子正義凜然，雖千萬人吾往矣，才是剛以動。

〈大壯〉卦內乾爲剛，外震爲動，這個體象我們還可以用算命來做說明。算命是探討一個人的命運，其中有命也有運。「命」是指一個人的身心組織之配合情形，有高矮胖瘦、聖賢才智、平庸愚劣之差別，這些都是秉賦於天，我們沒辦法改變。「運」是指地球此時此刻的空間，在不同的時間與空間裡，氣化運行有好有壞，如果此時此刻地球運行所形成的氣化是好的，而且有利於這個人，那麼這個人就會行好運；反之，此時此刻地球運行所形成的氣化是壞的，而且不利於這個人，那麼這個人就會走霉運。我們現在談〈大壯〉卦，〈大壯〉的內卦乾就是命，外卦震就是運。孔子與孟子是屬於命好運不好的，所以不能大行其道，發揚他們的思想，這就是君子道消。反過來說，如果讓一個命不好卻運好者居於高位而秉持政綱，那就是小人道長。

「大者利貞，大者正也」，這是什麼意思？「大」是指乾陽氣化發展的狀態或程度而言，「正」是指氣化運行的軌道而言。宇宙萬物都是從陰陽氣化化生而來，氣化運行化生萬物，有一定的軌跡，所以要化生成水或化生成火，都不會有所偏差。宋儒講理氣，理就是氣化運行的軌道，我們通常評斷一件事都會講情理法，天理、人情、國法，所謂國法本乎人情，人情本乎天理，這個理字就是指氣化運行的軌道。我們看宇宙萬物都是由小而大、由短而長、由近而遠、由胎盤而成人身、由種子而成穀物，這就是氣化運行的軌道，做人做事的道理亦乎如此，因爲宇宙氣化運行軌道，就是人性的道理。

「正大而天地之情可見矣」，正大是說正而且大，我們前面提到九四是〈大壯〉卦的主爻，九四以陽爻居陰位，其位不正，上而之

五則〈大壯〉卦變成水天〈需〉卦，〈需〉之外卦坎爲月，三四五互離爲日，先儒虞翻說：「以離日見天，坎月見地，故天地之情可見矣。」天地造物，氣化的運行固然複雜，但還是有其一定的軌道或程序，有些是很平易近人的，像是春生夏長秋收冬藏，節氣的變化就是那麼自然。正而且大的意思是說，只要合乎宇宙運行的軌道法則，氣化自然而然就會壯大，因爲天地造物，簡單平易，如此而已。我們看富有人家養小孩，大多骨瘦如柴甚或夭折，就因爲保護過度而違背自然；倒是貧窮人家養小孩，大多鐵打剛粗強壯如牛，因爲順其自然地讓他們土生土長，這也是「正大而天地之情可見矣」的另一種比喻。

伍、大小象傳

象曰：雷在天上，大壯。君子以非禮弗履。

〈大壯〉卦之外體是震爲雷，內體是乾爲天，所以有「雷在天上」之象，雷在天上表示陽氣極爲旺盛，所以稱爲「大壯」。「君子」是取象於〈大壯〉內卦之乾，乾卦又有文明之象，文明的表現就是有禮；「履」則取象於外體之震卦，震爲足又爲行，所以有履之象。我們看〈大壯〉卦的體象，不就是外卦的震足履行於內卦乾體的文明有禮之上，可說是履之以禮，換句話說就是「非禮弗履」。這跟《論語・顏淵》：「子曰：非禮勿視，非禮勿聽，非禮勿言，非禮勿動。」是同樣的語氣。

處在大壯的時候，難免有血氣之勇，按耐不住情緒，所以孔子特別告誡我們要「非禮弗履」，凡是有不合乎禮節的事物現象，我們就不能向前行進。在五行中，火主禮，古代用火者特別注重禮節；火

又主勇，凡是命理主火的人，大多好禮又好勇，但是必須是能夠擔負重任，能夠提得起又能放得下的才是真勇。總之，凡是合乎禮節的行進，就是合乎宇宙運行的軌道，也就是「履之以禮」的表現，〈大壯〉卦的〈大象〉說「非禮弗履」，就是這個意思。

初九象曰：壯于趾，其孚窮也。

腳趾位在身體的最下方，用以表示初九是處在〈大壯〉剛剛開始的時候，這時才稍微有一點陽氣，就很勇猛地想要向前行進，想要在外頭賣弄，這完全是血氣之勇，而不是發自至情至性的有孚，所以說「其孚窮也」。至於窮字的取象，是來自初九與九四相應，二三四互乾，而四居乾卦之終，終就是窮的意思。

九二象曰：九二貞吉，以中也。

「中」就是恰到好處的意思，九二是以陽爻居陰位，陰陽相互調和，表現得恰到好處而很穩固，所以「貞吉」。九二以陽爻居陰位，是不當位，先儒虞翻說：「變得位，故貞吉，動體離，故以中也。」意思是說，如果九二的陽爻變成陰爻，則內卦乾變成離，〈離〉卦六二〈小象〉曰：「得中道也。」這也是中字取象的由來。

九三象曰：小人用壯，君子罔也。

小人憑著血氣之勇而猛往前進，這就是「小人用壯」。罔字是取象於離，我們在九三爻辭提到虞翻的解釋：「二五相應，互異其位則三變成離，離為罔罟。」也就是說，如果二上應五，則內體乾卦變成離卦，離有罔罟之象，罔者不也。「君子罔也」的意思是，君子處大

壯之時，會衡情度勢，不會像小人一樣憑著血氣之勇而用其壯。

九四象曰：藩決不羸，尚往也。

九四之陽與六五之陰有孚，因爲一陰一陽彼此情緒互通而且往來融洽，九四以陽爻居陰位，是不當位，四上居五是爲正位，所以四爻本來就宜乎上而之五，適合往前行進，所以說「尚往也」。九四是〈大壯〉卦的主爻，而且此時已經跳脫內體而來到外體，象徵藩籬已破，不再卡住羊角，宜乎向前發展了。

六五象曰：喪羊于易，位不當也。

有些學者認爲「位不當也」是指六五以陰爻居陽位，其位不正，我不採用這個說法。這裡所說的位不當，並非指六五失位，而是指相對於九四的尚往猛進，六五的處境頗爲艱難，因爲六五必須以平易安詳的態度，來沖淡九四猛進好鬥的情緒，這才是妥當的處理方式。所以「位不當也」是指九五的處境艱難，而非指九五不當其位。

上六象曰：不能退不能遂，不詳也，艱則吉，咎不長也。

古字「詳」通「祥」，祥者善也。上與三應而三位居內體乾卦，乾爲善，所以稱之爲祥。「不詳」的意思是說，因爲上六疏於詳審，沒有考慮週到，以致陷入進退不得的困境，遭受不祥的後果。咎不長的長字取象於巽，〈大壯〉外卦爲震，若變震爲巽，巽爲長，不變成巽則爲不長。「咎不長也」的意思是說，進退維谷的狀態固然是不祥的，但若危機沒有擴大，沒有併發症，而且還能守住艱困的局勢，那麼處在一卦之終，毛病不會持續太久，前景會逐漸變好。

國家圖書館出版品預行編目資料

周氏易經通解. 第四冊／周鼎珩遺著；陳素素
　等記錄. ——初版. ——臺北市：五南圖書
　出版股份有限公司, 2022.12
　面；　公分
　ISBN 978-626-343-386-1（平裝）

1.易經　2.注釋

121.12　　　　　　　　　　111014856

4X27

周氏易經通解（第四冊）

作　　　者 — 周鼎珩遺著、陳素素等記錄

校　　　對 — 鄭宇辰

發 行 人 — 楊榮川

總 經 理 — 楊士清

總 編 輯 — 楊秀麗

副總編輯 — 黃惠娟

責任編輯 — 陳巧慈

封面設計 — 姚孝慈

出 版 者 — 東吳大學中國文學系

編輯出版 — 五南圖書出版股份有限公司

地　　　址：106台北市大安區和平東路二段339號4樓

電　　　話：(02)2705-5066　　傳　　　真：(02)2706-6100

網　　　址：https://www.wunan.com.tw

電子郵件：wunan@wunan.com.tw

劃撥帳號：01068953

戶　　　名：五南圖書出版股份有限公司

法律顧問　林勝安律師事務所　林勝安律師

出版日期　2022年12月初版一刷

定　　　價　新臺幣420元